nuevo PRISMA

Curso de español para extranjeros

LIBRO DEL ALUMNO

Equipo nuevo Prisma

Nuevo Prisma

© **Editorial Edinumen**, 2011
© **Autores y adaptadores de Nuevo Prisma, nivel C1:** María José Gelabert, David Isa y Mar Menéndez
© **Autores de Prisma Consolida:** Margarita Arroyo, María de los Ángeles Casado, Esther Fernández, Zara Fernández, Raquel Gómez, Manuel Martí, Iván Mayor, Mar Menéndez, Silvia Nicolás, Carlos Oliva, María José Pareja, Ana Romero, Ruth Vázquez y Hugo Wingeyer

Coordinadoras del nivel C1: María José Gelabert y Mar Menéndez

1.ª edición: 2011
2.ª edición: 2012

ISBN Libro del alumno: 978-84-9848-252-2
ISBN Libro del alumno con CD: 978-84-9848-253-9
Depósito Legal: M-10470-2012
Impreso en España
Printed in Spain

Extensión digital de ***Nuevo Prisma, nivel C1***: consulta nuestra **ELEteca**, en la que puedes encontrar, con descarga gratuita, materiales que complementan este curso.

La Extensión digital para el **alumno** contiene, entre otros materiales, prácticas interactivas de consolidación de contenidos, test de repaso, resúmenes gramaticales y todos aquellos recursos de apoyo al alumno en su proceso de aprendizaje.

La Extensión digital para el **profesor** contiene, entre otros materiales, claves, transcripciones, material fotocopiable y material proyectable, así como diversos contenidos de apoyo a la labor docente: test de evaluación, fichas de cultura, explotación de contenidos audiovisuales, actividades de fonética y ortografía, relatos, etc.

En el futuro, podrás encontrar nuevas actividades. **Visita la ELEteca**

Coordinación pedagógica:
María José Gelabert

Coordinación editorial:
Mar Menéndez

Revisión lingüística:
Dr. Manuel Martí

Ilustraciones:
Carlos Casado, Rodolfo Mutuverría y Carlos Yllana

Diseño de cubierta:
Juanjo López

Diseño y maquetación:
Juanjo López

Fotografías:
Archivo Edinumen y Javier Leal

Impresión:
Gráficas Glodami. Madrid

Agradecimientos:
A Encarnación Asensio (coordinadora de cultura del Ayuntamiento de Almagro) por facilitarnos las fotografías del Corral de Comedias de Almagro (unidad 2: "Comienza el espectáculo") y a Felipe Casado por su testimonio sobre su trabajo solidario en la ONG Aldeas Infantiles (unidad 12: "Etapas de la vida").

Editorial Edinumen
José Celestino Mutis, 4. 28028 - Madrid
Teléfono: 91 308 51 42
Fax: 91 319 93 09
e-mail: edinumen@edinumen.es
www.edinumen.es

Reservados todos los derechos. No está permitida la reproducción parcial o total de este libro, ni su tratamiento informático, ni transmitir de ninguna forma parte alguna de esta publicación por cualquier medio mecánico, electrónico, por fotocopia, grabación, etc., sin el permiso previo y por escrito de los titulares del copyright a excepción de aquellas páginas marcadas explícitamente como fotocopiables.

Cualquier forma de reproducción, distribución, comunicación pública o transformación de esta obra solo puede ser realizada con la autorización de sus titulares, salvo excepción prevista por la ley. Diríjase a CEDRO (Centro Español de Derechos Reprográficos) si necesita fotocopiar o escanear algún fragmento de esta obra (www.conlicencia.com; 91 702 19 70 / 93 272 04 47).

INTRODUCCIÓN

nuevo PRISMA es un curso de español estructurado en seis niveles: A1, A2, B1, B2, C1 y C2, tal y como se propone en el *Marco común europeo de referencia para las lenguas* (MCER) y acorde a los contenidos propuestos por el *Plan Curricular del Instituto Cervantes. Niveles de referencia para el español* (PCIC).

Con nuevo PRISMA · Nivel C1, el alumno podrá:

- Disponer de un amplio repertorio lingüístico que le permitirá una comunicación fluida, correcta y espontánea.
- Adaptarse con precisión al contexto, a las intenciones comunicativas y a los perfiles de los interlocutores.
- Captar el sentido implícito de lo que oye, lee o ve, puesto que podrá comprender la carga connotativa de modismos, frases hechas, expresiones coloquiales e imágenes.
- Utilizar la lengua con flexibilidad y eficacia para fines sociales.
- Sortear dificultades, reformular su discurso sin interrumpir y relacionar con destreza su contribución con la de otros hablantes.
- Expresar sus opiniones matizándolas con precisión, con dominio de la entonación y de los recursos necesarios para tomar la palabra o ganar tiempo para mantener el uso de la palabra mientras piensa.
- Hacer presentaciones y redactar informes claros, detallados y bien estructurados sobre temas complejos, con cierta extensión, destacando las ideas principales y defendiendo puntos de vista, en los ámbitos personal, laboral o académico.

Información para el profesor

El curso nuevo PRISMA está elaborado siguiendo el **enfoque comunicativo, orientado a la acción** y **centrado en el alumno**, tal y como recomienda el MCER, con el fin de fomentar el aprendizaje de la lengua para la comunicación en español dentro y fuera del aula. Este enfoque considera al estudiante como un **agente social** que deberá realizar tareas o acciones en diversos contextos socioculturales movilizando sus recursos cognitivos y afectivos.

En nuevo PRISMA se presta especial atención al desarrollo de una serie de técnicas y de **estrategias de aprendizaje y de comunicación** que contribuyen a que el alumno reflexione sobre su proceso de aprendizaje.

A lo largo de las unidades didácticas se podrán encontrar actividades especiales para el desarrollo específico del **trabajo cooperativo**, de modo que los alumnos trabajen juntos en la consecución de las tareas optimizando su propio aprendizaje y el de los otros miembros del grupo, la **reflexión intercultural** o la profundización en aspectos diversos de **cultura** del mundo hispano. Estas actividades vienen indicadas mediante las siguientes etiquetas:

Grupo cooperativo | Intercultura | Cultura

nuevo PRISMA · Nivel C1 consta de doce unidades didácticas y un examen final que reproduce la dinámica del **examen DELE** (Diploma de Español como Lengua Extranjera, del Instituto Cervantes) y que sirve tanto para evaluar los conocimientos adquiridos por los alumnos al término del libro, como para el entrenamiento en la dinámica y particularidades de este examen oficial.

Cada actividad viene precedida de dos iconos que indican, por un lado, la dinámica de la actividad, y por otro la destreza que predomina en ella. Estos símbolos gráficos son los siguientes:

- Actividad para realizar individualmente.
- Actividad para realizar en parejas.
- Actividad para realizar en grupos pequeños.
- Actividad para realizar con toda la clase.

- Actividad de interacción o expresión oral.
- Actividad de expresión escrita.
- Actividad de comprensión lectora.
- Actividad de comprensión oral. |X|
- Actividad de reflexión lingüística.
- Actividad de léxico.
- Actividad para el desarrollo de estrategias de aprendizaje y comunicación.

ÍNDICE

1. ¡QUÉ GRACIA!

Contenidos funcionales
- Valorar y enfatizar la actitud o el comportamiento de alguien.
- Contar una anécdota.
- Caricaturizar.
- Describir de forma detallada: el retrato.
- Describir por medio de comparaciones.
- Referirse a una acción como proceso o como resultado.

Contenidos gramaticales
- Contraste *ser/estar*.
- Expresiones con *ser* y *estar* + preposición.
- Expresiones idiomáticas con *ser* y *estar*.
- Estructuras enfáticas con *ser*.
- La oración pasiva.

2. COMIENZA EL ESPECTÁCULO

Contenidos funcionales
- Evocar un recuerdo: fórmulas introductorias.
- Narrar y describir en el pasado.
- Rememorar a un personaje fallecido.
- Argumentar a favor o en contra con ejemplos específicos.
- Participar en un debate.
- Recursos para mantener la comunicación oral.

Contenidos gramaticales
- El presente histórico.
- Uso y relación entre los diferentes tiempos del pasado en indicativo: pretérito indefinido, pretérito perfecto, pretérito imperfecto, pretérito pluscuamperfecto, futuro perfecto.
- El condicional simple con valor de pasado.

3. LA FELICIDAD

Contenidos funcionales
- Expresar deseos y maldiciones.
- Expresar sentimientos.
- Reaccionar ante algo.
- Expresar voluntad, deseo, prohibición, mandato o ruego con la intención de influir sobre los demás.
- Expresar el punto de vista sobre algo.

Contenidos gramaticales
- Oraciones subordinadas sustantivas.
- Verbos y expresiones que transmiten reacción, voluntad, sentimiento, deseo, prohibición, mandato, consejo o ruego, actividad mental, comunicación, percepción y certeza.
- *Ser* + adjetivo (de falsedad o virtualidad) + *que*.
- *Ojalá, así* + subjuntivo.
- Verbos con doble significado según se construyan con indicativo o subjuntivo.

4. BUENO, BONITO Y BARATO

Contenidos funcionales
- Influir sobre los demás.
- Dar órdenes de forma directa y de forma atenuada.
- Conceder permiso.
- Repetir una orden.
- Dar consejos e instrucciones.

Contenidos gramaticales
- El imperativo.
- Pronombres de objeto directo e indirecto.
- La reduplicación de los pronombres objeto.
- Estructuras para dar órdenes e instrucciones: presente de indicativo, *A* + infinitivo/sustantivo, (*Se ruega*) + infinitivo/(*Se ruega que*) + subjuntivo, *Que* + subjuntivo (*he dicho/te digo*).

5. IMAGINARIO

Contenidos funcionales
- Expresar relaciones de contemporaneidad y secuencialidad entre las acciones.
- Establecer relaciones de anterioridad y posterioridad entre las acciones.
- Expresar el modo y la actitud.
- Hacer comparaciones irreales.
- Opinar y hacer una crítica de una película en una conversación y por escrito.
- Describir las características de algunos seres fantásticos.
- Intervenir en un debate.

Contenidos gramaticales
- Nexos y conectores temporales.
- Nexos y conectores modales.
- Locuciones adverbiales de tiempo y modo.
- Estructuras comparativas irreales.
- Elementos lingüísticos del registro formal/informal.

6. ¿QUÉ MEMORIA?

Contenidos funcionales
- Hacer referencia a algo.
- Poner algo de relieve.
- Manifestar que uno está parcialmente de acuerdo.
- Intentar convencer a alguien: argumentar y contraargumentar.
- Expresar insistencia e intensidad sin obtener los resultados deseados.
- Expresar la mínima intensidad que facilita los resultados deseados.
- Expresar un reproche.
- Expresar lo inevitable del cumplimiento de una acción y/o el convencimiento que tenemos sobre algo.
- Presentar o tener en cuenta un hecho que no impide otro hecho, o tener en cuenta una idea pero no dejarse influir por ella.

Contenidos gramaticales
- Conectores concesivos:
  - *Por mucho,-a,-os,-as* (+ nombre) + *que* + indicativo/subjuntivo.
  - *Por más* + (sustantivo) + *que* + indicativo/subjuntivo.
  - *Por* + adjetivo + *que* + subjuntivo.
  - *Por muy* + adjetivo/adverbio + *que* + subjuntivo.
  - *Y eso que/Y mira que* + indicativo.
  - *Por poco, -a,-os,-as* (+ nombre) + *que* + subjuntivo.
  - *Aunque/A pesar de que* + indicativo/subjuntivo.
  - *Aun* + gerundio.
  - *Digan lo que digan, Hagan lo que hagan, Pese a quien pese...*

7. REDUCIR, REUTILIZAR, RECICLAR

Contenidos funcionales
- Caracterizar e identificar personas, lugares y cosas.
- Preguntar y responder por la existencia o no de algo o de alguien.

Contenidos gramaticales
- Oraciones de relativo especificativas/explicativas.
- Oraciones de relativo con indicativo/subjuntivo.
- Pronombres y adverbios relativos.

8. ¿QUIÉN DIJO QUÉ?

Contenidos funcionales
- Transmitir lo que ha dicho otra persona.
- Interpretar y reproducir palabras ajenas.
- Transmitir informaciones teniendo en cuenta diferentes elementos pragmáticos.
- Justificar y apoyar una opinión con argumentos de peso o de autoridad: citar.

Contenidos gramaticales
- El discurso referido: estilo indirecto.
- Transformaciones gramaticales: pronombres, determinantes, marcadores temporales, modos y tiempos verbales.

9. DE ENSUEÑO

Contenidos funcionales
- Expresar lo que se considera posible o probable.
- Expresar lo que se considera posible pero lejano.
- Evocar situaciones ficticias.
- Expresar deseos irreales y sensaciones.
- Expresar deseos imposibles o de difícil cumplimiento.

Contenidos gramaticales
- Futuro imperfecto como indicador de probabilidad en el presente.
- Futuro perfecto como indicador de probabilidad en el pasado relacionado con el presente.
- Condicional simple/pretérito imperfecto de indicativo para expresar deseos utópicos, con valor de presente o futuro.
- Condicional simple como indicador de probabilidad en el pasado.
- Expresiones para formular hipótesis y deseos.

10. ÉTICA Y DINERO

Contenidos funcionales
- Expresión general de la condición.
- Condición con valor de advertencia o consejo y amenaza.
- Condición mínima imprescindible para que se produzca algo.
- Condición suficiente con la que basta para que se produzca algo.
- Condición que se presenta como impedimento único de que algo se produzca.
- Condición que implica una previsión de lo que puede ocurrir.
- Condición que expresa un intercambio de acciones.

Contenidos gramaticales
- Oraciones condicionales con *si, de* + infinitivo, gerundio.
- Conectores condicionales complejos: *siempre que, siempre y cuando, solo si...*

11. LA COSMOGONÍA

Contenidos funcionales
- Expresar la causa como una justificación y con un matiz enfático.
- Expresar la causa de manera formal e informal.
- Expresar la causa con connotaciones positivas y negativas.
- Expresar finalidad de manera formal e informal.
- Expresar la finalidad de un movimiento.
- Preguntar por la finalidad con matices negativos o expresando reproche.
- Evitar un suceso posible que se entiende como amenaza.
- Comparar cualidades, acontecimientos o acciones realizadas, cantidad de objetos diferentes.

Contenidos gramaticales
- Las oraciones causales.
- Las oraciones finales.
- Contraste causa/finalidad.
- Usos de *por* y *para*.

12. ETAPAS DE LA VIDA

Contenidos funcionales
- Expresar cuándo empezó a desarrollarse una acción.
- Expresar que alguien ha empezado a hacer algo para lo que no está preparado.
- Expresar el inicio repentino de una acción subrayando si el inicio es brusco.
- Expresar una acción acabada.
- Expresar el final de un suceso reciente.
- Expresar la duración de una acción señalando si esa duración es un proceso lento, continuado o que se interrumpe.
- Expresar el resultado de una acción indicando la cantidad que se ha realizado.

Contenidos gramaticales
- Perífrasis de:

infinitivo	gerundio	participio
ponerse a	*estar*	*dar por*
comenzar a	*ir*	*llevar*
venir a	*venir*	*tener*
echar(se) a	*llevar*	
romper a	*acabar*	
dejar de		
acabar de/por		
llegar a		
meterse a		

PREPÁRATE PARA EL DELE C1

1 ¡QUÉ GRACIA!

Contenidos funcionales
- Valorar y enfatizar la actitud o el comportamiento de alguien.
- Contar una anécdota.
- Caricaturizar.
- Describir de forma detallada: el retrato.
- Describir por medio de comparaciones.
- Referirse a una acción como proceso o como resultado.

Contenidos gramaticales
- Contraste *ser/estar*.
- Expresiones con *ser* y *estar* + preposición.
- Expresiones idiomáticas con *ser* y *estar*.
- Estructuras enfáticas con *ser*.
- La oración pasiva.

Tipos de texto y léxico
- Texto humorístico: chiste, caricatura, tira cómica y monólogo.
- La instancia.
- Léxico relacionado con el humor.
- Abreviaturas del diccionario.
- Las palabras homófonas.

El componente estratégico
- Uso del diccionario.
- Recursos para comprender el sentido de textos orales extensos.
- Pautas para la comprensión de textos humorísticos.

Contenidos culturales
- El humor en el mundo hispano: el chiste, el tebeo, el cómic, la caricatura.
- Maitena.
- *El club de la comedia*.
- Dalí.
- *"Eungenio" Salvador Dalí* del grupo musical Mecano.

SONRÍA, POR FAVOR

1 ¿Sabéis lo que significan estas frases? Ordenadlas de más a menos según el grado de buen humor que transmiten. Justificad vuestra respuesta.

- [ ] a No estar de humor para nada.
- [ ] b Estar loco de alegría.
- [ ] c Estar negro.
- [ ] d Estar de un humor de perros.
- [ ] e Estar de buen humor.
- [ ] f Estar más contento que unas castañuelas.
- [ ] g Estar de un humor de mil demonios.
- [ ] h Estar más contento que unas pascuas.

2 Lee el texto.

¿Tienes sentido del humor?

El sentido del humor permite vivir mejor y ayuda a relacionarnos con los demás. Las personas huyen de los amargados y de las personas problemáticas y buscan a las personas que puedan ofrecer alegría y esperanza. Tener sentido del humor no es ser chistoso ni tampoco burlarse de los otros para provocar la risa. El sentido del humor es saber reírse de las cosas que le suceden a uno, de las que cosas que ocurren en la vida.

Una persona sin sentido del humor es seria, grave, responsable en exceso. No se toma nada a broma, todo está sujeto a la máxima tensión y concentración, los fallos están excluidos aun en los detalles más insignificantes. Son seres perfeccionistas, muy exigentes consigo mismos y con la gente que les rodea, por lo que, a veces, resultan insoportables. ■

|2.1.| Completa con tu compañero el siguiente cuestionario en el que se describen algunas situaciones y las reacciones que se podrían dar según el carácter de cada uno. Elige la opción que, según el texto que has leído anteriormente, representa tener mayor sentido del humor. Antes escribe *ser* o *estar* según corresponda.

1 .... en la calle y ves a una señora que se cae.
- a. Pobrecita, seguro que se ha hecho daño. Vas corriendo a ayudarla.
- b. Te ríes, porque .... de buen humor, y vas a ayudarla.
- c. Piensas: "Pero qué torpe ....".

2 .... a lunes, son las siete menos cuarto de la mañana, tienes que ir a trabajar, ... muerto de cansancio y el termo del agua caliente se ha estropeado. Piensas:
- a. ¡Es horrible, la vida .... un infierno!
- b. La vida .... así.
- c. No importa el agua caliente. .... como una rosa, ayer .... un día estupendo.

3 Te han suspendido el examen más importante de tu vida.
- a. Te dices que .... un idiota y que nunca serás nada en la vida.
- b. Piensas: "Mala suerte, otra vez ....".
- c. Hablas con el profesor y protestas enérgicamente. .... que te subes por las paredes.

4 .... en un restaurante y alguien te quita la silla cuando te vas a sentar.
- a. Piensas: "¿Por qué siempre a mí?". .... tan avergonzado que quieres desaparecer.
- b. Aunque todo el mundo se ríe, dices muy serio: "¡.................... una broma muy divertida!" y sigues comiendo.
- c. Te da la risa y, diez minutos después, le haces lo mismo a otro amigo.

5 .... hablando en público, se te cae algo al suelo, te agachas y se te rompe el pantalón.
- a. Piensas: "¡Uf, lo que me faltaba!". .... sentado sin moverte durante toda la conferencia, pierdes los nervios y lo haces fatal.
- b. Dices: "¡Ríanse, ríanse! Yo también lo haría".
- c. Te das cuenta de que algunas personas se ríen. Las miras muy serio y continúas la conferencia.

|2.2.| Y tú, ¿cómo reaccionarías en esas situaciones? ¿Crees que eres una persona con sentido del humor? ¿Por qué?

>|3| Aquí tenéis un ejemplo de cómo tomarse un problema a broma. Fijaos en el título de este texto que vais a leer, ¿a qué problema creéis que se refiere?

Consejos **PRÁCTICOS** para que **tus hijos se vayan de casa**

|3.1.| Ahora, lee el texto. Fíjate en las expresiones destacadas con *ser* y *estar* que transmiten una información específica y colócalas en el lugar correspondiente, según las definiciones que se dan debajo del texto.

Los hijos dan muchas satisfacciones. A mí, el mío me ha dado innumerables, no lo negaré, sobre todo cuando era pequeño. Se me caía la baba con cada cosa que hacía.

Pero esa emoción que sientes con el primer diente se te pasa cuando ya le has empastado cinco muelas. Por cierto, ¡qué bien puesta está esa palabra! *Empastar*, de *pasta*, ¿lo cogen? **Y no es para menos**... Cada visita al dentista del niño, me supone **estar de** camarero en el bar de mi cuñado los fines de semana haciendo horas extras para pagar la factura...

Los problemas con ellos se multiplican cuando crecen... Por ejemplo, a partir de cierta edad, los hijos, cuando están en casa, se agarran al teléfono como luchadores de sumo. Y que no lo sueltan, ¿eh?

- Cuelga ya, que llevas media hora.
- Pero si me han llamado a mí... ¡Papá, **eres de lo que no hay**!

¿No es cierto que los hijos no llaman nunca? Siempre les llaman a ellos. A veces creo que **no estoy en mis cabales** o que estoy sordo...

Porque los hijos, cuando están en casa, o están al teléfono, o con el ordenador o en la cama. Y menos mal, porque si no, comen. En cuanto se levantan, su primer pensamiento es "nevera, nevera". Y se ponen a comer con la puerta abierta, para no perder tiempo... **Estoy por** poner un candado...

Los treinta años de mi hijo **están al caer** y yo, sinceramente, creo que ya ha llegado el momento de que se largue. ¿Alguno de ustedes tiene el mismo problema? Presten atención, que les voy a dar una serie de consejos. En estas circunstancias, no **están de más**...

Hay que empezar por la guerra psicológica. Cada vez que mi hijo entra en casa, le pregunto por su vida amorosa. En cada comida, en cada cena, saco el tema: "¿Y esa chica que **estaba por ti**? ¿Ya salís juntos? ¿Cuándo la traerás a cenar? ¿Os vais a casar? ¿Tendréis hijos? ¡Qué bien ser abuelo, qué ganas tengo...!". Al mío, esta presión le afecta. Anoche, hecho una furia, me dijo: "Te lo advierto, papá, déjame en paz. Un día de estos os levantaréis y encontraréis mi cama vacía".

Hay que **estar en todo** y no dejarse vencer. Yo he seguido atacando por donde más le duele: su prestigio. Antes de nada, me he hecho moderno. Para que los hijos se sientan a gusto, tienes que ser un padre anticuado y protestón. Así es que yo me he dejado coleta, me he puesto pantalones anchos cortados a media pierna y he empezado a salir con él a la discoteca. Bailen con él e intenten ligar con todas sus amigas. Que sus amigos no quieran salir con él por si apareces. Yo, con eso, al mío lo tengo a punto de hacer la maleta. **Estamos a lunes**, si sigue así, para el viernes, su madre y yo solitos... Seguro... ¡No veo el momento! ■

Adaptado de http://www.bromasaparte.es/textos/hijos_fuera_casa.htm

1	________	Hallarse en una fecha/temperatura/distancia.
2	________	La acción que se expresa es inminente.
3	________	Estar alguien en disposición de hacer algo. Estar a favor de alguna opción frente a otras posibilidades. Estar sin ejecutar la acción que expresa el infinitivo.
4	________	Hacer el oficio o trabajo que se expresa.
5	________	Estar alguien atendiendo a todo lo que requiere cuidado o atención. Controlar.
6	________	Sobrar o ser innecesario.
7	________	Estar alguien sin juicio, loco.
8	________	Querer una persona a otra o gustarle.
9	________	Ser especial entre los de su clase o tipo.
10	________	Señalar la importancia o el valor de algo.

>| 4 | Imagina que eres el hijo de este padre desesperado. Escríbele una carta. Utiliza algunas de las expresiones con *ser* y *estar* que has aprendido.

>| 5 | Lee este texto sobre el sentido del humor.

Es verdad también que cada cultura tiene un sentido del humor diferente. Javier Tapia, humorista y autor de diversos libros de chistes, dice: "Los españoles en privado nos reímos de todo; en público nos reprimimos más". Los chistes que siempre nos han hecho más gracia son los "verdes", seguidos de los de política y los de humor negro. Todos ellos normalmente buscan víctimas de las que reírse. El humor refleja las filias y fobias de cada sociedad. Todos hemos oído hablar del humor inglés (un humor frío y racional); el humor español es una mezcla de socarronería, gracia y bromas. Los esquimales en Groenlandia resuelven querellas con discusiones en las que gana quien logre provocar más risas en el auditorio, según relata R. C. Elliot en *The power of satire*. ■

Adaptado de Miriam Sancho Sánchez, en http://www.escuelai.com/gacetilla/98humor.html

Intercultura

| 5.1. | ¿Estáis de acuerdo en que el sentido del humor cambia en cada cultura? ¿Existe un sentido del humor universal? Explicad cómo es el sentido del humor en vuestros países. ¿De qué os reís más?

EL NOVENO ARTE

Cultura

>| 1 | En algunos círculos se ha dado en llamar a los cómics *el noveno arte*. ¿Se trata de un arte para vosotros?

| 1.1. | En español, a ciertos cómics se les llaman "tebeos". Buscad ambos términos en el diccionario y estableced la diferencia. Luego, relacionad las reseñas de los siguientes tebeos con sus portadas correspondientes.

1 ☐ Narra las aventuras de una pareja de detectives privados que buscan resolver de la manera más disparatada los casos que llegan a sus manos. El autor de este cómic es Francisco Ibáñez.

2 ☐ Revista de publicación semanal que sale los miércoles, de ideología de izquierdas con gran crítica sociopolítica y humor negro.

3 ☐ Cuenta las peripecias y travesuras de dos gemelos, uno rubio y otro moreno, paradigma de niños traviesos.

| 1.2. | Piensa en algún cómic famoso de tu país. Explica cómo es, qué tipo de personajes aparecen y a qué público va dirigido.

| 1.3. | Lee esta tira cómica.

maitena

Esta tira cómica es una adaptación de una similar de la humorista argentina, Maitena. Maitena Burundarena nació en Buenos Aires, en 1962. Su primera tira cómica, *Flo*, se publicaba en el diario *Tiempo Argentino*, de Buenos Aires. En 1993, la revista femenina líder de Argentina, *Para ti*, le propuso hacer una página de humor semanal. Así nace *Mujeres alteradas*, la conocida serie de viñetas que actualmente aparece publicada en medios de comunicación de todo el mundo. En 1999, *Mujeres alteradas*, comenzó a aparecer en *El País semanal*, la revista dominical del diario *El País*. Estas tiras se han recopilado en libros traducidos a varios idiomas. ■

Adaptado de http://www.clubcultura.com/clubhumor/maitena/

| 1.4. | Después de leer la tira cómica y el texto informativo, contestad las siguientes preguntas.

1. ¿Qué tipo de mujer refleja Maitena en sus tiras cómicas? (Edad, ocupación, situación familiar, estado civil...).
2. ¿Qué problemas trata en sus tiras? Haced una relación de los mismos.
3. ¿Qué creéis que es una "mujer alterada"?
4. ¿Sus tiras van dirigidas a un público exclusivamente femenino?
5. ¿Os parece que reflejan un humor universal o solo hispano?

| 1.5. | Escucha y comprueba las hipótesis que has hecho con tu compañero.

>| 2 | Lee esta anécdota que cuenta una profesora de español, relacionada con malentendidos léxicos.

Un alumno, excesivamente preocupado por ampliar su vocabulario, preguntaba sin cesar sobre el significado de diferentes palabras. Un día me preguntó por el significado de la palabra "zanahoria", a lo cual le respondí que era un vegetal, una raíz.

Días más tarde, el alumno escribió un texto en el que explicaba sus aficiones, orígenes, etc.: "Me gusta el fútbol, me gusta ir al cine, soy alemán, pero mis zanahorias son polacas".

| 2.1. | ¿Cuál es el malentendido? ¿Os ha pasado alguna vez algo así? ¿Podéis contarnos alguna anécdota de este tipo?

>| 3 | Ya sabéis que una palabra puede tener muchos significados, todo depende del contexto y de la situación comunicativa en que aparezca. Fijaos en la situación del dibujo y explicad qué ocurre.

| 3.1. | ¿Qué significa la palabra "gato"? ¿Entiendes el chiste? ¿Lo has cogido? ¿Podrías explicar dónde está la gracia? Lee la siguiente definición y quizás ahora lo entiendas mejor.

Gato (del lat. *cattus)* n. m. **1.** Mamífero felino doméstico. **2.** m. Utensilio que consta de dos piezas que pueden aproximarse con un tornillo, entre las que se sujeta la pieza que se trabaja. **3.** Utensilio con un engranaje, que se utiliza para elevar grandes pesos a poca altura; por ejemplo, un automóvil para repararlo o cambiarle una rueda. **4.** (inf.) Madrileño. **5.** (Arg.) Cierta danza popular bailada con movimientos rápidos por una o dos parejas. / Cuatro gatos (inf.) Un número de personas que se considera insignificante. / Dar gato por liebre. Engañar haciendo pasar una cosa por otra. / Haber gato encerrado en una cosa. Haber algo que se mantiene oculto. / Llevarse el gato al agua (inf.) Conseguir alguien sus propósitos frente a otros.

Diccionario de uso, María Moliner.

Homonimia/Polisemia

- Son palabras **homónimas** aquellas que teniendo un origen etimológico diferente, coinciden en su forma. Las palabras homónimas pueden ser de dos tipos:
  - Homógrafas: son las que se escriben igual y tienen distinto significado:
    – *haya* (árbol) / *haya* (verbo *haber*); *vino* (bebida) / *vino* (verbo *venir*)...
  - Homófonas: son las palabras que suenan igual y tienen distinto significado:
    – *tubo/tuvo, hay/ay...*
- Son palabras **polisémicas** aquellas que tienen varios significados aunque un solo origen:
  – *gato, clave, sierra...*

>| 4 | A continuación, tienes una lista de las abreviaturas del diccionario de la RAE que pueden resultarte útiles cuando lo consultes. Relaciona las abreviaturas con su significado.

1. m.	a. informal
2. f.	b. nombre
3. fam.	c. Argentina
4. u.t.c.s.	d. nombre femenino
5. n.	e. pronombre
6. adv.	f. verbo transitivo
7. tr.	g. nombre masculino
8. intr.	h. vulgar
9. adj.	i. verbo intransitivo
10. prep.	j. adverbio
11. pron.	k. familiarmente
12. vulg.	l. adjetivo
13. inf.	m. preposición
14. Arg.	n. usado también como sustantivo

>| 5 | Vuelve a la definición que se da de la palabra "gato" en el *Diccionario de uso* de María Moliner. Responde a las siguientes cuestiones.

1. ¿Cuántas acepciones tiene y cuáles son? ....
2. ¿Cuál es su categoría gramatical? ....
3. ¿Tiene marca de registro formal/informal? ....
4. ¿Tiene marca geográfica? ....
5. ¿Forma parte de alguna expresión fija? ....
6. ¿Cuál es el origen de esta palabra? ....

| 5.1. | Buscad las siguientes palabras en el diccionario y contestad a las mismas preguntas que en el ejercicio anterior.

- librería
- importar
- banco
- clavo
- canto
- ratón

Fíjate en que las palabras homónimas tienen dos o más entradas en el diccionario y su categoría gramatical puede cambiar.

EL CLUB DE LA COMEDIA

>| 1 | Vais a enfrentaros a un texto auditivo relativamente largo. ¿Qué hacéis en estos casos para comprenderlo e interpretarlo?

- [ ] Tomo apuntes.
- [ ] Escribo palabras que cojo al vuelo.
- [ ] Anoto las ideas principales.
- [ ] Intento no distraerme cuando estoy descifrando algún término difícil.
- [ ] Saco la estructura: introducción, desarrollo y desenlace.
- [ ] Otras: ....

| 1.1. | Además, este texto es humorístico. Ya hemos comentado antes cómo el humor cambia entre culturas, incluso entre grupos de distinto nivel sociocultural o de diferente edad. ¿Os resulta más difícil entender una historia con humor que una noticia o un cuento? ¿Por qué?

| 1.2. | De las siguientes pautas, comentad cuáles facilitan (f) o dificultan (d) la comprensión de un texto humorístico. Justificad vuestras respuestas.

- [ ] Las risas del público.
- [ ] Las pausas del humorista.
- [ ] Las preguntas retóricas.
- [ ] Los ejemplos.
- [ ] Los cambios de tono.
- [ ] Los cambios de acento.
- [ ] Las alusiones socioculturales.
- [ ] Las referencias de actualidad.
- [ ] El título o la presentación del espectáculo.
- [ ] Los juegos de palabras.
- [ ] Otras: ....

>| 2 | Vas a escuchar un monólogo humorístico de un famoso programa de televisión que se llama *El club de la comedia.* El tema es el turismo rural, una forma de hacer turismo muy de moda entre los españoles últimamente. Antes de escuchar, señala el resumen que crees que responderá mejor al contenido de lo que vas a oír.

1 ☐ Disfrutar de la naturaleza viviendo en un pueblo se ha puesto de moda. En realidad, siempre se ha hecho: la gente iba al pueblo de sus padres a pasar el verano. Actualmente, es un negocio muy rentable y muchas personas pagan precios desorbitados por vivir situaciones que supuestamente son "de vida rural" cuando, en realidad, la vida de los pueblos es tan avanzada como en las ciudades.

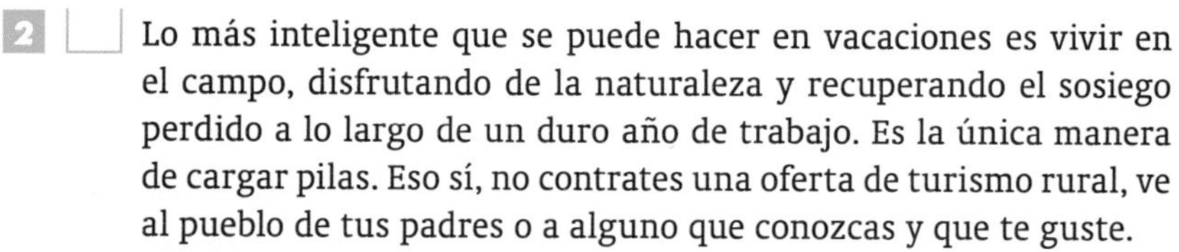

2 ☐ Lo más inteligente que se puede hacer en vacaciones es vivir en el campo, disfrutando de la naturaleza y recuperando el sosiego perdido a lo largo de un duro año de trabajo. Es la única manera de cargar pilas. Eso sí, no contrates una oferta de turismo rural, ve al pueblo de tus padres o a alguno que conozcas y que te guste.

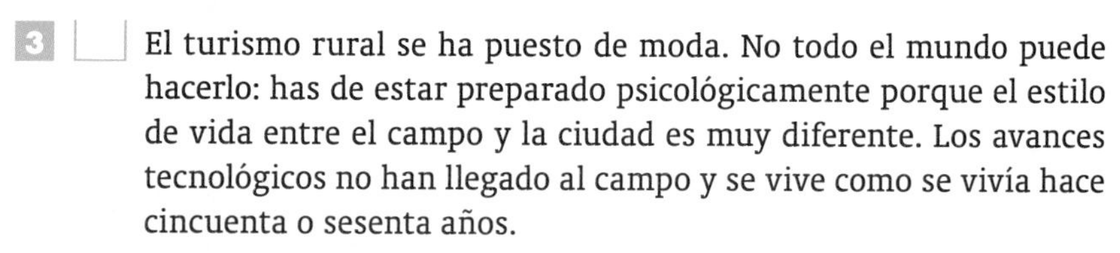

3 ☐ El turismo rural se ha puesto de moda. No todo el mundo puede hacerlo: has de estar preparado psicológicamente porque el estilo de vida entre el campo y la ciudad es muy diferente. Los avances tecnológicos no han llegado al campo y se vive como se vivía hace cincuenta o sesenta años.

| 2.1. | Ahora, escucha y comprueba tu respuesta. ¿Se ha confirmado tu hipótesis? ¿Por qué?

| 2 |

| 2.2. | Vamos a analizar cuáles son las claves que hacen de este monólogo un monólogo de humor. Como sabéis, el sentido del humor es diferente en cada cultura, entran en juego distintos aspectos: referentes culturales, juegos de palabras, ironía, crítica social y política y lenguaje vulgar, entre otros. Relacionad las siguientes frases extraídas del texto que habéis escuchado, con cada uno de los aspectos que se proponen. Podéis volver a escuchar la audición si lo necesitáis.

1. Referentes culturales . . *
2. Crítica social. . . . . *
3. Lenguaje vulgar . . . . . . *
4. Lenguaje coloquial. . . . *
5. Ironía. . . . . *

* a. Si haces turismo rural, vas a un pueblo que no es el tuyo pero pagando una pasta.
* b. No huele a pueblo, huele a caca.
* c. Que por la noche tú quieres ver *Lluvia de estrellas* y ellos *La noche temática.*
* d. Hacer senderismo consiste en andar, es decir, en poner un pie delante de otro hasta que no puedas más.
* e. Este año no hace falta que nadie haga de tonto del pueblo. Con los que vienen de fuera ya tenemos bastante.

>| 3 | Fíjate en la siguiente situación que te proponemos. Santiago y Jimena también han escuchado el monólogo de *El club de la comedia* y se han puesto a hablar. Lee sus opiniones.

¡Qué bueno el monólogo! Es verdad que a los de las ciudades nos encanta ir a los pueblos y tenemos una idea del campo bastante alejada de la realidad.

No veas, yo tengo amigos... Por ejemplo, Nines, tú la conoces... No deja pasar un fin de semana sin alquilar algún hotel o casa rural.

Perdona, pero el que es un apasionado de la vida en el campo es Juan. ¡Y eso que no ha vivido nunca en un pueblo! Pero no lo puede evitar, le encanta...

|3.1.| Observad estas frases y marcad las afirmaciones que os parezcan correctas, según el contexto.

Nines no deja pasar un fin de semana sin alquilar algún hotel o casa rural.

Perdona, pero el que es un apasionado de la vida en el campo es Juan.

1 ☐ A Nines y a Juan les gusta el campo en la misma medida.

2 ☐ A Nines le gusta el campo pero a Juan le gusta más.

3 ☐ Jimena hace una afirmación que Santiago refuta.

4 ☐ Jimena hace una afirmación que Santiago refuta enfatizando su opinión.

- Cuando queremos resaltar nuestra opinión frente a una información recibida, se retoma esta información en el discurso y mediante el verbo *ser* se introduce el elemento enfatizado que, o bien aporta una información nueva, o corrige la recibida:

  El que es un apasionado de la vida en el campo — *es* — *Juan.*

|3.2.| Enfatiza las frases del cuadro según el ejemplo.

Para enfatizar

- ***El, la, los, las, lo que*** / ***Quien, quienes*** **+ información dada + verbo *ser* + término enfatizado**
  - *Es inadmisible que Juan haya llegado tarde.* → Lo que resulta inadmisible es que no nos haya llamado.
  - *Los amigos de mi hijo no saben hablar inglés.* → ______
  - *Laura no tiene sentido del humor.* → ______
  - *Alberto tiene mucha gracia contando chistes.* → ______

- ***Donde, cuando, como*** **+ información dada + verbo *ser* + término enfatizado**
  - *Picasso nació en Barcelona.* → ______
  - *Se pisó la Luna por primera vez en 1973.* → ______
  - *Esto tienes que hacerlo así.* → Como tienes que hacer esto es así, mira.

- ***Si algo/alguien*** **+ información dada + verbo *ser* + término enfatizado**
  - *Aitor tuvo la culpa.* → ______
  - *El conserje quiso gastar una broma a los inquilinos.*
    Si alguien quiso gastar una broma fue el fontanero.

- ***Si*** **+ pronombre personal + información dada + verbo *ser* + *porque* + término enfatizado**
  - *Ayer expulsaron del colegio a Jiménez, el chico ese que siempre iba con los cascos puestos.*
    ______
  - *Al final, mis padres le han comprado el coche a mi hermana. ¡Tiene una cara!*
    Si se lo han comprado, es porque lo necesita.

|3.3.| |3| Escucha la siguiente conversación entre dos amigos y anota en tu cuaderno todas las frases que enfatizan una información. Identifícalas según los usos que has aprendido.

Grupo cooperativo

>| 4 | Ahora que ya tenéis toda la información, podéis escribir un monólogo humorístico. Seguid las pautas que tenéis a continuación.

1. Entre todos los miembros de cada grupo tenéis que pensar el tema del monólogo: algo cotidiano que os choque, os moleste, os sorprenda... Por ejemplo, el ruido que hacen tus vecinos, la impuntualidad de las personas, las relaciones en pareja, la obsesión de algunos jóvenes por el Facebook, Twitter, etc.
2. Para que el texto sea divertido, podéis seguir estas sugerencias: empezar con algo gracioso, enumerar ejemplos, insertar algunas preguntas sin respuesta, ser crítico y escribir una conclusión divertida.
3. Una vez que estéis de acuerdo con el tema, debéis asignar funciones y turnos de escritura a cada uno de los componentes del grupo:
   – El coordinador de la tarea escrita irá controlando aquello que cada uno de los otros componentes escriba, de manera que se cumpla el objetivo de la aportación de cada uno y que el texto tenga coherencia y cohesión. Para ello, primero, debéis llegar a un acuerdo de la parte de texto que cada uno escribirá y decidir el orden de intervención.
   – Cada uno de los otros componentes del grupo hará un primer esquema borrador de las ideas que quiera y le haya tocado desarrollar.
   – Todos los miembros del grupo pondrán en común las ideas de manera que lleguen a un acuerdo para que cuando se desarrolle el texto tenga coherencia.
   – El primero en intervenir escribe su parte. Una vez escrita, el coordinador debe revisarla, leerla en voz alta al grupo y, después, pasar al siguiente.
   Este seguirá desarrollando su parte de tema, según las ideas que haya anotado en su esquema borrador y guardando la coherencia con lo anterior. Y así sucesivamente hasta terminar el texto.
   – Por último, se elige al compañero que representará el monólogo ante el resto de la clase.

| 4.1. | Representad el monólogo ante el resto de la clase. ¿Cuál ha sido el más divertido? ¿Y el más original?

LA CARICATURA

>| 1 | ¿Sabéis quién es este personaje? ¿Qué tipo de imagen es? Fijaos en estas definiciones, elegid la que os parezca más adecuada y justificad vuestra respuesta.

1. ☐ **Retrato:** pintura de una persona que reproduce fielmente sus rasgos.
2. ☐ **Fotografía:** imagen tomada con una cámara.
3. ☐ **Caricatura:** retrato de alguien en que se deforman exageradamente sus rasgos característicos.

>| 2 | Los retratos también pueden hacerse a través del lenguaje. Un texto de carácter caricaturesco tiene las siguientes características:

1. Se usan imágenes exageradas.
2. El autor se centra en algunos rasgos a los que carga de gran expresividad.
3. Mezcla el aspecto físico y la psicología del personaje.
4. Se utiliza un lenguaje creativo comparando el objeto descrito con otras realidades con las que guarda alguna similitud (pueden ser objetos o animales).

|2.1.| Salvador Dalí murió en 1989, a los 84 años de edad. Con motivo de su muerte, el grupo pop Mecano le dedicó una canción. Léela y encuentra ejemplos de los cuatro puntos de la actividad anterior.

Dalí se desdibuja,
tirita su burbuja
al descontar latidos.
Dalí se decolora
porque esta lavadora
no distingue tejidos.
Él se da cuenta
y asustado se lamenta:
"los genios no deben morir".
Son más de ochenta
los que curvan tu osamenta
"Eungenio" Salvador Dalí.

Bigote rocococo,
de donde acaba el genio
a donde empieza el loco.
Mirada deslumbrada,
de donde acaba el genio,
a donde empieza el hada.
En tu cabeza se comprime la belleza
como si fuese una olla exprés.
Y es el vapor que va saliendo por la pesa,
mágica luz en Cadaqués.

Si te reencarnas en cosa,
hazlo en lápiz o en pincel
y Gala de piel sedosa
que lo haga en lienzo o en papel.
Si te reencarnas en carne,
vuelve a reencarnarte en ti,
que andamos justos de genios
"Eungenio" Salvador Dalí.

Realista y surrealista,
con luz de impresionista,
y trazo impresionante.
Delirio colorista,
colirio y oculista,
de ojos delirantes.
En tu paleta mezclas místicos ascetas
con bayonetas y con tetas.
Y en tu cerebro Gala, Dios y las pesetas,
buen catalán anacoreta.

>| 3 | Para comparar lo descrito con otras realidades es muy frecuente el uso de expresiones idiomáticas con los verbos *ser* o *estar*. Relacionad las expresiones que tenéis a continuación con su significado. Añadid las que conozcáis y decid qué significado tienen.

1. Estar como una regadera/una cabra. . . *
2. Estar como un tren. . . . . *
3. Estar como una foca. . . . . *
4. Estar como un fideo. . . . . *
5. Estar como un toro. . . . . *
6. Ser un cero a la izquierda. . . . . *
7. Ser una mosquita muerta. . . . . *
8. Ser un gallina. . . . . *

* a. No servir para nada.
* b. Tener mala intención bajo una apariencia inofensiva.
* c. Ser cobarde.
* d. Estar loco.
* e. Estar muy fuerte.
* f. Ser muy guapo.
* g. Estar muy gordo.
* h. Estar excesivamente delgado.

>| 4 | Ahora, piensa qué rasgos destacarías de ti mismo y hazte un autorretrato. Puedes seguir estos consejos.

Antes de ponerte a escribir:

1. Apunta los rasgos que destacarías de ti mismo.
2. Planifica el texto que vas a escribir según las características del retrato.
3. Recuerda que uno de los objetivos de esta actividad es que seas creativo y juegues con el lenguaje.

SE SOLICITA

>| 1 | Observa el siguiente chiste y explica la diferencia que hay entre las dos opciones que te proponemos.

1 ☐ Ha sido despedido.

2 ☐ Está despedido.

| 1.1. | Completad el siguiente cuadro.

La voz pasiva

- La voz pasiva es un recurso por el que el hablante transforma el objeto directo del verbo en su sujeto gramatical, convirtiendo el sujeto activo del proceso en complemento agente:

El narrador	*ha escrito*	*el texto.*
sujeto activo		objeto directo
El texto	*ha sido escrito*	*por el narrador.*
sujeto gramatical		complemento agente

- Cuando nos referimos al acontecimiento en sí mismo, utilizamos la pasiva de [1] .... Esta se forma con el verbo [2] .... + [3] ....
- Cuando lo que nos interesa es informar del resultado final sin interesarnos por el proceso, utilizamos la pasiva de [4] ...., que se forma con el verbo [5] .... + [6] ....

>| 2 | Ahora vas a leer lo que le pasó a Javier antes de ser despedido.

Don Javier Ortihuela Palacios, con DNI n.º 13424725Y y domicilio en El Escorial, calle Príncipe de Vergara, n.º 14, 28200 Madrid,

EXPONE: que ha sido trasladado al Departamento de Marketing por estricta orden del Director de Recursos Humanos. Al preguntar por las causas de su traslado, ha sido informado de que su Jefa de Departamento lo acusa de tener siempre una actitud jocosa y bromista en el desempeño de sus funciones.

SOLICITA: que su Jefa de Departamento se retracte públicamente y a la mayor brevedad posible de dicha acusación, que él considera totalmente infundada, ya que asumir el trabajo con buen sentido del humor no va en contra de la profesionalidad y que sea trasladado, con carácter inmediato, al departamento del que venía y en el que sus tareas eran acordes a su preparación.

Y, para que así conste, se firma en Madrid, a veintiséis de septiembre de 2011.

Firmado: Javier Ortihuela Palacios

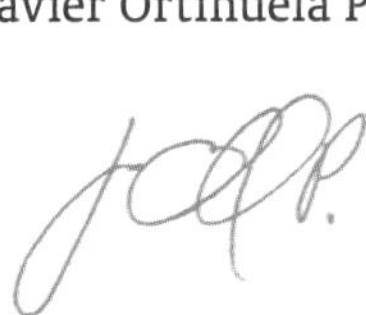

| 2.1. | Lee el correo electrónico que Luisa, compañera de trabajo de Javier, le escribe a Pedro, otro compañero de ambos, que en este momento está trabajando en la sucursal de la empresa en Barcelona, contándole esto mismo.

Follón en la oficina

ENVIAR | ADJUNTAR | DE: luisarubio@yahoo.es | PARA: pedrodecarlos@jazzfree.com

Hola, Pedro: ¿Cómo te va por Barcelona? Supongo que estarás encantado. Nosotros te echamos mucho de menos. Te escribo para contarte un cotilleo, que sé que te gustan. Ya sabes que Javier siempre se ha llevado mal con la Jefa de Contabilidad, tienen diferente carácter. Además, sabes que Javier es muy gracioso, siempre está de broma y no para de contarnos chistes. Pues resulta que la semana pasada nos encontramos al llegar con que a Javier lo habían trasladado al Departamento de Marketing y que lo habían acusado de no tomarse el trabajo en serio. Imagínate el disgusto que se llevó. Pero no se quedó parado. Fue a un abogado y esta semana se ha recibido un escrito en el Departamento de Recursos Humanos en el que exige que lo trasladen de nuevo a su departamento, supongo que bajo la amenaza de llevarlos ante los tribunales. La verdad es que ha tenido valor, aunque no me extraña, la acusación es gravísima y no tiene sentido. Ya te contaré cómo termina todo esto. Como ves, aquí las cosas, por desgracia, siguen igual que siempre. Besos.

| 2.2. | Comparad los dos textos y las estructuras lingüísticas que están resaltadas en ambos escritos y, después, completad el siguiente cuadro.

- La voz pasiva es un recurso muy utilizado en contextos [1] ....: artículos periodísticos y noticias de prensa, relatos de historia, textos legales, etc. En los contextos [2] .... se utiliza más frecuentemente otro recurso para mantener la coherencia textual y que consiste en anteponer el objeto directo, retomándolo después con un pronombre:
  - *El libro ha sido escrito este año.* → *El libro lo han escrito este año.*

| 2.3. | Transforma estas frases a la voz pasiva utilizando la estructura adecuada según el registro que se indica entre paréntesis.

1. María ha llevado a los niños al médico *(informal)*. ....
2. El arquitecto presentó el proyecto a los dueños del terreno *(formal)*. ....
3. Fernando Alonso ganó ayer el Gran Premio de Fórmula 1 *(formal e informal)*. ....

>| 3 | Lee la noticia que ha aparecido en el periódico y cuéntasela a tu compañero de manera más informal.

La mayoría de los jóvenes europeos no se imagina la vida sin Internet

La mayor parte de los jóvenes no se imagina la vida sin Internet y se pasa conectado más de dos horas al día, según los datos de la compañía proveedora de servicios de Internet Yahoo.

La investigación ha sido desarrollada, según la compañía, para conocer la relación de los jóvenes europeos con las nuevas tecnologías y han sido desveladas las características comunes a esta generación, tales como su motivación por lo digital, su obsesión por las marcas o su valoración del tiempo, entre otras.

Primera condena en España a un internauta por lucrarse con descargas ilegales de Internet

A.G.L. de 22 años, ha sido condenado por el Juzgado de lo Penal n.º 1 de Logroño a seis meses de prisión y a una multa. El fallo del tribunal fue admitido por el condenado.
A.G.L. era el autor de la página de internet: www.infopsp.com (cerrada de modo cautelar). Desde ahí se enlazaba con direcciones externas para realizar descargas de copias "piratas" de juegos para la consola PSP, entre otras.
El condenado obtenía sus beneficios mediante la publicidad insertada en su página y por el envío de SMS, para acelerar el proceso de las descargas.
Este fallo ha creado un precedente muy importante para los propietarios del copyright, en el mundo web.

Intercultura

3.1. ¿Es la pasiva un recurso frecuente en vuestra lengua? ¿En qué ámbito predomina? ¿Cómo y cuándo se usa? Comparadlo con el español y explicadlo al resto del grupo.

3.2. Escribe una frase que en español se construya con la pasiva y en tu lengua no y viceversa. Contrástalas gramaticalmente y explica las diferencias.

> 4 ¿Qué tipo de documento es el de la actividad 2? Analízalo con tu compañero y completa con la información que te pedimos.

1. ¿Cuál es el nombre del documento? ....
2. ¿Para qué sirve? ....
3. ¿A quién va dirigido? ....
4. ¿Qué registro de lengua se debe utilizar? ....
5. ¿Hay fórmulas propias? ....
6. ¿Qué se pone en el encabezamiento? Nombre y ...., ... nacional de identidad (DNI) y .... del solicitante.
7. ¿Qué se pone en el cuerpo? Se compone de dos apartados:
   1. ....: .... detallada de datos, motivos, argumentos..., en relación con la petición que se va a realizar.
   2. ....: .... que se realiza.
8. ¿Qué se pone en el cierre? Lugar, ... y firma.
9. La fecha debe escribirse en .... excepto el año.

La instancia

- Las características lingüísticas de la instancia son: uso de la [1] .... y de la tercera persona con un lenguaje administrativo y [2] ....
- La instancia es un documento [3] .... que se usa para hacer solicitudes formales por [4] .... presentadas ante una autoridad para pedir algo. En la mayoría de los casos el que hace la instancia tiene que rellenar un [5] .... que ya está diseñado. La instancia se dirige a la máxima autoridad.

4.1. A continuación, escribe una instancia a la autoridad competente, pidiendo lo que te parezca necesario según esta situación: últimamente, en tu calle, han sucedido una serie de accidentes, por fortuna sin gravedad, porque no existe un lugar señalizado para que los peatones crucen sin peligro. Luego, compara el resultado con tus compañeros.

2 COMIENZA EL ESPECTÁCULO

Contenidos funcionales
- Evocar un recuerdo: fórmulas introductorias.
- Narrar y describir en el pasado.
- Rememorar a un personaje fallecido.
- Argumentar a favor o en contra con ejemplos específicos.
- Participar en un debate.
- Recursos para mantener la comunicación oral.

Contenidos gramaticales
- El presente histórico.
- Uso y relación entre los diferentes tiempos del pasado en indicativo: pretérito indefinido, pretérito perfecto, pretérito imperfecto, pretérito pluscuamperfecto, futuro perfecto.
- El condicional simple con valor de pasado.

Tipos de texto y léxico
- Texto divulgativo.
- Entrevista radiofónica.
- Panegírico.
- Crítica de teatro.
- Texto digital: el blog de un actor.
- Texto argumentativo: las subvenciones teatrales.
- Carteles de teatro.
- Léxico y expresiones idiomáticas relacionados con el mundo del espectáculo.

El componente estratégico
- Estrategias para adquirir competencia auditiva: tono de la conversación, relación entre los interlocutores, pedir la cooperación del interlocutor, confirmar la comprensión de lo que se ha dicho, pedir la clarificación del discurso, ayudas y repeticiones, autorregularse verbalmente y reformular para hacerse entender mejor, usar pausas, muletillas o fórmulas hechas para ganar tiempo o enlazar el discurso.

Contenidos culturales
- Festivales de teatro.
- El corral de comedias de Almagro y el anfiteatro romano de Mérida.
- Actores españoles: José Sacristán, Fernando Fernán Gómez, Rafael Álvarez "El Brujo".
- Sinopsis de algunas obras teatrales: *La katarsis del tomatazo, Garrick...*

SE ABRE EL TELÓN

>| 1 | ¿Qué es el teatro? Escribe una definición con tus propias palabras.

| 1.1. | Leed esta definición del teatro y señalad las similitudes y diferencias con la que vosotros habéis dado.

El **teatro** (del griego θέατρον *theatrón* 'lugar para contemplar') es la rama del arte relacionada con la actuación, que representa historias frente a una audiencia usando una combinación de discurso, gestos, escenografía, música, sonido y espectáculo.

Adaptado de http://es.wikipedia.org/wiki/Teatro

> | 2 | Señalad cuáles de estos aspectos están relacionados con el origen del teatro y justificad vuestra respuesta.

☐ la religión	☐ la magia	☐ la caza	☐ la historia
☐ la fama	☐ el entretenimiento	☐ el lenguaje	☐ la fiesta
☐ el comercio	☐ el ritual	☐ la imitación	☐ la guerra

| 2.1. | Ahora, lee el siguiente texto y ratifica tus respuestas.

Los orígenes del teatro se remontan a la Prehistoria, con la evolución de los rituales mágicos relacionados con la caza o la recolección agrícola que, tras la introducción de la música y la danza, se transforman en auténticas ceremonias dramáticas donde se rinde culto a los dioses y se expresan los principios espirituales de la comunidad. Aparece el teatro en el momento en que el hombre va más allá de la imitación, comienza a disfrutar de ella y se reúne en grupos, usa la danza, la música, las máscaras e introduce el diálogo. Ya en el antiguo Egipto se representan dramas acerca de la muerte y resurrección de Osiris y en la antigua Grecia se escenifican las vidas de los dioses acompañándolas con danzas y cantos. En las culturas prehispánicas también encontramos muestras teatrales: el teatro maya se vincula a los ciclos agrícolas y a la épica de sus eventos históricos y en los aztecas e incas, sus actividades teatrales tienen un matiz eminentemente guerrero y religioso. Hoy en día, aún encontramos en África multitud de rituales y ceremonias concebidas y vividas como espectáculos. ■

Adaptado de http://es.wikipedia.org/wiki/Teatro

| 2.2. | Vuelve a leer el texto anterior. ¿Qué forma verbal es la predominante? ¿A qué tiempo pertenecen los hechos a los que se refiere? Completa este cuadro y ponle título.

El [1] .... histórico

- A veces se utiliza el [2] .... para referirse a hechos cronológicamente ocurridos en el [3] .... Este uso especial de este tiempo es conocido con el nombre de " [4] .... histórico" y es un recurso expresivo que se usa cuando el hablante trae al momento presente hechos cronológicamente ocurridos en el pasado para acercarlos al interlocutor.

| 2.3. | Reescribe el texto anterior cambiando los presentes históricos por formas verbales del pasado. Trabaja con tu compañero.

| 2.4. | Piensa en algún acontecimiento histórico de tu país y cuéntalo por escrito utilizando el presente histórico.

....

....

....

....

....

....

....

....

>| 3 | Lee las declaraciones que hicieron sobre su trabajo algunos famosos actores españoles, prestando especial atención al léxico resaltado.

*"Cuando **entro en escena**, me emociono. Es un sueño hacer el papel protagonista y representar* El perro del hortelano *junto a grandes actores". Ernesto Arias*

*"Es más irónico el **juglar** que el bufón; el **bufón** tiene que satisfacer las necesidades del que le manda". Pepe Rubianes*

*"En el cine cabe menos impunidad que en el teatro. El enfrentarse a la cámara resulta muchas veces más sincero que el trabajo sobre **las tablas**". José Sacristán*

Ernesto Arias, actor

| 3.1. | Relacionad las palabras resaltadas de las declaraciones anteriores con su definición.

1. ______ Artista de la Edad Media que tocaba instrumentos musicales, contaba y cantaba historias o leyendas.
2. ______ Ponerse en el escenario para representar la obra.
3. ______ Escenario del teatro.
4. ______ Personaje cómico encargado de divertir a reyes y cortesanos con chistes y gestos.

| 3.2. | Ahora, conociendo las palabras y expresiones de la actividad anterior, ¿podéis deducir qué significado tienen en las expresiones idiomáticas que aparecen a continuación? Elegid la opción correcta.

1. El presidente nos ha vuelto a dar otra lección. Cuando se ha dado cuenta de la situación, enseguida ha sabido cómo resolver el problema. La verdad es que **tiene muchas tablas**.
   - [ ] a. tiene experiencia
   - [ ] b. tiene carácter
2. Llevábamos discutiendo horas sin llegar a nada hasta que Juan **entró en escena** y nos dio la solución.
   - [ ] a. preguntó
   - [ ] b. intervino
3. Todo el mundo está harto de Lucas, siempre interrumpe con alguna tontería. **Es un bufón**.
   - [ ] a. Es muy gracioso.
   - [ ] b. Hace bromas sin gracia.

| 3.3. | Las siguientes expresiones idiomáticas provienen del teatro. Relaciónalas con su significado y escribe una frase contextualizándolas.

1. Ser una pantomima/farsa. . . . *
2. Ser una tragedia/drama. . . . . *
3. No ir ni el apuntador. . . . . *
4. Estar entre bambalinas. . . . . . *
5. Ser un/a teatrero/a. . . . . *

* a. Ser una desgracia.
* b. Estar en un lugar sin ser visto.
* c. Ser falso, mentira.
* d. No ir nadie.
* e. Ser exagerado y gesticulador.

1. ______
2. ______
3. ______
4. ______
5. ______

LA VIDA ES PURO TEATRO

>| 1 | ¿Os gustaría ser actores? ¿Cómo creéis que se las ingenian los actores y actrices para fingir dolor cuando están alegres y viceversa? ¿Qué creéis que es lo más difícil de hacer para un actor?

>| 2 | ¿Has oído hablar alguna vez del método Stanislavski? Se trata de una técnica teatral que ayuda a los actores a preparar sus papeles. ¿Crees que las siguientes afirmaciones son correctas?

	Verdadero	Falso
1 Stanislavski cree que los actores deben aprender de otros actores mayores.		
2 Los actores deben recordar y seguir estrictamente el texto.		
3 El método Stanislavski se basa en una serie de ejercicios físicos que preparan al actor.		
4 Todo actor reconocido ha de olvidar sus experiencias previas.		
5 El mundo emotivo de los personajes debe parecer real y verídico al público.		

| 2.1. | Ahora, lee el siguiente texto y comprueba tus respuestas.

"No te creo, no me convences" eran las palabras preferidas de Konstantin Stanislavski, el actor, director y empresario teatral que cambió el rumbo del teatro occidental a principios del siglo pasado. Antes, los actores se entrenaban tratando de imitar a los actores más viejos y de mayor prestigio y la audiencia misma se sentía mejor motivada cuando podía relacionar a un joven actor con alguno de los actores antiguos famosos. La declamación y la pomposidad eran las principales características del teatro del pasado. Stanislavski pide al actor que, para dar valor emotivo a la palabra, se valga del recurso de sus propias vivencias. A esto lo llamó la "técnica vivencial": un actor recuerda intensamente un momento de su vida cuya emoción corresponde más o menos a la que exige la situación teatral, y aplica este eco emotivo a su actuación. Desde 1907 hasta su muerte, se dedicó a desarrollar su propio sistema de formación dramática, llegando a la conclusión de que los actores que recordaban sus sentimientos y experiencias, y los cambiaban por los de los personajes, podían establecer un vínculo mayor con el público. ■

Adaptado de http://www.escaner.cl/escaner11/teatro.htm y http://www.alternativateatral.com/tema15527-stanislavski-contra-strasberg

>| 3 | |4| Vas a escuchar una parte de una entrevista que le hicieron a José Sacristán, uno de nuestros actores españoles más premiados y queridos. Aquí comenta cómo fue su aprendizaje en esta profesión. Escribe, a continuación, un resumen de su intervención. ¿Crees que ha seguido el método Stanislavski?

José Sacristán, actor

> | 4 | María Moliner, en su *Diccionario de uso del español*, define la palabra *vivencia* como una "experiencia del sujeto que contribuye a formar su personalidad". Las vivencias, pues, son sucesos del pasado que influyen en nuestra forma de ser y de comportarnos. Completa el cuadro.

Evocar un recuerdo

Fórmula introductoria + situación espacio-temporal + suceso

- Cuando queremos evocar una situación del pasado, lo hacemos recurriendo a **fórmulas introductorias** como las siguientes:

Siempre recordaré
Nunca (jamás) olvidaré
No se me va de la memoria
No puedo quitarme de la cabeza
Recuerdo como si fuera ayer
Parece ayer

\+ *el día que* / *cuando* / *aquella vez en París cuando* + suceso

¡Qué tiempos aquellos en que + suceso o situación*!*

- En cuanto al suceso o situación, se puede optar por el uso del pretérito imperfecto o indefinido. Cuando el hablante recurre al pretérito .... lo que hace es convertir al oyente en espectador del suceso, como si estuviese presenciándolo:
  - *Siempre recordaré el primer día que fui de campamento a la sierra. Tenía 6 años y era la primera vez que me separaba de mi familia (...)*

| 4.1. | ¿Qué suceso de tu pasado recuerdas que haya contribuido a conformar tu personalidad? Dile a tu compañero el año y el lugar en el que sucedió; él te hará preguntas para adivinar de qué se trata.

El camping, 2005.

¿Pasabas allí las vacaciones?

| 4.2. | Explica, ahora por escrito, el recuerdo de tu compañero.

> | 5 | [5] El actor José Sacristán ha sido nombrado Arcipreste del Año en el Festival Medieval de Hita. Escucha este fragmento introductorio a la entrevista y responde a las siguientes preguntas.

1. ¿De dónde es? ....
2. ¿Su profesión ha sido siempre la de actor? ....
3. ¿Qué géneros de teatro, entre otros, ha llevado a cabo? ....
4. ¿Cuándo comenzó su carrera de actor? ....
5. ¿Es una persona conocida en España? ¿Por qué? ....

....

|5.1.| En esta parte de la entrevista, José Sacristán recuerda al célebre actor, ya fallecido, Fernando Fernán Gómez. Escucha la entrevista y presta atención a la relación entre los interlocutores. |6|

|5.2.| ¿Cómo calificaríais el tono de la conversación? ¿Qué relación deducís que tenía el actor con Fernando Fernán Gómez? ¿Y la relación entre el actor y la periodista?

|5.3.| Escucha ahora la versión real de la entrevista. ¿Cambiarías las respuestas de 5.2. después de escuchar esta versión? |7|

|5.4.| Vuelve a escuchar la primera versión y compárala con la transcripción de la segunda (la versión real) que tienes a continuación. Subraya todos los elementos lingüísticos que se omiten en la primera. Luego, compara con tu compañero. |6|

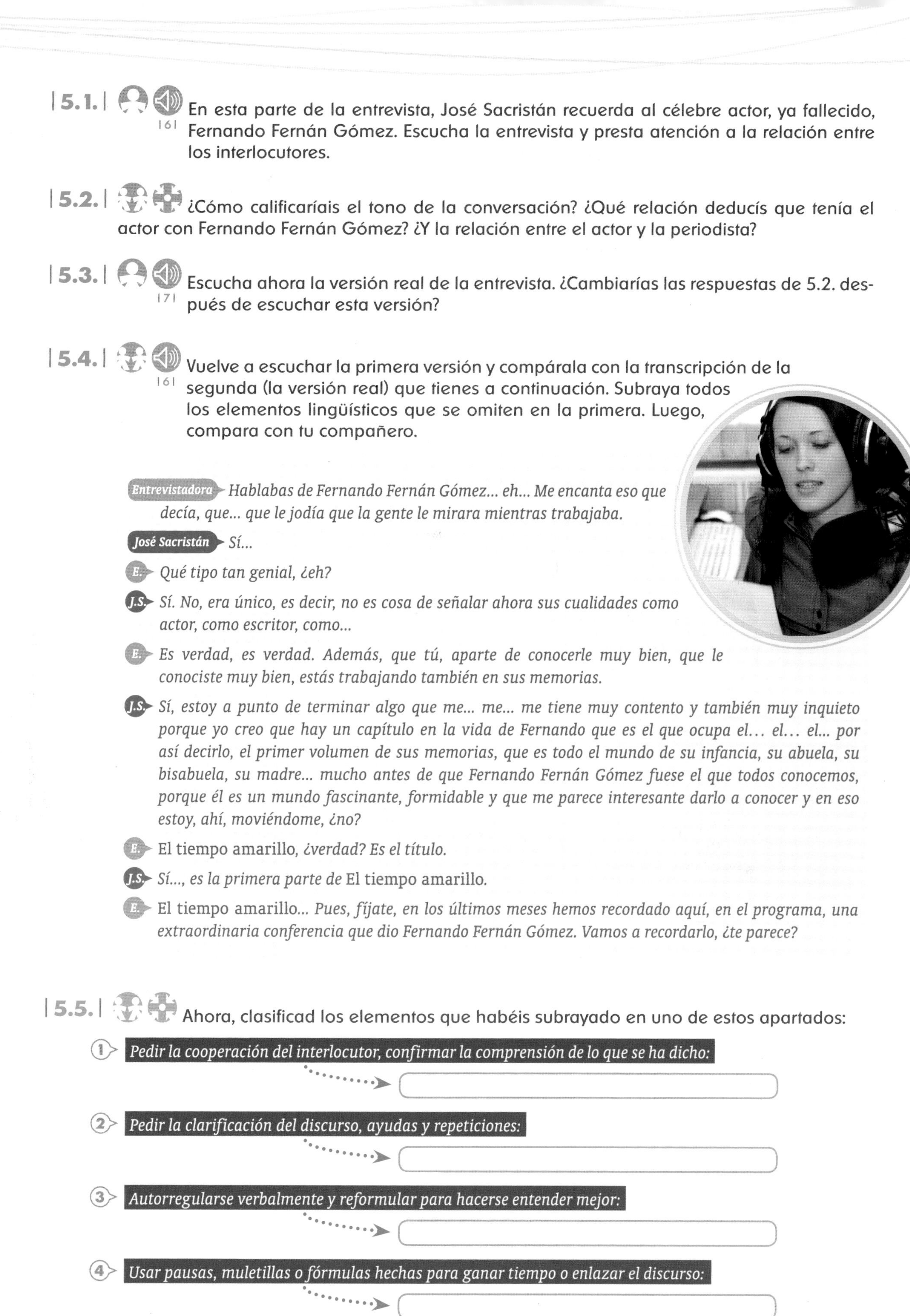

Entrevistadora ▸ *Hablabas de Fernando Fernán Gómez... eh... Me encanta eso que decía, que... que le jodía que la gente le mirara mientras trabajaba.*

José Sacristán ▸ *Sí...*

E. ▸ *Qué tipo tan genial, ¿eh?*

J.S. ▸ *Sí. No, era único, es decir, no es cosa de señalar ahora sus cualidades como actor, como escritor, como...*

E. ▸ *Es verdad, es verdad. Además, que tú, aparte de conocerle muy bien, que le conociste muy bien, estás trabajando también en sus memorias.*

J.S. ▸ *Sí, estoy a punto de terminar algo que me... me... me tiene muy contento y también muy inquieto porque yo creo que hay un capítulo en la vida de Fernando que es el que ocupa el... el... el... por así decirlo, el primer volumen de sus memorias, que es todo el mundo de su infancia, su abuela, su bisabuela, su madre... mucho antes de que Fernando Fernán Gómez fuese el que todos conocemos, porque él es un mundo fascinante, formidable y que me parece interesante darlo a conocer y en eso estoy, ahí, moviéndome, ¿no?*

E. ▸ El tiempo amarillo, *¿verdad? Es el título.*

J.S. ▸ *Sí..., es la primera parte de* El tiempo amarillo.

E. ▸ El tiempo amarillo... *Pues, fíjate, en los últimos meses hemos recordado aquí, en el programa, una extraordinaria conferencia que dio Fernando Fernán Gómez. Vamos a recordarlo, ¿te parece?*

|5.5.| Ahora, clasificad los elementos que habéis subrayado en uno de estos apartados:

1. *Pedir la cooperación del interlocutor, confirmar la comprensión de lo que se ha dicho:* ▸ ____________
2. *Pedir la clarificación del discurso, ayudas y repeticiones:* ▸ ____________
3. *Autorregularse verbalmente y reformular para hacerse entender mejor:* ▸ ____________
4. *Usar pausas, muletillas o fórmulas hechas para ganar tiempo o enlazar el discurso:* ▸ ____________

|5.6.| ¿Creéis que si pudierais ver a los interlocutores, la transmisión de la información sería más efectiva? ¿Por qué? Especificad qué elementos de la comunicación no verbal ayudan a la comprensión del discurso.

>| 6 | Retoma tu vivencia de la actividad 4.1. y asóciala a alguno de estos sentimientos.

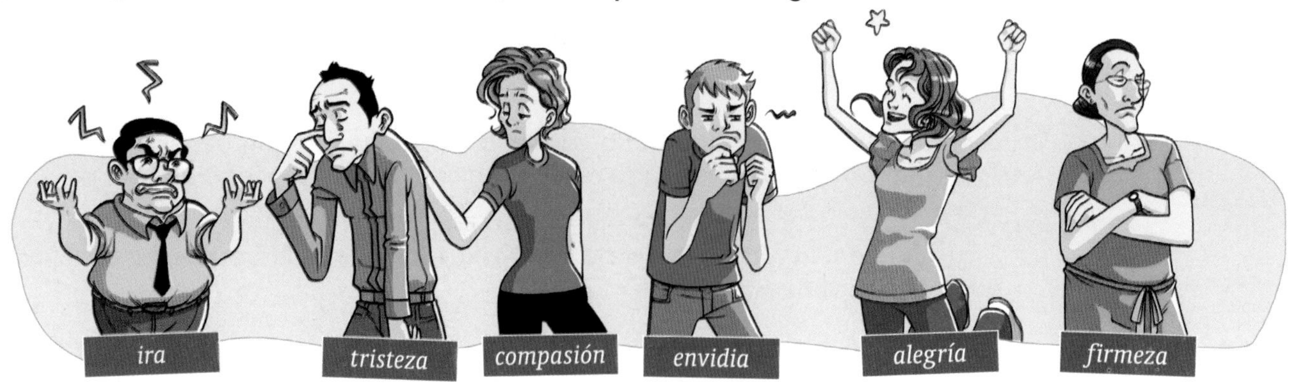

| 6.1. | ¿A qué otras vivencias de vuestra vida recurriríais para expresar los sentimientos de la actividad 6?

LOS FESTIVALES DE TEATRO

Cultura

>| 1 | Fijaos en estas fotografías y describid el lugar que aparece. ¿Qué es? ¿De qué época creéis que data?

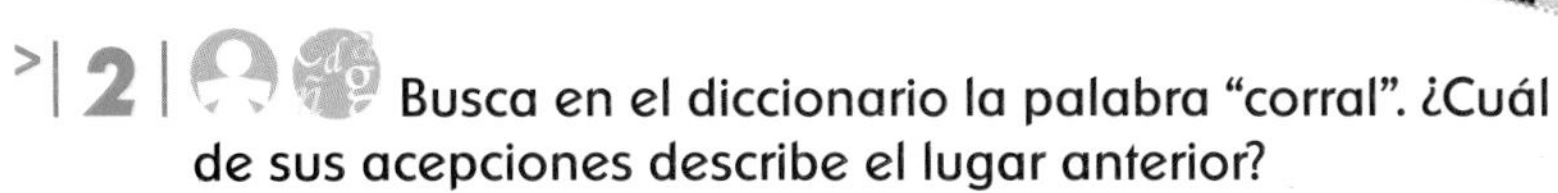

>| 2 | Busca en el diccionario la palabra "corral". ¿Cuál de sus acepciones describe el lugar anterior?

>| 3 | Ahora, lee esta noticia y comprueba tu respuesta.

La entrega a Nieva del Premio Corral de Comedias abre el Festival de Teatro de Almagro

La entrega del décimo Premio Corral de Comedias al director de escena, escenógrafo y dramaturgo Francisco Nieva abre, este jueves, la XXXIII edición del Festival Internacional de Teatro Clásico de Almagro (Ciudad Real).

El acto de entrega del premio a Nieva tendrá lugar en el **corral de comedias**, acto al que asistirán el presidente de Castilla-La Mancha, el director general del Instituto Nacional de Artes Escénicas y Música, el alcalde de Almagro y la directora del festival, entre otros.

Otras presencias importantes son las de La Fura dels Baus, Rafael Álvarez "El Brujo", ya un clásico en Almagro, y Juan Luis Galiardo, que pondrá en escena *El avaro*, una obra coproducida por el Centro Dramático Nacional, al igual que la obra de "El Brujo".

Adaptado de http://www.cope.es/cultura/01-07-10--entrega-nieva-premio-corral-comedias-abre-festival-teatro-almagro-187199-1

>| **4** | Rafael Álvarez, más conocido como "El Brujo", ha recibido esta crítica por su trabajo en *El testigo*. Ordena los párrafos.

A [ ] Nosotros, el público, **disfrutábamos** con calma de su genio, de su gracejo, de su nervio. "El Brujo" nos **hizo** pasar hora y media atentos a sus palabras, a sus gestos, a sus poses y ocurrencias. **Acabó** la función y el público **se quedó** con ganas de más "El Brujo", de ver cómo **se convertía** en un cómico, un juglar, un bufón, un mimo, un conversador, un pícaro, en un cuentacuentos.

B [ ] Ayer volví a ver en escena a Rafael Álvarez "El Brujo", en su nuevo montaje basado en un texto de Fernando Quiñones, titulado *El testigo*. El actor **reinventó** el texto original, escrito en clave de monólogo y a través del que Juan, un cantaor del montón, da cuenta de la vida de un artista llamado El Pantalón.

C [ ] Lo importante no era lo que se **contaba**, sino quién lo **contaba**. Miguel Pantalón **podía** ser un gitano cualquiera pero se nos **aparecía** a través de Juan como el más grande cantaor de todos los tiempos porque él, Juan, **apelaba** a la memoria, una memoria en la que todos los personajes de sus historias **estaban** muertos menos él, que **era** el único vivo para contarlo, que **había visto** y **había creído**.

D [ ] Nos **has dejado** a medias, Brujo. **Te has ido** a mitad de faena, **nos hemos quedado** con los ojos abiertos como platos y la miel en los labios. Qué pena que acabara. Te **he seguido** y te seguiré, bolo tras bolo, siempre que pueda, porque pocas veces presencia uno la obra de un actor subido en lo alto de una tarima de caché tan merecido, a una figura, a una estrella no adulterada.

E [ ] Allí **estaba** él. Vestía un elegante traje negro que **incluía** rayas blancas, **llevaba** un bigote blanco y **llenaba** un escenario sobrio compuesto por mesas de madera oscura que emulaban un singular tablao flamenco. Juan **narraba** las vivencias de El Pantalón, "El Brujo" **se reía** con ese humor negro suyo tan español, **templaba** el texto, nos regalaba sutilezas y sabiduría.

Fragmento extraído y adaptado de http://cajonddesastre.wordpress.com/2010/02/14/el-testigo-rafael-alvarez-el-brujo/

| **4.1.** | Vuelve a leer el texto, ya ordenado, y busca las palabras o expresiones que corresponden a las siguientes definiciones.

1. ______ Modular, ajustar.
2. ______ Gracia en el hablar.
3. ______ Cantante de flamenco.
4. ______ Normal, que no destaca especialmente.
5. ______ Estar a punto de disfrutar de algo muy deseado, pero al final no disfrutarlo.
6. ______ Gira teatral por diversos pueblos y ciudades de un país.
7. ______ Imitar.
8. ______ Cantidad de dinero que pide un artista por actuar.

|4.2.| Fíjate en las formas verbales destacadas en el texto. Podrás observar que el tiempo verbal que predomina es el pretérito imperfecto de indicativo. Como ya se apuntó en el epígrafe anterior, en este caso el narrador convierte al lector en espectador presencial del suceso. Vamos a ahondar un poco más en la expresión del pasado en español. Completa el siguiente cuadro con las siguientes palabras. Trabaja con tu compañero.

- marco
- evocar
- relevante
- describe
- lingüístico
- pasado
- indefinido
- imperfecto
- perfecto

Los pasados

- El contraste de los tiempos del pasado (indefinido/imperfecto/perfecto) es un contraste puramente [1] ...., que nada tiene que ver con la realidad a la que se refieren, que existe independientemente de la lengua. El hablante, utilizando uno u otro tiempo, se refiere a esa realidad de distintos modos, según lo que quiere expresar en cada momento.

- Con el pretérito [A] .... se limita a informar sobre un hecho que ha sucedido en el [2] ...., sin describirlo ni relacionarlo con ninguna situación.
En otros momentos, ese mismo hecho se convierte en una situación que se quiere [3] .... o que sirve de [4] .... para situar otra acción. Se emplea entonces el pretérito [B] .... En este caso, el hecho pierde su estatus de acción y se convierte en algo inmóvil, en una imagen sin movimiento que se [5] .... y analiza.
Esto es lo que sucede en pares de frases como "Estaba lloviendo/Estuvo lloviendo". En la primera, el hablante está preparando el escenario de lo que va a contar y el interlocutor queda a la espera, pues entiende que se trata de un marco para el hecho en sí mismo: *Estaba lloviendo cuando empezó el partido*; mientras que, en la segunda, el interlocutor interpreta la frase como la información [6] ....:
  - *¿Qué tal el partido?*
  - *Mal, estuvo lloviendo todo el tiempo.*

- Con el pretérito [C] .... el hablante se refiere a hechos del pasado en los que lo que le interesa es resaltar su relación con el presente o, simplemente, en los que no se determina el tiempo. Es muy frecuente encontrar este tiempo sin marcadores temporales y, si los lleva, estos remiten de alguna manera al presente. Son expresiones de tiempo presente o que lo incluyen, tales como *hoy, esta mañana/tarde/noche, este mes/año/siglo*, etc.

Intercultura

>|5| Además del corral de comedias de Almagro, hay otros espacios teatrales que se han recuperado para hacer representaciones, como el teatro romano de Mérida, donde se celebra el Festival de Teatro Clásico, que cuenta ya con una historia de 50 años. ¿Existen iniciativas similares en vuestro país o en algún país que conozcáis? ¿Qué ventajas e inconvenientes tiene el recuperar espacios monumentales e históricos con un fin práctico?

>| 1 |  Para que las obras de teatro se lleven a cabo son necesarios actores (actorazos o actores en ciernes), directores, productores, escenógrafos, técnicos de luces, técnicos de sonido, personal de vestuario y un largo etcétera. Os presentamos, a continuación, el blog de un actor de los llamados "de segunda categoría", Mario Fernández. ¡Daos una vuelta por su página! ¿Qué temas de los que habla destacaríais?

Mario Fernández. Actor en ciernes

http://www.actorenciernes.blog.net

Actor en ciernes

Frases célebres

Yo de subvenciones no hablo, porque como no tengo...

Pepe Rubianes

Festivales de teatro

- **Feria de teatro de Castilla y León** del 24 al 28 de diciembre.
- ***Mitin*** del 1 al 7 de diciembre.
- **Cénit. Certamen de Nuevos Investigadores Teatrales** del 3 al 7 de enero.

Últimos posts

- Mamá, quiero ser artista.
- *El Bolazo.*
- Los premios Max.
- ¿Qué es un *casting*?

Foro

- ¿Qué es ser buen actor?
- ¿Está obsoleto el método Stanislavski?
- Subvenciones y otros monstruos.

Enlaces

- Josep Maria Pou
- Albert Boadella
- Lola Herrera
- Amparo Baró
- El Tricicle

Fernán Gómez, hasta siempre

Publicado el 21 de noviembre.

El actor, cineasta y escritor Fernando Fernán Gómez **ha muerto** esta tarde a los 86 años en el hospital de La Paz de Madrid tras sufrir una insuficiencia cardiorrespiratoria. La capilla ardiente con sus restos mortales se instalará mañana en el Teatro Español.

Fernán Gómez **ha sido** una de las grandes figuras españolas de la escena y el celuloide, un gigante de la cultura. Miembro de la Real Academia Española –donde **ocupaba** el sillón B– **recibió**, entre otros galardones, el premio Príncipe de Asturias de las Artes, los Premios Nacionales de Cine y Teatro, la Medalla de Oro de la Academia de Cine y cinco goyas, la máxima cantidad de estos galardones acumulados por ninguna otra figura del cine español.

Fernando Fernán Gómez **nació** el 28 de agosto de 1921 en Lima, durante una gira que **realizaba** por Latinoamérica su madre, la actriz Carola Fernán Gómez, y **fue inscrito** en el consulado de Buenos Aires, por lo que **conservó** la nacionalidad argentina hasta 1984, cuando **se nacionalizó** español.

Protagonista de casi 200 películas, director de más de una veintena, no **desarrollaría** su importante labor como escritor y académico de la Lengua hasta la madurez. En su filmografía figuran títulos como *Botón de ancla, El inquilino, La venganza de Don Mendo, El espíritu de la colmena, Belle Époque...*

Yo, a Fernando, **lo admiraba** desde niño. De hecho, mi vocación de actor se despertó gracias a sus personajes y a esa voz fuerte, decidida, varonil, que yo **imitaba** repitiendo los diálogos de sus películas. En eso pienso ahora, cuando, como tantos otros, espero mi turno para rendirle mis respetos en el teatro Español. En eso pienso mientras la veo, a Emma, su mujer, con la sonrisa de los tristes, colocando en el atril las hojas del poema de Fernando que alguien va a leer, como si con esa pequeña tarea pudiera borrar el hecho tremendo de la muerte.

¡Hasta siempre, Fernando!

>| 2 | Mario dedica el post del día a Fernando Fernán Gómez, actor consagrado, fallecido a los 86 años. Lee el texto y busca el sinónimo adecuado para cada una de estas palabras o expresiones.

1 ________ cine

2 ________ página

3 ________ fallecer

4 ________ terrible

5 ________ premio

6 ________ poesía

7 ________ de hombre

8 ________ después de

9 ________ cadáver

>| 3 | A continuación puedes leer algunas condolencias que se expresaron desde distintos sectores de la sociedad española por el fallecimiento de Fernando Fernán Gómez.

Fernando Fernán Gómez, actor

"Actor, director, escritor, académico de la Lengua pero, sobre todo, extraordinario contador de historias, nadie cómo él ejemplifica la evolución de nuestro teatro y nuestro cine, y su compromiso con la sociedad española". Con estas palabras **resumió** el presidente del gobierno la personalidad de Fernán Gómez, en un telegrama enviado a la familia para expresar su "profundo sentimiento de condolencia". A su juicio, "probablemente, nadie **ha suscitado** mayor admiración entre sus propios compañeros y entre toda la sociedad española que el fallecido, por su talento y su excelente calidad humana, hasta el punto de que **fue reconocido** por todos como un referente moral".

Según el presidente del gobierno, la obra y figura de Fernán Gómez son "esenciales para entender la cultura española contemporánea", ya que deja tras de sí su recuerdo y creaciones, "testimonio de sabiduría y de su hondura". "Nadie como él **ha sabido** reivindicar la dignidad del viejo oficio del cómico hasta llevarlo a las cotas más altas del respeto y el prestigio social", **agregó**.

El titular del Ministerio de Cultura, por su parte, **describió** a Fernán Gómez como una figura del "Renacimiento" que lo **había hecho** todo en la vida, una persona de nuestro tiempo que lo **abarcaba** casi todo en el campo de la expresión audiovisual y literaria. Según **declaró** ayer: "Fernando nos **ha acompañado** durante medio siglo, **era** una persona que **conocía** muy bien el Siglo de Oro y la picaresca, fundamentales en su obra". También **confesó** que hacer necrológicas es una de las labores más tristes que tiene que realizar un ministro de Cultura. Además, **recordó** del fallecido que **había vivido** la guerra y la posguerra españolas y que **había tratado** de superar aquel mundo depresivo sin libertad a través de sus películas, las obras de teatro y sus libros.

También **manifestaron** su pesadumbre el realizador Agustín Díaz-Yanes y el actor Fernando Guillén, muy afectados por la pérdida de un amigo y maestro: "En un oficio en el que nos criticamos todos, Fernando **fue** siempre un intocable". ■

Adaptado de http://www.cronicadecantabria.com

>| 4 | Fijaos en los valores que adquieren los diferentes tiempos del pasado que aparecen resaltados en los dos textos anteriores. Atendiendo a la perspectiva temporal (física o psicológica) que adopta el hablante para situar acontecimientos desde su punto de vista, clasificadlos en uno de los siguientes apartados:

1. *Que lo comunicado se mantiene alejado de las circunstancias vitales del hablante:*
   → *Pretérito indefinido y pretérito imperfecto.*

2. *Que lo comunicado es anterior respecto a otro hecho señalado en el pasado:*
   →

3. *Que lo comunicado es anterior, pero está relacionado con el momento presente:*
   →

4. *Que lo comunicado es posterior respecto a otro hecho señalado del pasado:*
   →

|4.1.| Lee este cuadro de reflexión sobre los tiempos del pasado y representa gráficamente la información que proporciona. Trabaja con tu compañero.

Valores temporales de los tiempos compuestos del pasado

- Los tiempos compuestos del pasado adquieren su valor temporal en relación siempre con otro tiempo. El **pretérito perfecto**, como ya hemos visto, es un tiempo que cuenta una experiencia pasada cuyos efectos se extienden al presente. El **pretérito pluscuamperfecto** cuenta un suceso como previo a la experiencia pasada que se describe. Es habitual reemplazar el pretérito pluscuamperfecto por el indefinido. En este caso, el hablante se limita a hablar de un hecho del pasado en sí, sin relacionarlo con ningún otro momento del pasado. El **futuro perfecto**, por fin, habla de una experiencia que será pasada respecto a otra que aún no ha ocurrido:
  - *Cuando acabe el año, ya habré pagado el coche.*
- Por otro lado, el **condicional** es un tiempo simple que, como tiempo del pasado, también adquiere su valor temporal en relación con otro tiempo. En este caso, cuenta una experiencia que es posterior a un hecho del pasado. En muchas ocasiones, esta misma relación temporal se establece con el pretérito imperfecto:
  - *Me dijo que vendría./Me dijo que venía.*
- También como pasado y en frases independientes, el condicional expresa probabilidad:
  - *¿A qué hora volviste ayer?*
  - *No sé, serían las cuatro o las cinco de la mañana.*

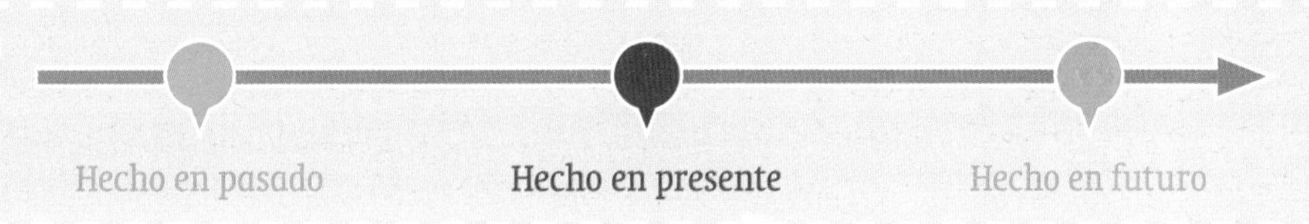

|5| En el blog, Mario reproduce una frase de Pepe Rubianes, cómico: "Yo de subvenciones no hablo, porque como no tengo...". El apoyo institucional al teatro, que se concreta sobre todo en ayudas económicas para el montaje de espectáculos teatrales, genera polémica entre los que piensan que el teatro debe ser protegido por el Estado como un bien cultural y los que creen que debe poder autofinanciarse creando espectáculos rentables. Lee algunos testimonios de gente del teatro sobre este tema

"La subvención es una trampa, te dan el dinero a condición de que te calles, o sea, que hagas un teatro vacío, bonito, inocuo, y fuera de todo tipo de crítica. Porque, claro, el que te paga no va a consentir que le pegues el palo". Pepe Rubianes

"El teatro es un enfermo crónico que no morirá jamás. Ya es un lujo, y en el futuro lo será aún más, sentarse a ver una función en directo. Hay muy poca inversión privada. En cuanto a las subvenciones, soy partidaria de que, más que dinero a personas concretas, se preste todo tipo de medios para que se puedan hacer montajes con todas sus necesidades cubiertas". Lola Herrera

"Una compañía teatral cobra más cuando es contratada por la Administración que cuando lo es por un empresario privado; un actor cobra más cuando actúa en un teatro público que cuando lo hace en un teatro privado; un técnico de luces ofrece un presupuesto mayor para un teatro público que para un teatro privado". Julián Ruiz-Bravo

"Yo no subvencionaría nunca ni el cine ni el teatro. El talento no se consigue con dinero. ¡Si se hacen películas maravillosas con cuatro pesetas como nos demuestra Argentina! Hoy en día, entre las distintas subvenciones, de cultura, de la comunidad, de los canales de televisión... ¡Si hasta sobra!". Amparo Baró

"No estoy en contra de la inversión de dinero en la cultura. Es mejor que hacerlo en aviones de combate, por descontado. Precisamente lo que hay es poco dinero invertido en cultura. De lo que estoy en contra es del procedimiento que se ha utilizado: el Estado, los Estados, han utilizado el mundo de la cultura y las artes como propaganda política. Se han dedicado a subvencionar directamente las cosas, en lugar de trabajar en la infraestructura, en la educación". Albert Boadella

Grupo cooperativo

5.1. Vamos a participar en este debate. Para ello, elige una personalidad de las que te ofrecemos a continuación e invéntate su historia personal y su punto de vista sobre esta cuestión. Cuando hayas terminado, entrega tu escrito al alumno o alumna que haya escogido el papel de moderador/a.

- Moderador/a.
- Un actor/una actriz joven sin trabajo.
- Un actor/una actriz consagrado/a.
- Un empresario/una empresaria teatral que produce obras muy comerciales.
- El dueño/la dueña de varios teatros.
- Un dramaturgo/una dramaturga en busca de empresario que financie su obra en escena.
- Un espectador/una espectadora.
- El ministro/la ministra de cultura.

5.2. Se están celebrando unas jornadas sobre teatro y te toca participar en una mesa redonda con el título de *Ayuda pública, ¿necesaria?* Adopta el papel del personaje que hayas elegido y defiende tu postura a favor o en contra. El que tenga el papel de moderador debe introducir el debate, presentar a los invitados y hacer una breve semblanza de cada uno de ellos.

6 ¿Cuál es vuestra idea sobre la vida del teatro después de haber trabajado sobre el tema? ¿Habéis cambiado en algo vuestra postura sobre su trabajo? ¿Y sobre el teatro?

ESTÁN DE GIRA

1 Os presentamos los carteles de unas obras que han cosechado un gran éxito en España. Observadlos y explicad qué os sugiere el título y la imagen que os ofrece cada cartel. Luego, haced hipótesis para contestar a las preguntas.

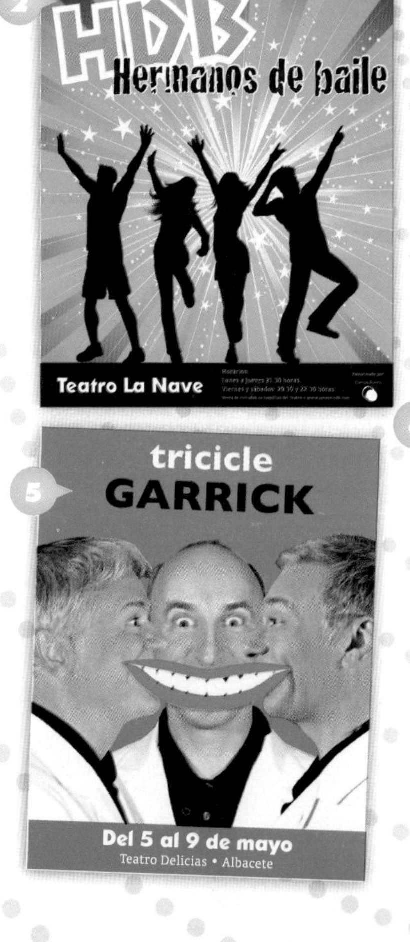

CONTINÚA

- ¿Es una comedia, un drama o un monólogo?
- ¿Cuál puede ser su argumento?
- ¿Dónde podrías verlas representadas?
- ¿Siguen el método o van de alternativos?

Yo me imagino que el argumento de *Katarsis del tomatazo* es la historia de un hombre que va a comprar al mercado y, como hay mucha cola, intenta colarse, pero una señora, que seguramente llevaría allí una hora, discute con él y acaba tirándole un tomate a la cabeza.

>| 2 | [8] *La katarsis del tomatazo* es un espectáculo que lleva funcionando bastante tiempo. Escucha la siguiente audición y completa esta ficha con la información más relevante.

Reacciones del público: ....

Objetivos de la función: ....

Tiempo en cartel: ....

Actores del espectáculo: ....

Tipo de actuaciones o números: ....

Lugares donde se representa la obra: ....

| 2.1. | Después de escuchar la audición, ¿quién de vosotros ha acertado con sus suposiciones?

>| 3 | Aquí tienes, desordenadas, las sinopsis de las obras anteriormente presentadas –excepto la de *La katarsis del tomatazo*–. Léelas y relaciona cada sinopsis con el cartel que te parezca más adecuado. Trabaja con tu compañero.

A 6 Pepe, un hombre maduro, está casado con Leticia, mujer frívola y caprichosa. Durante un baile de disfraces, tanto Pepe como su amigo Paco (algo más joven) se enteran por el diario de Leticia de que esta desea apasionadamente a Paco.

B 5 Este espectáculo-conferencia sobre la mecánica del humor les permite desarrollar diferentes técnicas dramáticas con el único objetivo de conseguir que el público experimente en sus propias carnes los beneficios de la risa. ¿Por qué los niños ríen unas trescientas veces al día y los adultos tan solo unas quince?

C 2 La lucha por un sitio donde sobrevivir, la valentía que da la juventud y la calle, el ritmo que corre por sus venas. La frescura, precisión y entrega de estos profesionales que nos sorprenderán con una marcada faceta humorística, un espectáculo donde el espectador no puede evitar reír y moverse desde su butaca.

D 3 La trayectoria vital del personaje que representa nos lleva a conocer sus desgracias personales en el terreno familiar, amoroso y laboral. Los referentes cotidianos, filtrados por la mirada surrealista y cínica desde la que cuenta todas sus experiencias, desembocan en una explosión de humor con efectos catárticos para el público.

E 4 Mario y Colate son un par de amigos que viven en un pequeño pueblo a principios de los 80. Los dos comparten un sueño, viajar a Madrid para montar allí un grupo de música. La llegada a Madrid va acompañada de varios problemas: no consiguen trabajo, no tienen dinero, ninguna casa de discos se interesa por ellos...

> 4 | Ahora que ya habéis relacionado título con sinopsis, elegid una de estas dos obras: **4** o **6** y escribid un posible diálogo entre los personajes. Tendréis que representarlo frente al resto de la clase, intentando que en vuestra escena aparezcan algunos de los contenidos gramaticales, funcionales, léxicos y culturales de esta unidad.

3 LA FELICIDAD

Contenidos funcionales
- Expresar deseos y maldiciones.
- Expresar sentimientos.
- Reaccionar ante algo.
- Expresar voluntad, deseo, prohibición, mandato o ruego con la intención de influir sobre los demás.
- Expresar el punto de vista sobre algo.

Contenidos gramaticales
- Oraciones subordinadas sustantivas.
- Verbos y expresiones que transmiten reacción, voluntad, sentimiento, deseo, prohibición, mandato, consejo o ruego, actividad mental, comunicación, percepción y certeza.
- *Ser* + adjetivo (de falsedad o virtualidad) + *que*.
- *Ojalá, así* + subjuntivo.
- Verbos con doble significado según se construyan con indicativo o subjuntivo.

Tipos de texto y léxico
- Encuesta.
- Test de personalidad.
- Texto digital: foro sobre el amor.
- Texto testimonial.
- Fragmento de tesis.
- Palabras derivadas del griego y del latín.
- Prefijos y sufijos.
- Léxico relacionado con la felicidad.
- Léxico relacionado con las compras.

El componente estratégico
- Adquisición de léxico por derivación.
- Comprensión general de un texto escrito:
  - Estrategias de compensación.
  - La importancia del contexto.
  - La relevancia de las palabras clave.
- Interacción comunicativa intercultural: los modelos de comunicación y el valor del silencio.

Contenidos culturales
- Citas célebres.
- El modelo comunicativo español.
- El dinero y la felicidad.

¿QUÉ ES LA FELICIDAD?

1 Muchos filósofos y escritores han intentado averiguar en qué consiste ser feliz. Aquí tienes el comienzo de cuatro citas sobre la felicidad. Habla con tu compañero y completadlas, según vuestra opinión.

1. La felicidad consiste principalmente en conformarse... ....
2. El hombre más feliz del mundo es aquel que sabe reconocer los méritos de los demás... ....
3. La felicidad para mí consiste en gozar de buena salud... ....
4. La felicidad de la vida consiste en tener siempre algo que hacer... ....

1.1. Leed las citas completas y comparadlas con las vuestras. ¿Habéis coincidido?

"La felicidad para mí consiste en gozar de buena salud, en dormir sin miedo y despertarme sin angustia". Borges

"La felicidad consiste principalmente en conformarse con la suerte; es querer ser lo que uno es". Erasmo de Rotterdam

"El hombre más feliz del mundo es aquel que sabe reconocer los méritos de los demás y puede alegrarse del bien ajeno como si fuera propio". Goethe

"La felicidad de la vida consiste en tener siempre algo que hacer, alguien a quien amar y alguna cosa que esperar". Anónimo

1.2. Volved a leer las citas. ¿Con cuál os identificáis más? ¿Por qué?

> 2 Para conocer el significado de una palabra, muchas veces recurrimos a su origen etimológico. ¿Sabes de dónde proviene la palabra española *felicidad*? Discútelo con tu compañero.

2.1. Comprueba si vuestra respuesta anterior es correcta.

El significado de *felicidad* está relacionado con el término latino del que procede la palabra.

Como lengua romance, el español proviene del latín, por lo que el origen de un porcentaje muy elevado de palabras españolas es latino. También hay un porcentaje considerable de palabras que contienen prefijos o sufijos griegos: *democracia, biología, polígono...*

Conocer el significado de algunos de los prefijos y sufijos latinos y griegos nos ayudará, en muchas ocasiones, a deducir el significado de una palabra. ■

Breve diccionario etimológico de la lengua castellana
Joan Coromines
{a-z

2.2. A continuación, te ofrecemos una lista de prefijos y sufijos de origen griego. Busca en el diccionario qué significan y, después, escribe dos palabras que los contengan. Trabaja con tu compañero.

☐	**A-, an-:** Denota privación o negación.	Ateo/a[1]	Asintomático[2]
1	**Bio-:**		
2	**Demo-:**		
3	**-cracia:**		
4	**Hemi-:**		
5	**Hipo-:**		
6	**Meta-:**		
7	**Poli-:**		
8	**-itis:**		

[1] *Ateo/a* (que niega la existencia de Dios); [2] *Asintomático* (que no presenta síntomas de enfermedad).

2.3. Ahora, te ofrecemos una serie de palabras que contienen prefijos y sufijos cuyo origen es latino. Busca en el diccionario las palabras y deduce el significado de dicho prefijo o sufijo. Trabaja con tu compañero.

☐	**Carnívoro:** Dicho de un animal que se alimenta de carne.	-voro: que come
1	**Circunferencia:**	
2	**Cuatrimestre:**	
3	**Decimal:**	
4	**Infravalorado:**	
5	**Conductor:**	
6	**Omnipresente:**	
7	**Posventa:**	
8	**Subordinado:**	

2.4. ¿A qué registro pertenece la mayoría de estas palabras? ¿Hay palabras que provienen del griego o del latín en vuestra lengua? ¿Coinciden algunos de los sufijos o prefijos de esas palabras con los que acabamos de estudiar? Además, el español también tiene muchas palabras de origen árabe. ¿Qué otras lenguas han dejado una huella importante en vuestro idioma?

¿QUÉ TE HACE FELIZ?

>| 1 | Leed las siguientes afirmaciones y comentad con vuestros compañeros si estáis de acuerdo con ellas o no, o si las matizaríais de alguna manera.

	Sí	No	Depende
1 Me hace feliz vivir el presente, sin hacer planes demasiado idealistas.	☐	☐	☐
2 Me frustra no poder cambiar ciertas cosas de mi personalidad.	☐	☐	☐
3 Me hace muy feliz mi trabajo.	☐	☐	☐
4 Me horroriza que los demás no me valoren lo suficiente.	☐	☐	☐
5 Me hace más feliz tener más tiempo y menos dinero..	☐	☐	☐
6 Disfruto más solo en mi casa con un buen libro que en una discoteca.	☐	☐	☐
7 Me realizo más en mi vida personal que en la profesional.	☐	☐	☐
8 Espero que la felicidad me llegue algún día, porque hasta ahora no la he sentido.	☐	☐	☐

>| 2 | |9| Y a la gente, ¿qué le hace feliz? Vamos a escuchar una encuesta realizada por el periódico *El País* a diferentes personas, donde se les preguntaba qué era para ellos la felicidad. Anota qué momento es el que destaca cada uno de ellos como especialmente feliz en su vida.

A

B

C

D

|2.1.| |9| Vuelve a escuchar la encuesta y señala de esta lista, las frases que dicen. Luego, rectifica las frases que no se corresponden según el audio.

1 ☐ **Fue muy importante** para mí **que** mucha gente me **escribiese** dándome las gracias.

2 ☐ **Me avergonzó que me viera** mi chica cuando me subí por primera vez a un escenario.

3 ☐ **Fue emocionante que** ella **estuviera** allí.

4 ☐ **Me desanimó que hubiera** tanta gente.

5 ☐ Días antes **había sido impensable que** esto **sucediera**.

6 ☐ A uno **le gusta que sucedan** estas cosas.

7 ☐ Antes **era inimaginable que consiguiéramos** los papeles.

8 ☐ **Era normal que** mi mujer y yo **encontráramos** trabajo.

9 ☐ **Me satisface** mucho también **que** mis hijos **puedan** recibir una educación.

10 ☐ **Lamento** tanto **que no estén** aquí.

11 ☐ Pues **quería que** mis hijos **se reunieran** con nosotros.

12 ☐ Le **pedía** a Dios **que me concediera** ese deseo.

13 ☐ **Te recomiendo que** lo **hagas** de vez en cuando.

14 ☐ **Era increíble** pensar **que estuviera** allí.

15 ☐ **Quería que** ese momento **no acabara** nunca.

16 ☐ **Le recomendaría** a todo el mundo **que tuviera** niños.

> 3 | Lee de nuevo las frases anteriores y fíjate en su estructura. ¿Qué tienen en común? Completa este cuadro de reflexión.

- Se usa el modo .... con verbos y expresiones en las que la intención del hablante no es solo informar sobre un hecho realizable o no, sino reaccionar sobre algo, expresar un deseo, voluntad, dar su punto de vista, dar consejos o influir sobre los demás o sobre una situación.

| 3.1. | Clasifica las frases anteriores en el apartado correspondiente.

Oraciones subordinadas sustantivas (1)

- Para expresar una reacción ante algo:
  - *Me alegré de que me viera mi chica cuando me subí por primera vez a un escenario.*
  -
  -
  -
  -

CONTINÚA »

- Para expresar voluntad, deseo, prohibición, mandato, consejo o ruego con la intención de influir sobre los demás o sobre las situaciones:
  - *Pues quería que mis hijos se reunieran con nosotros.*
  -
  -
  -
  -
  - *Le prohibió terminantemente que se asomase al balcón.*
  - *Les dejamos que salieran toda la noche porque era fiesta.*
- Para expresar el punto de vista sobre algo mediante la estructura ***ser* + adjetivo + *que***:
  - *Fue muy importante para mí que mucha gente me escribiese dándome las gracias.*
  -
  -
  -
  -
  -

>| 4 | ¿Qué responderías tú si te hicieran esta encuesta? Piensa en un momento feliz o emotivo de tu pasado (real o inventado) y cuéntalo por escrito reaccionando ante él. Sigue el modelo de lengua de las entrevistas que has escuchado.

>| 5 | Fíjate en estas frases que expresan deseo. Luego, completa el cuadro. Trabaja con tu compañero.

- **Ojalá** no **se hubieran quedado** allí.
- **Ojalá lleguen** pronto mis padres de vacaciones. Tengo ganas de verlos.
- **Ojalá** todos mis compatriotas **pudieran** decir lo mismo.
- Siempre sale tarde de casa. ¡**Así** no **haya llegado** a clase y el profesor lo regañe! A ver si de esta manera aprende a ser puntual.

Expresar un deseo

- Para expresar un deseo es muy frecuente el uso de [1] .... (buenos deseos) y ***así*** (malos deseos). Cuando el hablante quiere presentar el deseo como realizable, utiliza el [2] .... de subjuntivo o en caso de referirse a un hecho pasado cercano o relacionado con el presente, el [3] .... de subjuntivo:
  -
  -
- Si lo cree de difícil o imposible cumplimiento, usa el pretérito [4] .... de subjuntivo, que adquiere así el valor de presente o futuro irreal. Para expresar deseos frustrados o incumplidos en el pasado, el hablante recurre al pretérito [5] .... de subjuntivo:
  -
  -

| 5.1. | Completa las siguientes frases con el tiempo correcto del subjuntivo, según el contexto dado.

1. María no cree que apruebe el examen porque no ha podido estudiar.
   - *¡Ojalá .... el examen!*

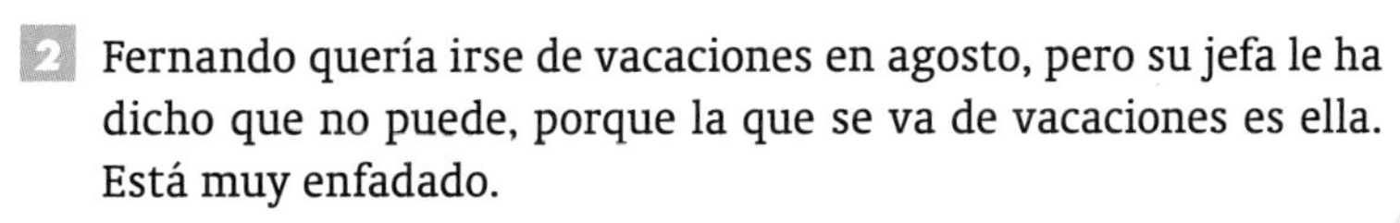

2. Fernando quería irse de vacaciones en agosto, pero su jefa le ha dicho que no puede, porque la que se va de vacaciones es ella. Está muy enfadado.
   - *¡Así .... el coche y no pueda salir!*

3. Cuando era joven, Marcos quería estudiar medicina pero luego cambió de opinión y estudió económicas. Actualmente trabaja en una empresa de negocios, pero no es muy feliz.
   - *¡Ojalá .... medicina!*

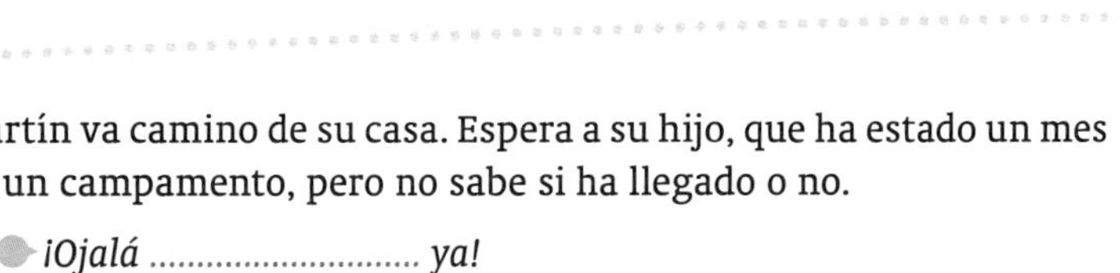

4. Martín va camino de su casa. Espera a su hijo, que ha estado un mes en un campamento, pero no sabe si ha llegado o no.
   - *¡Ojalá .... ya!*

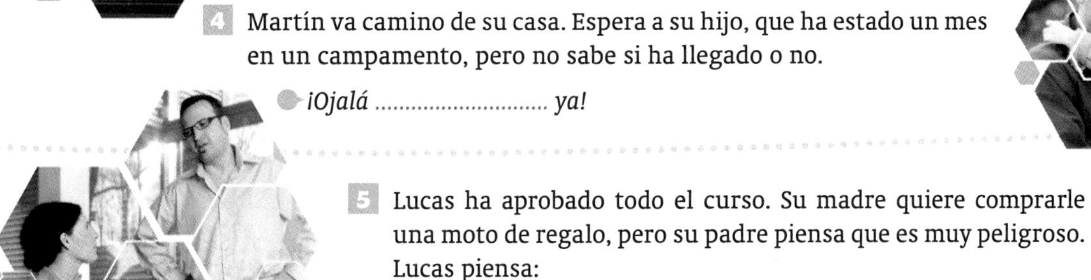

5. Lucas ha aprobado todo el curso. Su madre quiere comprarle una moto de regalo, pero su padre piensa que es muy peligroso. Lucas piensa:
   - *¡Ojalá .... la moto!*

>| 6 | Uno de los puntos clave para ser feliz es la serenidad. ¿Tenéis tendencia a agobiaros? Hazle este test a tu compañero, transformando los verbos de las frases que te proponemos, y después consulta los resultados.

¿Tienes tendencia a agobiarte?

		Siempre	A veces	Nunca
1	Enfadarse con los demás a la menor contrariedad.			
2	Indignarse cuando hay cambio de planes.			
3	Ser perfeccionista.			
4	Preocuparse por los demás.			
5	Tener dificultad en permanecer inactivo.			
6	Obsesionarse por detalles poco importantes.			
7	Sentirse permanentemente insatisfecho.			
8	Ser un maniático del orden.			
9	Ser muy exigente consigo mismo.			
10	No aceptar críticas.			
11	Culpabilizarse por todo.			
12	Vivir a cuerpo de rey.			
13	Afrontar los problemas con nerviosismo.			
14	Ponerse manos a la obra en cualquier momento.			
15	Ser hiperactivo.			
16	Ser muy exigente con los demás.			
17	Ser voluble.			

[**Respuestas:** Suma los puntos de acuerdo con la siguiente valoración: Siempre: 2; A veces: 1; Nunca: 0]

|6.1.| Aquí tenéis los resultados del test según la puntuación obtenida. Valorad el resultado que ha obtenido vuestro compañero, tanto lo bueno como lo malo, y dadle las indicaciones que, según vuestra opinión, podrían ayudarle a superar sus problemas. Hay una condición: usar un buen número de expresiones como las que te proponemos a continuación.

- **Entre 34 y 25 puntos:** Hiperexigente, a punto de estallar.
- **Entre 25 y 10 puntos:** Perfeccionista, con tensión excesiva.
- **Por debajo de 10 puntos:** Flemático/a, excesivamente tranquilo/a.

× prohibir que	× ser fácil/difícil que
× aconsejar que	× pretender que
× no puede ser que	× rogar que
× alegrarse de que	× insistir en que
× ojalá	× sorprenderle a uno que
× querer que	× gustarle a uno que
× *ser* + adjetivo + *que*	× recomendar que

Ejemplo: *Me sorprende que seas tan perfeccionista. No deberías estar al cien por cien listo para hacer algo. Espera a estar a un ochenta por ciento y lánzate.*

FORO SOBRE EL AMOR

>|1| Uno de los factores que más influyen a la hora de encontrar la felicidad es el amor. En Internet, alguien ha lanzado esta pregunta: *Y para ti, ¿qué es el amor?* Lee las respuestas de estos internautas.

El foro del amor

http://www.doctoramor.foro.net

Enamorada

Yo **creo que** el amor **es** un afecto especial hacia alguien sin importar cómo sea esa persona. **He comprobado que** los enamorados **dan** todo a cambio de nada. Yo misma **confieso que estoy** enamorada desde hace poco tiempo y **siento que soy** capaz de darle a Carlos hasta mi propia vida...

Esperanzado

Yo solo **sé que** el amor **es** difícil de encontrar... Hace tiempo conocí a una chica que me gustaba, pero no parecía el amor de mi vida. Ella se cansó y **me dijo que me dejaba**. **Es cierto que** en aquellos momentos **me sentí** liberado. Pero luego, poco a poco, **me di cuenta de que** no **podía** vivir si ella. La llamé y, al cabo de un tiempo, volvimos a salir. **No imaginaba que se pudiera** ser tan feliz. ¡No dejes escapar el amor cuando se presente!

Escéptica

Pues yo **no pienso que se pueda** estar enamorado sin quererte primero a ti mismo. **No es verdad que** el amor **sea** la entrega total. Todos nos queremos, primero y sobre todo, a nosotros mismos. Es un instinto de supervivencia...

>|2| Fíjate en los verbos y expresiones que están destacados en los textos anteriores. ¿Qué expresan? Marca la opción correcta.

1 ☐ Expresan sentimientos y deseos, realizables o no.
2 ☐ Expresan opinión y acciones relacionadas con el pensamiento.
3 ☐ Expresan voluntad, mandato, ruego o prohibición.
4 ☐ Expresan probabilidad, improbabilidad, posibilidad o imposibilidad.

| 2.1. | Completa el cuadro con los verbos y expresiones resaltados de los textos anteriores en su lugar correspondiente. Trabaja con tu compañero.

Verbos y expresiones que indican:

Actividad mental	Comunicación	Percepción	Certeza
[1]	[5]	[7]	[10] ....
[2]	[6]	[8]	[11] ....
[3]	contar	[9]	es obvio
[4]	explicar	descubrir	es evidente
Acordarse de, recordar	manifestar	oír	es seguro
juzgar	declarar	notar	está visto
soñar	comentar		está claro

| 2.2. | Fíjate de nuevo en las estructuras resaltadas y elige la opción correcta. Luego, completa el cuadro con ejemplos de los textos.

Oraciones subordinadas sustantivas (2)

- Los verbos o expresiones que indican actividad mental, comunicación, percepción o certeza se construyen normalmente con ☐ **indicativo** / ☐ **subjuntivo** si son afirmativos:
  - ...
  - ...

  La intención del hablante es presentar los hechos de los que habla de manera objetiva y presupone la verdad de lo dicho.

- En cambio, es muy frecuente el uso del ☐ **indicativo** / ☐ **subjuntivo** si son negativos:
  - ...
  - ...

Alternancia indicativo/subjuntivo

- Algunos de estos verbos cuando van en forma negativa también pueden alternar, en la oración subordinada, en los modos indicativo y subjuntivo:
  - *No me di cuenta de que era/fuera el amor de mi vida.* → el hablante utiliza el indicativo o subjuntivo para transmitir la información con más o menos seguridad.
  - *No he confesado que estoy/esté enamorada.* → el hablante usa el modo subjuntivo cuando pone más en duda la posibilidad del enamoramiento.
- Con el verbo *decir*, la alternancia de indicativo/subjuntivo se debe a los diferentes significados del verbo:
  - *Ella no me **dijo** que **venía**.* → el verbo *decir* significa *comunicar*.
  - *Ella no me **dijo** que **viniera**.* → el verbo *decir* significa *pedir* u *ordenar*.

  En este último caso, *decir* funciona como los verbos de influencia que van con subjuntivo.

¡Atención!

Ten en cuenta que si el verbo principal va en imperativo, este tipo de oraciones negativas se construyen con indicativo:

- ***No digas que** no **tengo** razón, por favor.*
- ***No creáis que** no lo **he pensado** muchas veces.*

>| 3 | Vas a participar con tu opinión y experiencias (reales o inventadas) en el foro: *Y para ti, ¿qué es el amor?* Escribe el texto siguiendo el modelo de las intervenciones anteriores.

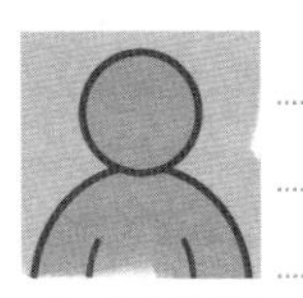

| 3.1. | En grupos de tres, leed las intervenciones en el foro de vuestros respectivos compañeros y rebatidlas utilizando las estructuras anteriores en forma negativa.

Dices aquí que solo existe el amor cuando llegas a ser uno con la otra persona. No estoy de acuerdo. No creo que haya que perder la individualidad para amar y ser amado. Al contrario...

¿EL DINERO DA LA FELICIDAD?

>| 1 | |10| El dinero, la fama y el éxito profesional son factores que, en principio, proporcionan felicidad y bienestar a la gente. Sin embargo, existen personas que han renunciado a todo esto precisamente para ser felices. Escucha estos testimonios reales y rellena el cuestionario.

	Trabajo anterior	Ocupación presente	Dificultades	Estado emocional actual
1				
2				
3				

| 1.1. | ¿Serías capaz de renunciar a tu vida actual y cambiarla radicalmente como han hecho estas personas?

| 1.2. | Fíjate en las frases extraídas de la audición anterior y compáralas con las que te proponemos. Señala los cambios formales y de significado que hay entre ellas y después, sustituye el verbo principal por otro, de manera que se mantenga el significado de la frase. Trabaja con tu compañero.

1. *Sentimos que era el momento de cambiar de vida.* → *Sentimos mucho que fuera el momento de marcharse.*
2. *Comprendo que José esté completamente feliz.* → *Comprendí que estaba equivocada.*
3. *Decidí que nos viniéramos a vivir aquí.* → *Decidí que esto era lo mejor.*
4. *Me decían que hiciera cosas que no me gustaban.* → *Me decían que tenían ganas de jubilarse.*

| 1.3. | Fíjate en el cuadro y coloca las frases que están debajo en su lugar correspondiente, como en el ejemplo. Trabaja con tu compañero.

Verbos con cambios de significado según se construyan con indicativo o subjuntivo

	Indicativo	Verbo	Subjuntivo	
	Darse cuenta, percibir	**comprender, entender**	Enjuiciar algo como lógico	
	Darse cuenta, percibir	**sentir**	Lamentarse, expresar tristeza o condolencia	
	Comunicar	***decir* y otros verbos de comunicación**	Pedir, mandar, ordenar	
	Sospechar algo malo o desagradable (*temerse*)	**Temer(se)**	Tener miedo (*temer*)	1
	Dar la impresión	**Parecer**	Proponer algo a alguien (*¿Te parece que...?*)	

1. Temo que los niños se pongan enfermos en este pueblo perdido, sin médico, ni hospitales, ni nada.
2. Parece que va a llover por lo negro que está el cielo.
3. Calla, calla, siento que viene alguien.
4. No sabes cuánto siento que se haya ido, ¡nos llevábamos tan bien!
5. Nos indicó mediante un gesto que nos calláramos.
6. Entiendo perfectamente que quiera irse, lo han tratado de pena.
7. Ha comprendido por fin que teníamos razón.
8. Nos indicó que ya había llegado y que estaba a nuestra disposición.
9. ¿Te parece que salgamos un rato y tomemos un café?
10. Se temían que habían suspendido el vuelo a causa de las tormentas.

> | 2 | ¿Has tomado alguna vez una decisión tan radical como la de las personas de la audición? Cuenta cómo fue el proceso: de qué te diste cuenta, qué sentiste, qué decisiones tomaste... Puedes hablar de tu propia experiencia o de la de alguien cercano que conozcas.

> | 3 | Lee el siguiente texto sobre la relación entre dinero y felicidad. Fíjate en las palabras destacadas.

"(...) Sin salarios no se pueden ofrecer momentos de sano **esparcimiento**. La calma del hogar se ve afectada si pasan los días y no se encuentra trabajo. Baja la autoestima y las cualidades se ven **mermadas**. Por ejemplo, pueden **gozar** parecido el carnaval de Barranquilla un rico y un pobre, pero la cualidad de su **disfrute** no será la misma. (...)

(...) ¿Pueden ser los pobres más felices que los ricos? ¿Son más felices los habitantes de Colombia o Nairobi que los ciudadanos de Suiza o Estados Unidos? Mientras seamos tan pobres, estas recetas no son más que un falso **consuelo**. ■

Adaptado de *Felicidad y riqueza* de Fernando Estrada Gallego en: http://www.analitica.com/va/sociedad/articulos/4100269.asp

| 3.1. | ¿Qué tesis defiende el autor? ¿Estáis de acuerdo?

| 3.2. | Vamos a reflexionar sobre las estrategias que utilizamos para comprender un texto.

1. ¿Sabes el significado de las palabras destacadas? Si no es así, ¿te han impedido entender el sentido general del texto? ¿Por qué?
2. Subraya las palabras clave del texto que son imprescindibles para la comprensión general.
3. Tacha las palabras que no son necesarias para la comprensión general del texto.

| 3.3. | Aquí tienes las definiciones de las palabras destacadas en el texto, según el Diccionario de la Real Academia. Asocia cada término con su definición. Si te fijas en el contexto en que aparecen en el texto, te resultará más fácil hacer la asociación.

1. ______ Conjunto de actividades con que se llena el tiempo libre.
2. ______ Descanso y alivio de la pena, molestia o fatiga que aflige y oprime el ánimo.
3. ______ del verbo ______ Hacer que algo disminuya o quitar a alguien parte de cierta cantidad que le corresponde.
4. ______ Tener gusto, complacencia y alegría de algo.
5. ______ Acción y efecto de sentir placer.

> | 4 | ¿Vivir para trabajar o trabajar para vivir? Si os aumentan el sueldo, ¿aumenta vuestra felicidad? ¿Qué preferís, ganar menos y tener más tiempo para vosotros, o, lo contrario, trabajar más y tener más dinero?

COMPRAR FELICIDAD

>| 1 | Fijaos en estas personas de la foto, ¿qué están haciendo?

>| 2 | Este es el comienzo de un artículo que vais a leer en la siguiente actividad. ¿Qué relación creéis que hay entre lo que dice y la foto anterior? ¿A qué problema creéis que se refiere?

"Este problema comienza como un instinto incontrolable que se convierte en dependencia, y puede llegar a provocar la quiebra económica y la crisis del hogar".

| 2.1. | Ahora lee el texto y resume cada párrafo, siguiendo estas instrucciones.

1. Como primera aproximación, haz una lectura general del texto.
2. Subraya las palabras que te impiden entender alguna frase y búscalas en el diccionario.
3. Lee cada párrafo por separado y subraya las palabras clave.
4. Resume cada párrafo en una frase utilizando las palabras clave que has subrayado.

El motor que incita, en primera instancia, el deseo irrefrenable por comprar, es encontrar alivio y satisfacción, como una forma de descarga ante una situación adversa. Estas personas sienten el deseo de comprar después de una ruptura amorosa, de un conflicto familiar o ante cualquier problema que afecta a su estado de ánimo. Buscan cualquier cosa atrayente en la tienda o en el centro comercial, no importa que tengan dos iguales en casa.

El estado de euforia de los compradores compulsivos es característico en el momento que reciben su mercancía, pero cambia radicalmente conforme se acercan de nuevo a su hogar o a la situación que los inquieta.

Este tipo de compradores paga sus compras mediante alguna tarjeta o sistema de crédito, por lo que pierden la dimensión de sus gastos y de sus deudas. Como toda adicción, la compra compulsiva tiene efectos que pueden llegar a ser irreparables: desestabilidad emocional, abandono de la familia, divorcios, grandes deudas, etc.

Adaptado de http://www.companiamedica.com/variado/compradores_compulsivos.html

> | 3 | Un grupo de amigos españoles está hablando sobre este tema en una reunión informal. Resume la opinión de los interlocutores.
|11|

Fernando ....

Marta ....

Isaac ....

Celia ....

| 3.1. | Vuelve a escuchar la conversación pero, ahora, fíjate en cómo discuten y califica con +, – o = los rasgos que, en tu opinión, caracterizan la discusión, comparándola con la que tú mantendrías en tu país en una situación similar.

Rasgos*	En España	En mi país
1 Preocupación por el conflicto y la armonía.	○	○
2 Tendencia a evitar alusiones personales.	○	○
3 Silencios entre turnos.	○	○
4 Uso de palabras que emite el receptor mientras escucha.	○	○
5 Interferencias en el turno de palabra de los otros, hablar al mismo tiempo que otro u otros.	○	○
6 Énfasis en el habla (volumen y velocidad del discurso).	○	○

* Rasgos extraídos del artículo de Dora Sales (Universidad Jaume I, "Interacción comunicativa intercultural con inmigrantes de la cultura china" en http://www.crit.uji.es/biblio/doraclaves.pdf

Intercultura

| 3.2. | Lee el siguiente texto donde se describen las características del modelo comunicativo que se adopta en España y compáralo con tus apreciaciones anteriores. Justifica tus respuestas.

En España, los hablantes adoptan en la conversación un modelo comunicativo próximo y simétrico (igualdad entre los interlocutores independientemente de su sexo, edad y condición social): se suceden los turnos sin interrupción, hay solapamientos, son frecuentes los continuadores (*Bueno, pues, hm, mmm, sí, sí, ya, ajá...*), se gesticula enfáticamente con las dos manos, se habla en un tono alto y con un tempo rápido, el rostro es expresivo y las miradas son directas. El español se caracteriza por ser un receptor participativo: da señales de atención continuada y completa las oraciones del interlocutor, finalizando el enunciado iniciado por el hablante y sigue hablando como si no hubiera habido interrupción. Estas intervenciones tienen la función de ratificar al emisor. Destaca en la cultura española la presencia frecuente de la risa, especialmente en las conversaciones coloquiales. ■

Adaptado de http://www.crit.uji.es/htdocs/who/RobertoOrti/3.htm#3.0

|3.3.| ¿Hay muchas diferencias en la forma de mantener una conversación en grupo en España y en vuestros países? ¿Alguna vez habéis estado inmersos en alguna discusión con españoles? ¿Cómo os sentisteis? ¿Pudisteis intervenir?

|3.4.| Lee este fragmento de una tesis en la que una profesora japonesa describe la importancia del silencio como medio de expresión en la comunicación. Subraya las ideas principales.

Si se fijan en la conversación establecida entre japoneses, se percatarán de las diferencias que existen entre esta y una mantenida entre españoles. Por ejemplo, la duración y la frecuencia del silencio que surge en nuestra conversación es más larga y más abundante. Si han tenido la ocasión de charlar con japoneses, nuestra actitud les habrá dado la impresión de que somos educados, callados e incluso tímidos por no hablar mucho, y también tendrán la impresión de que somos ambiguos por no aclarar bien las cosas que queremos decir. Esto lo hacemos, aunque resulte extraño, inconscientemente. Nos gusta la ambigüedad, nuestro propio idioma es ambiguo. Para nosotros, el predominio del silencio sobre la palabra, dentro de la conversación, es natural y positivo. Cualquier profesor de español que haya tenido experiencia con alumnos japoneses suele plantearse esta cuestión: "No sé si me entienden los alumnos japoneses porque, si les pregunto si me explico, siempre me responden "sí" y nunca me dicen "no" ni tampoco me preguntan". Pero hay que tener en cuenta que, en nuestra cultura, no está bien decir no, es decir, rechazar algo tajantemente. A los españoles les sucede lo mismo, pero lo resuelven de manera distinta. Por ejemplo, si yo pregunto a una amiga española si le apetece ir al cine mañana, en el caso de que no le apetezca, me responderá: "¿Por qué no vamos la semana que viene?". Y esa semana que viene nunca viene. Pero es la manera de decir no para los españoles.
Esta respuesta es impensable para los japoneses, ya que nuestra sociedad valora mucho la sinceridad. Aunque dice el refrán español "quien calla otorga", en el caso de los japoneses, si alguien se calla ante una pregunta, hay que interpretar su respuesta a través del ambiente o del semblante que ponga en ese momento. ■

Adaptado de Motoko Hirai (2004), "El silencio como medio de expresión en la comunicación y su influencia en la enseñanza", en Tomás Almazán y David Vicente (eds.), *Japón. Arte, cultura y agua*, Zaragoza, Universidad de Zaragoza.

|3.5.| Teniendo en cuenta lo que habéis leído sobre el modelo comunicativo español, ¿qué valor creéis que tiene el silencio en la conversación entre españoles? ¿Por qué? Y en vuestra lengua, ¿qué valor tiene el silencio?

>|4| **Fernando, Marta, Isaac y Celia han decidido escribir una serie de recomendaciones para evitar la compra compulsiva. Aquí tenéis algunas ideas. Poneos de acuerdo porque solo podéis elegir cuatro de ellas. Para ello, iniciad una discusión siguiendo el modelo comunicativo de la conversación que habéis escuchado anteriormente.**

Consejos para evitar la compra compulsiva

- Hacer una lista de lo que se necesita comprar.
- Fijar una suma a gastar.
- Pagar en efectivo.
- No comprar a través de Internet, televisión o catálogos.
- Ir acompañado a comprar.
- No salir a comprar cuando hay una situación de estrés.
- Salir a ver escaparates cuando las tiendas están cerradas.
- Sustituir la salida a las tiendas por otras actividades de ocio o deportivas.

Adaptado de http://www.companiamedica.com/variado/compradores_compulsivos.html

4 BUENO, BONITO Y BARATO

Contenidos funcionales

- Influir sobre los demás.
- Dar órdenes de forma directa y de forma atenuada.
- Conceder permiso.
- Repetir una orden.
- Dar consejos e instrucciones.

Contenidos gramaticales

- El imperativo.
- Pronombres de objeto directo e indirecto.
- La reduplicación de los pronombres objeto.
- Estructuras para dar órdenes e instrucciones: presente de indicativo, *A* + infinitivo/sustantivo, (*Se ruega*) + infinitivo/(*Se ruega que*) + subjuntivo, *Que* + subjuntivo (*he dicho/te digo*).

Tipos de texto y léxico

- Anuncio publicitario comercial y anuncio publicitario con implicaciones socioculturales.
- Texto informativo.
- Informe especializado.
- Entrevista radiofónica.
- Texto digital: foro de lectura.
- Texto literario: fragmento de novela.
- Léxico relacionado con la publicidad.
- El lenguaje publicitario.

El componente estratégico

- Comprensión lectora de un texto largo.
- Expresión escrita: elaborar un resumen.
- Pautas para redactar un artículo con el fin de influir sobre los demás.

Contenidos culturales

- La ONG Publicitarios Implicados.
- *13'99* de Frédéric Beigbeder.
- La mercadotecnia.
- La publicidad: ventajas e inconvenientes.
- La publicidad institucional.

DE MARCA

1 ¿Os sentís influenciados por la publicidad? ¿Os compráis todo lo que veis anunciado? ¿Creéis que los productos conocidos son de mejor calidad que los desconocidos? ¿Por qué?

2 Los siguientes términos son propios de la publicidad o se suelen utilizar en relación con ella. Clasifícalos en positivos y negativos, según tu opinión.

	+	−		+	−
1 manipular	○	○	6 publicidad	○	○
2 creatividad	○	○	7 creativo	○	○
3 marca	○	○	8 sexista	○	○
4 subliminal	○	○	9 promocionar	○	○
5 anunciante	○	○	10 consumista	○	○

2.1. Ahora, relaciona cada definición con los términos anteriores y, una vez conocido el significado de estas palabras, rectifica la clasificación que has hecho, si es necesario.

1 ______ Se dice del mensaje oculto en la publicidad que se recibe sin que el individuo tenga conciencia de él.
2 ______ Divulgación de noticias o anuncios de carácter comercial para atraer a posibles compradores, espectadores, usuarios, etc.
3 ______ Dar a conocer un producto y aumentar sus ventas.
4 ______ El que da publicidad a algo con fines comerciales.
5 ______ Nombre que un fabricante da a un producto para diferenciarlo de otros similares.
6 ______ Capacidad para realizar obras artísticas u otras cosas que requieren imaginación.

CONTINÚA »

7		Profesional encargado de idear campañas publicitarias.
8		Que discrimina a las personas de un sexo por considerarlo inferior al otro.
9		Influir en alguien para hacerle pensar o actuar de una forma concreta.
10		El que tiende al consumo indiscriminado de productos no completamente necesarios, por razones de moda, prestigio social, etc.

Grupo cooperativo

> 3 | En grupos de tres, discute con tus compañeros sobre las ventajas e inconvenientes de la publicidad. Puedes ayudarte del léxico anterior para argumentar tus opiniones. Toma notas de lo que comentan tus compañeros.

3.1. Id a otro grupo e intercambiad vuestras opiniones anteriores. Tomad nota de las que sean comunes o de las que os aporten información nueva.

3.2. Volved a vuestro grupo y transmitid a vuestros compañeros la información que habéis obtenido. Preparad un documento final de ventajas e inconvenientes.

3.3. Haced una puesta en común y anotad en la pizarra las ventajas y los inconvenientes más importantes que habéis señalado entre todos.

> 4 | Lee el siguiente texto de un experto en publicidad. Anota las ventajas e inconvenientes que él señala.

La publicidad es positiva en cuanto que informa a las personas sobre la disponibilidad de nuevos productos y servicios razonablemente deseables, ayudando a estas mismas personas a mantenerse informadas, a tomar decisiones prudentes a la hora de consumir, estimulando el progreso económico a través de la expansión de los negocios y del comercio. Todo esto puede contribuir a la creación de trabajo, mayores ingresos y una forma de vida humana más adecuada para todos.

La publicidad puede alegrar la vida simplemente siendo ingeniosa, divertida y teniendo buen gusto. Algunos anuncios son obras maestras de arte popular con vivacidad e impulso únicos.

Sin embargo, existen también bastantes inconvenientes. Por ejemplo, con frecuencia existen solo insignificantes diferencias entre productos similares de distintas marcas, y la publicidad puede intentar conducir a las personas a actuar de acuerdo con motivaciones irracionales (fidelidad, reputación, moda, etc.), en vez de presentar las diferencias en la calidad del producto y en el precio de manera racional.

También la publicidad puede ser un instrumento al servicio del consumismo, creando necesidades de productos que, en realidad, son superfluos.

Uno de sus efectos más negativos es que, con demasiada frecuencia, la publicidad contribuye al estereotipo de individuos de grupos particulares que les sitúa en desventaja en relación a otros, tal es el caso, por ejemplo, de la mujer, usada en muchas ocasiones como mero objeto de adorno, al servicio de un producto.

No hay nada intrínsecamente bueno e intrínsecamente malo en la publicidad. Es un instrumento: puede ser usado bien y puede ser usado mal. Si puede tener, y algunas veces tiene, resultados benéficos como los descritos, también puede, y con frecuencia lo consigue, tener un impacto perjudicial, negativo, sobre individuos y sociedades. ■

Adaptado de http://www.monografias.com/trabajos16/publicidad-y-etica/publicidad-y-etica.shtml#BENEF

Ventajas

Inconvenientes

4.1. ¿En qué puntos coincidís con la opinión del experto?

>| 5 | Para que la publicidad sea efectiva, además de las imágenes, el creativo tiene que recurrir a un lenguaje lleno de recursos lingüísticos. Aquí tienes algunos de ellos. Léelos y utiliza el diccionario, si no conoces algún término, o pregunta a tu profesor las dudas.

- Uso de la segunda persona del singular o la primera del plural.
- Interrogaciones retóricas.
- Enunciados imperativos.
- Comparaciones.
- Dobles sentidos.
- Paradojas.
- Rima.
- Uso de tecnicismos y extranjerismos.
- Frases nominales.

| 5.1. | ¿Cuáles de los anteriores recursos se usan en estos anuncios? Trabaja con tu compañero y razonad vuestras respuestas.

1

2

3

4

5

1 ____________________

2 ____________________

3 ____________________

4 ____________________

5 ____________________

¡NI HABLAR!

>| 1 | Como has visto, en los mensajes publicitarios el uso del imperativo es un recurso muy frecuente para persuadir. El imperativo tiene otros usos. De la lista que tienes a continuación, elige aquellos que le son propios, según tu opinión y escribe un ejemplo. Trabaja con tu compañero.

1 ☐ Expresar sientimientos. ....
2 ☐ Reaccionar ante la opinión de otro. ....
3 ☐ Dar consejos o hacer recomendaciones. ....
4 ☐ Preguntar y dar la opinión. ....
5 ☐ Conceder o negar permiso. ....
6 ☐ Expresar dudas. ....
7 ☐ Ofrecer. ....
8 ☐ Invitar. ....
9 ☐ Proponer planes. ....
10 ☐ Evocar recuerdos. ....
11 ☐ Dar órdenes. ....
12 ☐ Convencer o persuadir. ....
13 ☐ Expresar el modo y la actitud. ....
14 ☐ Dar instrucciones. ....
15 ☐ Pedir. ....

>| 2 | |12| Escucha el día a día de Adela y elige la opción más adecuada.

1 ☐ Adela vive en una gran ciudad. Está casada, tiene hijos y trabaja en una oficina. Todos los días tiene que desplazarse hasta el trabajo en transporte público, lo que le provoca nerviosismo. Menos mal que los niños son mayores y no se tiene que ocupar de ellos.

2 ☐ Adela vive en una gran ciudad. Está casada, tiene hijos y trabaja en una oficina. Por las mañanas, va con mucha prisa porque tiene que ocuparse de que los niños lleguen al colegio a su hora y de que desayunen adecuadamente. Después, ya se puede relajar, porque solo trabaja media jornada y no tiene hora de entrada.

3 ☐ Adela vive en una gran ciudad. Está casada, tiene hijos y trabaja en una oficina. Todos los días tiene que desplazarse hasta el trabajo en transporte público, pero no le importa porque es una persona muy tranquila que no se inmuta por nada. Además, los niños son mayores y no se tiene que ocupar de ellos.

4 ☐ Adela vive en una gran ciudad. Está casada, tiene hijos y trabaja en una oficina. Por las mañanas, va con mucha prisa porque tiene que ocuparse de que los niños lleguen al colegio a su hora y de que desayunen adecuadamente. En cuanto los deja en el cole, se dirige a su oficina en transporte público. Le espera una dura jornada de ocho horas.

| 2.1. | Estas son algunas frases extraídas de la grabación anterior. Son frases en las que se utiliza el imperativo para dar órdenes, consejos e instrucciones. Clasificadlas en el lugar correspondiente del cuadro.

1. Pase, pase usted, señorita, yo me bajo en la siguiente.
2. Pero, hombre, no le des esos golpes. Mete las monedas más despacio que si no se atasca y, después, pulsa la tecla de lo que quieres tomar.
3. Vale, mami, no te alteres, que es muy pronto.
4. Levanta, es la hora.
5. Si papá llega pronto, dile que os lleve. No le importará.
6. Come algo que después tienes hambre a media mañana.
7. Callaos, callaos, que no oigo.
8. No me llames jefe que sabes que no me gusta.

El imperativo para dar órdenes, consejos e instrucciones

- Cuando se utiliza el imperativo para dar órdenes, consejos o instrucciones es normal **contextualizar** adecuadamente el discurso para que no resulte demasiado enérgico o descortés. Esta contextualización es mucho menor en situaciones informales donde la relación entre los interlocutores es de mucha confianza o hay algún rango social que los diferencia:

  – *Por favor, si no le importa, **cierre** la puerta, hay mucho ruido.*

  –
  –
  –

- Es frecuente la **reduplicación** del imperativo en dos casos:
  - Cuando la orden que se da tiene que cumplirse de inmediato, es urgente. En estos casos, y para no ser descortés, se da alguna justificación o explicación:

    – ***Corre, corre**, que no llegamos.*

    –
  - Cuando se quiere conceder permiso:

    ● *Perdona, ¿puedo usar tu diccionario?*

    ○ ***Cógelo, cógelo**, yo no lo necesito.*

    –

- El imperativo se usa con frecuencia para dar instrucciones o consejos que se justifican mediante *que*:

  –
  –
  –

| 2.2. | Escucha estos diálogos y elige la respuesta más adecuada al contexto. | 13 |

1.
   - ○ a. Envíelo ahora mismo.
   - ○ b. Pues, por favor, en cuanto pueda, envíelo, es muy urgente.
   - ○ c. Envíelo, envíelo, no se preocupe.

2.
   - ○ a. Pasa, pasa y siéntate.
   - ○ b. Pasa que estás cansado.
   - ○ c. Pasa y siéntate.

3 ○ a. Busca, busca, que algo encontrarás.
○ b. Por favor, ponte a buscar trabajo ahora mismo.
○ c. Pues anímate, mujer, que estando deprimida sí que no vas a encontrar nada.

4 ○ a. Por favor, Manuel, cómetelas, si no te importa.
○ b. Manuel, cómetelas ahora mismo.
○ c. Come, come, Manuel, que hay de sobra.

5 ○ a. Por favor, si no te importa, párate.
○ b. ¡Para ya!
○ c. Para, para, que no puedo más.

>| 3 | |12| Lee la información del siguiente cuadro con atención. Después, escucha de nuevo la grabación de la actividad 2 y completa los ejemplos.

Otras estructuras que se usan para dar órdenes e instrucciones

- **Frases afirmativas en presente de indicativo:**
  - *Los [1]........................... y me [2]........................... los que te planteen problemas. Los demás, los [3]........................... junto a un pequeño informe, ¿vale?*
- ***A* + infinitivo/sustantivo.** Se usa en registros muy informales, para dar órdenes. Normalmente suele utilizarse para dirigirse a un grupo de personas:
  - *¡A [4]...........................!*
  - *¡Vamos! ¡A la cama! Es hora de dormir.*
- ***(Se ruega)* + infinitivo / *(Se ruega + que)* + presente de subjuntivo.** Propio de órdenes o recomendaciones escritas en carteles públicos o avisos:
  - *(Se ruega) No aparcar.*
  - *[5]........................... a los usuarios [6]........................... vías alternativas de transporte.*
- ***Que* + subjuntivo + *(he dicho/te digo).*** Forma de repetir una orden que no se ha oído o no se ha cumplido. Puede tener una connotación de molestia o enfado por parte del hablante:
  - *¡Que [7]........................... he dicho!*

>| 4 | Buscad un contexto y unos interlocutores adecuados a las siguientes órdenes de acuerdo con los cuadros anteriores.

1. Vas, le pides al de la ventanilla un impreso, lo rellenas y lo entregas. Así de fácil.
2. ¡Que te laves los dientes de una vez he dicho!
3. Se ruega no pisar el césped.
4. A mí póngame un bocadillo de calamares y una cerveza, por favor.
5. Come, come, que hay de sobra.
6. Tengan cuidado de no introducir el pie entre coche y andén.
7. ¡Todo el mundo a comer!
8. Cuídate esa tos que hay mucha gripe.

|4.1.| Ahora, fíjate en las situaciones siguientes. Escribe con tu compañero un diálogo para cada situación eligiendo la forma más adecuada para dar órdenes, instrucciones y consejos en cada caso.

1. Eres padre/madre de una familia con niños pequeños. Mañana hay colegio, están jugando, y ya es muy tarde.
2. Tu hijo quiere salir con sus amigos. No tiene dinero. Te pide permiso para salir.
3. Quieres rellenar un impreso pero no tienes nada para escribir. Preguntas al encargado de la ventanilla.
4. Te piden permiso en el autobús para abrir la ventanilla.
5. Le has dicho varias veces a tu hijo/hija que ponga la mesa pero no te ha obedecido.
6. Hay una silla rota en la oficina. Tienes que poner un cartel para que nadie se siente y se caiga.
7. Un compañero nuevo necesita hacer una fotocopia, pero no sabe utilizar la fotocopiadora.
8. Tu amigo está demasiado delgado y se desmaya con frecuencia.

|4.2.| Elegid uno de los diálogos que habéis escrito y representadlo delante de la clase.

CAMPAÑAS DIVULGATIVAS

|1| Fíjate en el siguiente anuncio y contesta por escrito a las siguientes preguntas. Después, comenta con tus compañeros tus respuestas.

- **¿Vende algún producto?**
  ....
- **¿Quién es el anunciante?**
  ....
- **¿A quién crees que va dirigido? ¿Por qué?**
  ....
- **¿Cuál es el eslogan?**
  ....
- **¿Por qué crees que se ha hecho este anuncio?**
  ....

>| 2 | Las instituciones públicas y privadas también hacen publicidad con el fin de influir en la población en algún sentido o de promover alguna acción de carácter benéfico para todos: campañas sanitarias, culturales, etc. Relaciona los eslóganes con la institución que los promueve y la campaña correspondiente.

1. Si quieres crecer, pon un libro en tu dieta. . . . . *
2. ○ ¿Te molesta?
   ● No, me enferma. . . . . *
3. Las imprudencias se pagan. . *
4. Mamá, hazlo por nosotros. . . *

* a. Dirección General de Tráfico. . *
* b. Ministerio de Cultura. . . . . . . *
* c. Ministerio de Igualdad. . . . . . *
* d. Ministerio de Sanidad. . . . . . . *

* A. Campaña contra la violencia de género.
* B. Campaña antitabaco.
* C. Plan de fomento a la lectura.
* D. Campaña por una conducción responsable.

| 2.1. | Como habéis visto, estos problemas afectan a la población española en mayor o menor medida. ¿Hay campañas similares en vuestro país? ¿Sobre qué temas inciden más frecuentemente?

>| 3 | Queréis divulgar en la escuela consejos que ayuden a los alumnos a aprender mejor español. Vamos a diseñar una campaña publicitaria para la escuela que contenga un eslogan. Recordad que, para ser efectivos, tenéis que utilizar un lenguaje especial combinado con una imagen impactante.

| 3.1. | Presentad vuestro anuncio a la clase, explicando qué habéis querido decir con el eslogan.

| 3.2. | Analizad todos los eslóganes presentados. ¿Cuál os parece mejor? Si hay espacio, podéis colgar vuestros anuncios por la clase.

LA MERCADOTECNIA

>| 1 | ¿Creéis que la colocación de los productos en un hipermercado es aleatoria? ¿Y los colores y el ambiente? Señalad de esta lista qué factores psicológicos se tienen en cuenta para organizar el espacio y el ambiente de los comercios para incitar a comprar, justificando vuestra elección.

- [ ] color
- [ ] música
- [ ] olor
- [ ] número de productos
- [ ] tamaño de los productos
- [ ] situación de los productos
- [ ] precio de los productos
- [ ] aglomeración
- [ ] publicidad
- [ ] descuentos

1.1. Cuando se lee un texto largo, es muy útil saber realizar un resumen. Ordena las pautas que debes seguir para conseguirlo. Trabaja con tu compañero.

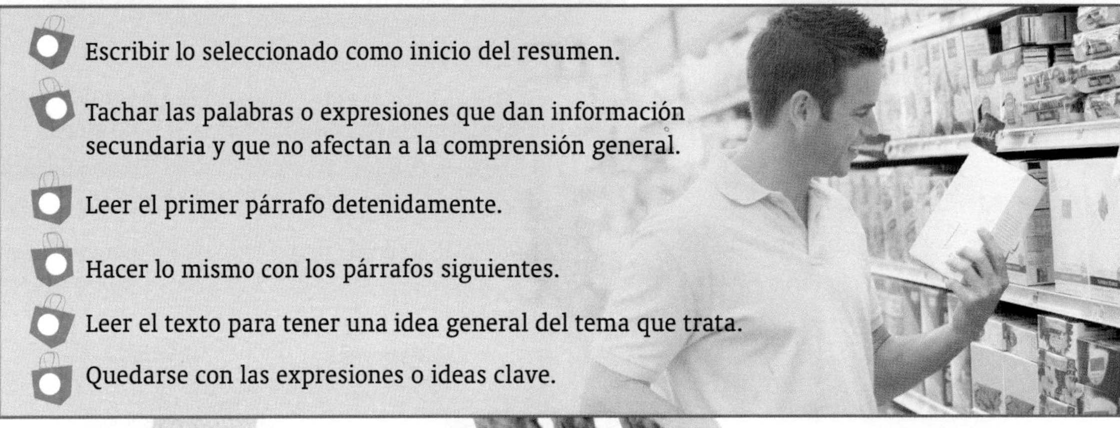

- Escribir lo seleccionado como inicio del resumen.
- Tachar las palabras o expresiones que dan información secundaria y que no afectan a la comprensión general.
- Leer el primer párrafo detenidamente.
- Hacer lo mismo con los párrafos siguientes.
- Leer el texto para tener una idea general del tema que trata.
- Quedarse con las expresiones o ideas clave.

Adaptado de *Procesos y recursos*, Edinumen

2 Lee el siguiente texto.

Desde hace tiempo, diferentes estudios han venido demostrando que el ambiente de los establecimientos comerciales afectaba significativamente a las ventas. Las últimas investigaciones han ido encaminadas a conocer cómo influyen las diferentes dimensiones del ambiente de los establecimientos tales como la música, la aglomeración, el ambiente, el olor y el color sobre la conducta del consumidor.

Por ejemplo, respecto a los efectos de la música, se ha comprobado que, con la música lenta, el ritmo del flujo de los compradores dentro del establecimiento es significativamente más lento. Esto quiere decir que la permanencia del cliente en el establecimiento se alarga, por lo cual también se incrementan las posibilidades de que compre más. Por el contrario, una música rápida hace que el cliente realice sus compras con mayor celeridad.

Se ha demostrado, por otro lado, que la sensación de aglomeración varía el comportamiento del consumidor: se reduce el tiempo dedicado a la compra, se adquieren menos productos y se modifica el uso de la información dentro de la tienda. Esto trae como resultado que el consumidor se sienta descontento con la tienda, que la experiencia de la compra resulte desagradable e, incluso, que disminuya la confianza en las compras realizadas.

El olor es uno de los componentes que ejerce mayor influencia en comercios como panaderías, restaurantes o tiendas de cosmética. Existen algunos trabajos que afirman que el olor influye en la evaluación del consumidor del establecimiento así como en su comportamiento. Por ejemplo, se ha comprobado que las evaluaciones referidas al comercio y al ambiente del mismo son más positivas cuando el olor es agradable que cuando no hay olor: el establecimiento se percibía más atractivo, moderno y los consumidores estimaban que los productos eran más modernos, estaban mejor seleccionados y tenían más calidad. Pero hay que tener en cuenta que aunque el olor agradable es importante a la hora de incitar a la acción, lo es más la congruencia del olor con el producto que estamos ofertando.

Respecto a los efectos del color, las investigaciones han demostrado que el color afecta a las reacciones del organismo humano provocando respuestas fisiológicas, creando ciertos estados emocionales o atrayendo la atención. Así, por ejemplo, los colores calientes producen una mayor atracción física hacia los establecimientos mientras que los colores fríos lo hacen hacia el interior de la tienda. Por esta razón, los colores fríos resultarían adecuados para situaciones donde los consumidores tuvieran que tomar decisiones importantes, ya que en este tipo de situaciones los colores calientes generarían más tensión, llegando a hacer la toma de decisiones más desagradable, hasta el punto de hacer aplazar la decisión de compra al consumidor.

Adaptado de Rafael Muñiz González, *El mercado, el cliente y la distribución. El efecto de las variables ambientales sobre la conducta del consumidor.*

| 2.1. | Elabora un resumen siguiendo las pautas que te hemos dado anteriormente y, después, comprueba tus respuestas de la actividad 1.

| 2.2. | Imagina que eres el responsable de una asociación de consumidores y quieres redactar un artículo para la revista de la asociación en el que des consejos para defenderse de estas estrategias de mercadotecnia. Prepara el borrador del escrito siguiendo estas pautas, que te ayudarán a redactar un texto eficiente. Trabaja con tu compañero.

Pautas para redactar un artículo

- **Antes de escribir:**
  - Determina el objetivo del texto.
  - Piensa a quién va destinado el texto.
  - Genera ideas: información previa del texto.
  - Organiza las ideas principales según un criterio: el orden temporal, el orden espacial, la importancia de las ideas, etc.
  - Haz un esquema.
- **La escritura del texto:**
  - Transforma el esquema a texto escrito teniendo en cuenta:
    - El título: frase que informa en pocas palabras del contenido.
    - La introducción: presentación del tema que vamos a exponer.
    - El desarrollo: presentación de la información a través de párrafos. Cada párrafo debe desarrollar una idea. Debemos cuidar:
      - La ordenación de párrafos.
      - La redacción.
      - La ortografía.
    - La conclusión: breve resumen de lo expuesto, aportando soluciones o propuestas.
- **Después de escribir:**
  - Lectura de todo el texto para comprobar:
    - El desarrollo total del esquema.
    - La corrección formal del texto.
    - Consecución de los objetivos propuestos.

| 2.3. | Redacta, ayudándote del borrador que has elaborado con tu compañero, el artículo definitivo.

PUBLICIDAD SOLIDARIA

>| 1 | ¿Creéis que puede existir una ONG de publicidad? ¿En qué consistiría su trabajo? ¿Qué tipo de profesionales podrían participar en ella?

>| 2 | Vas a escuchar una entrevista con el director de Publicitarios Implicados, una ONG publicitaria que trabaja sin ánimo de lucro. Antes de escuchar, di si las siguientes afirmaciones son verdaderas o falsas, según tu opinión.

Antes de escuchar: Verdadero	Falso		Después de escuchar: Verdadero	Falso
○	○	1 Publicitarios Implicados presta su ayuda a las empresas que quieren comercializar sus productos sin subir el precio de los mismos.	○	○
○	○	2 El fin último de esta organización es conseguir un mundo más justo y solidario.	○	○
○	○	3 Además de la publicidad, se encargan de todo lo que tiene que ver con la relación con los medios de comunicación y las relaciones públicas.	○	○
○	○	4 En esta ONG pueden colaborar todos aquellos que tengan ideas creativas.	○	○
○	○	5 Su director piensa que su profesión tiene muy mala fama y que esto es injusto.	○	○

| 2.1. | |14| Escucha y comprueba tus respuestas.

| 2.2. | Fíjate en estas frases extraídas del texto que has escuchado y contesta a las preguntas. Antes puedes consultar el cuadro que tienes en la página siguiente. Trabaja con tu compañero.

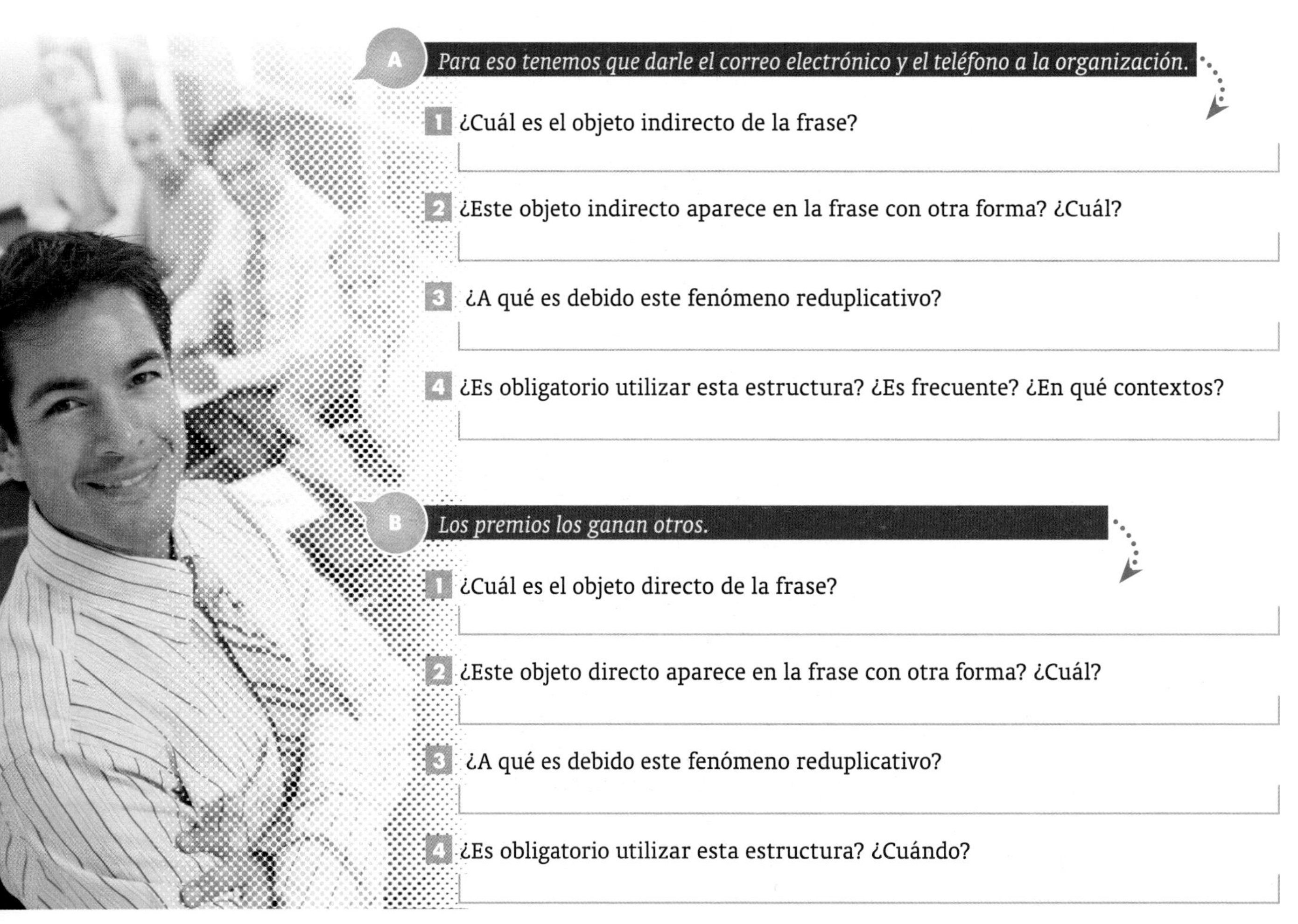

A *Para eso tenemos que darle el correo electrónico y el teléfono a la organización.*

1 ¿Cuál es el objeto indirecto de la frase?

2 ¿Este objeto indirecto aparece en la frase con otra forma? ¿Cuál?

3 ¿A qué es debido este fenómeno reduplicativo?

4 ¿Es obligatorio utilizar esta estructura? ¿Es frecuente? ¿En qué contextos?

B *Los premios los ganan otros.*

1 ¿Cuál es el objeto directo de la frase?

2 ¿Este objeto directo aparece en la frase con otra forma? ¿Cuál?

3 ¿A qué es debido este fenómeno reduplicativo?

4 ¿Es obligatorio utilizar esta estructura? ¿Cuándo?

Los pronombres personales objeto

Persona gramatical			Singular	Plural
Formas de los pronombres personales objeto (átonos)				
1.ª persona			*me*	*nos*
2.ª persona			*te*	*os*
3.ª persona	objeto directo	masculino	*lo* *le* (solo personas)	*los*
		femenino	*la*	*las*
	objeto indirecto		*le* (*se* ante otro pronombre átono)	*les* (*se* ante otro pronombre átono)

- Los pronombres personales átonos funcionan como complemento verbal y hacen referencia a un elemento que ha aparecido en la información o que puede aparecer más tarde (antecedente o consecuente):
  - *Este cuadro de Picasso me gusta mucho,* ***lo*** (= cuadro) *pintó en su época azul.*
  - *Ya* ***lo*** (= que vendrá) *creo que vendrá.*

- Una peculiaridad importante del sistema pronominal español es la tendencia a usar siempre una forma átona de pronombre objeto indirecto, incluso cuando este está explícito en la oración. Su función es recoger o anticipar el objeto indirecto:
  - ***Le*** *he comprado un libro* ***a mi madre*** *como regalo de cumpleaños.*

  Su ausencia se considera anómala en el lenguaje cotidiano, aunque se puede encontrar la no reduplicación en contextos formales:
  - *La ministra de Sanidad* ***(les)*** *ha anunciado a los usuarios de la sanidad pública la apertura de una oficina de atención al paciente donde poder tramitar sus quejas.*

- Con el objeto directo es obligatorio el uso del pronombre cuando el objeto aparece precediendo al verbo y también cuando se trata de un elemento ya anunciado inmediatamente antes. La intención del hablante en estos casos es precisar y aclarar, especialmente cuando se ha mencionado más de un elemento:
  - *Ayer vi a Luis y a María.*
  - *Yo a María* ***la*** *veo casi todos los días, porque es mi vecina, pero a Luis no* ***lo*** *veo casi nunca.*

| 2.3. | Señala el uso reduplicativo de los pronombres de objeto directo en estas frases y explica cuál es la intención del hablante en cada caso.

1 ● ¿Dónde están el informe de la encuesta y la base de datos de los productos? No los encuentro.
○ El informe lo está analizando Marta y la bases de datos la están actualizando.

2 Al cliente lo tenemos esperando en la recepción. Por favor, ve a recibirlo.

3 Hace un año hicimos un estudio de mercado. Una gran parte de los resultados la utilizamos para lanzar este nuevo producto.

4 ● ¿Y esto? ¡Qué original!
○ Este cartel publicitario te lo he traído para que veas cómo quedaría.

3 En la entrevista que has escuchado, el director de Publicitarios Implicados habla de una publicación titulada *13'99*. ¿A qué crees que se refiere el autor con este título? Comparte tu opinión con tus compañeros.

3.1. Frédéric Beigbeder publicó *13'99* en el año 2000. Este es el resumen que el propio autor hace de su novela. Imaginad que tenéis que cambiar el título del libro, ¿cuál le pondríais después de leer esta reseña?

"Esta novela describe el maravilloso mundo de la comunicación moderna: un mundo en el que se gastan miles de millones para despertar, entre personas que no pueden permitírselo, el deseo de comprar cosas que no necesitan. Es un libro sobre nuestra sociedad, la vuestra, la mía, la que yo mismo contribuí a forjar durante mis diez años de presencia en las agencias de publicidad, la que todos hemos dejado crecer por despecho".

3.2. Muchas personas han leído la novela y han opinado sobre ella en un foro. Lee algunas de esas intervenciones. ¿Quién crees que tiene razón? Discútelo con tus compañeros.

Léetelo. Foro de lectura

http://www.leetelo.blog.net

Foro > Libros > *13'99* de Frédéric Beigbeder

Marcos dice...

13,99 no es un buen libro sinceramente, no creo que se merezca muchas líneas de referencia. Cuando lo leí, me pareció un libro plagado de tópicos. Muestra un mundo realmente sucio y penoso que la gente percibe como el paradigma del pelotazo económico y creativo... Nada más lejos de la realidad. Aquellos que estén leyendo esto y piensen dedicar su futuro profesional a la publicidad, que lean el libro *13'99* con espíritu crítico.

Adriana dice...

¿Una visión del mundo publicitario? Hay que estar tan dopado como el autor para imaginar semejante escenario. ¡Lástima! 269 páginas de tiempo que he perdido.

Miguel dice...

Creo que es una buena herramienta para reflexionar sobre el mundo de la publicidad en general, y en el sistema capitalista neoliberal en que nos encontramos. Se lo recomiendo a mis alumnos.

Amelia dice...

Realmente es una buena opción para leer. No es extremadamente largo, y ese lenguaje arrogante y cruel engancha fácilmente. Lamentablemente, es un libro que va de más a menos. Promete mucho, y a medida que avanza, comienza a desencantar un poco. Sin embargo, no por ello deja de tener frases realmente buenísimas, de esas que uno desearía enmarcar en su cuarto para tener siempre presente.

Adaptado de http://www.minid.net/2004/04/27/1399-euros/

|3.3.| Vais a leer un pequeño fragmento de la novela. Buscad las siguientes palabras en el diccionario y elegid, de entre las acepciones que tienen, aquella que creéis que responderá al sentido del texto.

1. Retocar: ....
2. Relamido: ....
3. Pegadizo: ....
4. Lanzar: ....
5. Apañar: ....
6. Sacerdocio: ....

|3.4.| Lee el fragmento de la novela. Fíjate en las palabras que habéis buscado en el diccionario y el contexto en que aparecen.

Me llamo Octave y llevo ropa de APC. Soy publicista: eso es, contamino el universo. Soy el tío que os vende mierda. Que os hace soñar con esas cosas que nunca tendréis. Cielo eternamente azul, tías que nunca son feas, una felicidad perfecta, retocada con el Photoshop. Imágenes relamidas, músicas pegadizas. Cuando, a fuerza de ahorrar, logréis comprar el coche de vuestros sueños, el que lancé en mi última campaña, yo ya habré conseguido que esté pasado de moda. Os llevo tres temporadas de ventaja, y siempre me las apaño para que os sintáis frustrados. El *Glamour* es el país al que nunca se consigue llegar. Os drogo con novedad, y la ventaja de lo nuevo es que nunca lo es durante mucho tiempo. Siempre hay una nueva novedad para lograr que la anterior envejezca.
Hacer que se os caiga la baba, ese es mi sacerdocio. En mi profesión, nadie desea vuestra felicidad, porque la gente feliz no consume.
(...) Estoy En Todas Partes. No os libraréis de mí. Dondequiera que miréis reina mi publicidad. Os prohíbo que os aburráis. Os impido pensar. El terrorismo de la novedad me sirve para vender vacío. Yo decreto lo que es Auténtico, lo que es Hermoso, lo que está Bien. Cuanto más juego con vuestro subconsciente, más me obedecéis. Soy yo quien decide hoy lo que os gustará mañana.

|3.5.| Comprobad si las acepciones que habéis elegido en 3.3. son las adecuadas para el texto. Si no es así, volved al diccionario para localizar la acepción correcta.

|3.6.| ¿Sigues teniendo la misma opinión sobre el libro que antes de leer el fragmento? ¿Te gustaría leer el libro completo? ¿Crees que aporta una visión nueva del mundo de la publicidad? Discútelo con tus compañeros.

>|4| Participa en el foro anterior con tu opinión.

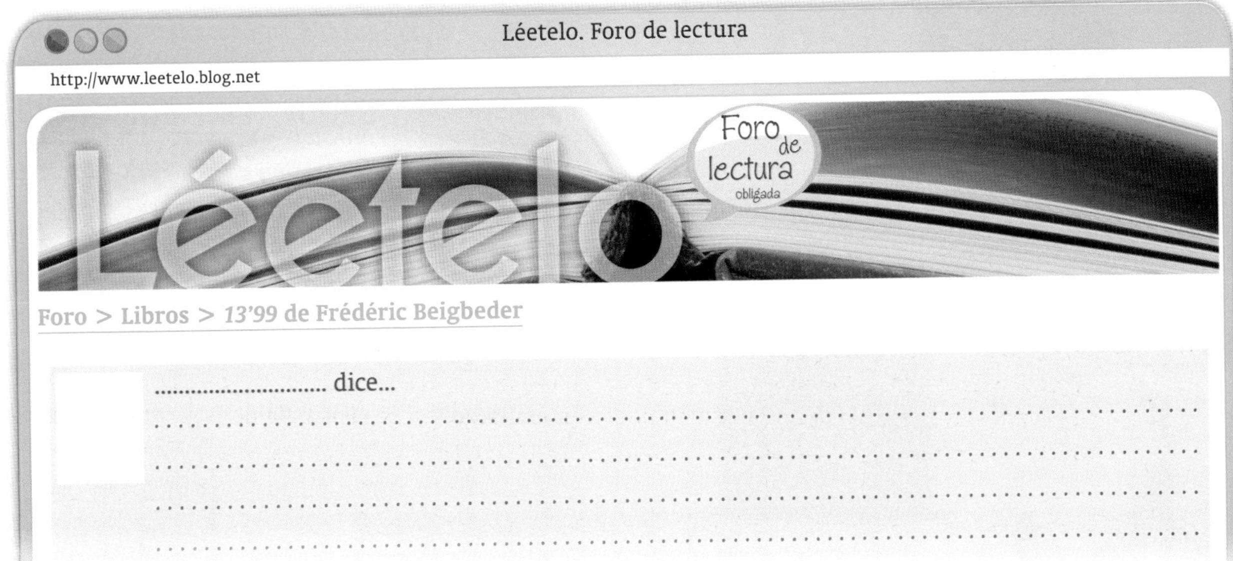

5 IMAGINARIO

Contenidos funcionales

- Expresar relaciones de contemporaneidad y secuencialidad entre las acciones.
- Establecer relaciones de anterioridad y posterioridad entre las acciones.
- Expresar el modo y la actitud.
- Hacer comparaciones irreales.
- Opinar y hacer una crítica de una película en una conversación y por escrito.
- Describir las características de algunos seres fantásticos.
- Intervenir en un debate.

Contenidos gramaticales

- Nexos y conectores temporales.
- Nexos y conectores modales.
- Locuciones adverbiales de tiempo y modo.
- Estructuras comparativas irreales.
- Elementos lingüísticos del registro formal/informal.

Tipos de texto y léxico

- Texto instructivo: la leyenda; ficha técnica de la película *Ágora*.
- Texto digital: blog de supersticiones.
- Texto argumentativo: crítica y testimonio; discurso.
- Léxico relacionado con la magia, la fantasía, las supersticiones.
- Léxico relacionado con el cine y la crítica de cine.

El componente estratégico

- Análisis del lenguaje informal/formal, oral/escrito.
- Deducción de léxico a través de la contextualización.
- Pautas para participar en un debate.

Contenidos culturales

- Leyenda azteca sobre el origen del chocolate.
- *Toca madera*, de Joan Manuel Serrat.
- Ana María Matute y su discurso de ingreso en la Real Academia de la Lengua.
- Ficha técnica de la película *Ágora*.
- Supersticiones en el mundo hispano.
- Malentendidos culturales.
- La figura del rey Felipe II.

TOCA MADERA

1 ¿Os gusta el chocolate? ¿Lo tomáis habitualmente? ¿Sabéis de qué planta proviene? ¿Y de qué país?

2 Sobre el origen del chocolate existe una leyenda. Os proponemos un juego: inventar vuestra propia leyenda sobre el origen de este producto y contarla al resto de la clase. Para ayudaros, os ofrecemos una definición de lo que es una leyenda, unas palabras clave extraídas de la historia original y un método de trabajo.

La leyenda es una narración ficticia, pero basada en la realidad, ligada a temas de héroes, de la historia patria, de seres mitológicos, de almas, de santos o sobre los orígenes de hechos varios. Expresa los deseos, los anhelos, los temores, los ideales y sueños que son parte de la visión global que tiene ese pueblo de su propia historia y de sus relaciones con la naturaleza. Generalmente se suele transmitir de forma oral.

dios	bebida sagrada	furia
dioses	emborracharse	llorar
regalo	envidia	venganza

CONTINÚA 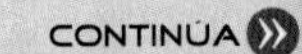

Seguid estos pasos:

1. Situar la acción en un lugar y un tiempo determinados del pasado.
2. Elegir a los protagonistas de la historia.
3. Incluir elementos mágicos y sobrenaturales, de acuerdo con el carácter de este tipo de relatos.
4. Elegir cada uno una parte de la historia, aprenderla y ensayarla para contarla al resto de la clase.

2.1. Escribe la historia que habéis inventado en vuestro grupo, siguiendo las instrucciones anteriores.

....

....

....

....

....

....

2.2. Ahora, cada grupo debe contar al resto de la clase la leyenda que ha inventado. Es un concurso en el que se premia la originalidad de la historia pero, también, la interpretación, es decir, el modo en que se cuenta el relato.

Cultura

2.3. Esta es la leyenda original. Léela y compárala con la que has escrito.

Cuenta la leyenda que el dios azteca Quetzalcóatl[1] descendió un día con los toltecas[2] para vivir con ellos una temporada. **Antes de** bajar, recogió maíz, frijol y yuca y se los ofreció como regalo. Con estos productos, los toltecas pudieron estar bien alimentados y emplearon sus horas en estudiar. Le estaban tan agradecidos que, **mientras** duró su estancia en su tierra, lo trataron con enorme cariño y respeto. Quetzalcóatl los amaba **como si** fueran hijos suyos, tanto, que decidió robarles a los dioses, sus hermanos, una planta de la que se obtenía una bebida sagrada y prohibida a los mortales, el chocolate, para que los toltecas la cultivaran.

Cuando la planta del cacao dio sus frutos, los toltecas empezaron a elaborar el chocolate **tal y como** Quetzalcóatl les había enseñado. **Después de que** probasen la bebida, los toltecas se convirtieron en ricos y sabios constructores y artistas. Esto despertó la envidia de los dioses y su furia **al** saber que estaban tomando una bebida solo destinada para ellos. Decidieron vengarse de Quetzalcóatl y de los toltecas, **del mismo modo que** habían hecho en muchas otras ocasiones.

Un día, uno de los dioses disfrazado de mercader le ofreció a Quetzalcóatl otra bebida llamada tlachihuitli (pulque)[3] y le prometió que con ella olvidaría todas sus penas. A Quetzalcóatl le gustó mucho, pero **a medida que** bebía, iba perdiendo la lucidez **hasta que** se emborrachó **de tal modo que** comenzó a actuar de una manera vergonzosa delante del pueblo. A la mañana siguiente, **cuando** se despertó, se dio cuenta de la deshonra que habían preparado los dioses en su contra y, **desde** aquel momento, se sintió tan avergonzado que decidió marcharse para siempre.

A su partida, llorando, se dio cuenta de que todas las plantas del cacao se habían secado. Así que arrojó unas últimas semillas de cacao que florecieron bajo su mano y que subsisten **hasta** nuestros días. ■

1. Quetzalcóatl es el nombre que dieron los aztecas (y otros pueblos de habla náhuatl) a su Dios Supremo, creador del mundo. El nombre se compone de dos raíces: *cóatl*, 'serpiente', y *quetzal*, 'ave de plumaje precioso'.
2. Los toltecas (en náhuatl 'maestros constructores') fueron los miembros de una cultura precolombina que dominó la mayor parte del centro de México entre los siglos X y XII. Su lengua, el náhuatl, también fue hablada por los aztecas.
3. El pulque es una bebida alcohólica que se fabrica a partir de la fermentación del jugo o aguamiel del agave o maguey. Es la bebida alcohólica mexicana más tradicional del centro del país

Adaptado de http://sinalefa2.wordpress.com/leyendas-y-mitos/la-leyenda-del-cacao/

>| 3 | Fíjate en las palabras resaltadas del texto. Son conectores temporales y modales. Clasifícalos en dos columnas en tu cuaderno. Trabaja con tu compañero.

| 3.1. | Escribid las frases con conectores temporales del texto.

1 ____________________ ....○
2 ____________________ ....○
3 ____________________ ....○
4 ____________________ ....○
5 ____________________ ....○
6 ____________________ ....○
7 ____________________ ....○
8 ____________________ ....○
9 ____________________ ....○
10 ____________________ ....○

>| 4 | Clasificad las frases que habéis escrito según las relaciones temporales que se producen entre las acciones. Escribid la letra en el espacio correspondiente de la actividad 3.1. Justificad la respuesta.

a simultaneidad   b posterioridad   c anterioridad   d principio   e fin

| 4.1. | Lee el cuadro de reflexión y complétalo con los conectores que conoces y las palabras anteriores.

Conectores temporales

- Los conectores temporales establecen las relaciones temporales que se producen entre dos o más acciones. Estas relaciones pueden ser:
  - De [1] ....:
    - una acción sucede **al mismo tiempo** que otra:
      [2] ...., *mientras tanto, entretanto* + indicativo/subjuntivo.
    - las acciones son **consecutivas**:
      [3]............................... + indicativo/subjuntivo, [4]............................... + infinitivo.
    - las acciones son **consecutivas e inmediatas**:
      en cuanto, tan pronto como + indicativo/subjuntivo, *nada más* + infinitivo.
    - la acción se produce de manera **progresiva**:
      [5]..............................., *conforme, según* + indicativo/subjuntivo.
    - la realización de una acción **depende** de que se produzca otra:
      siempre que, cada vez que, todas las veces que + indicativo/subjuntivo.
  - De [6]...............................:
    - la acción principal es **anterior** a otra: [7]............................... + infinitivo/*que* + subjuntivo.
  - De [8]...............................:
    - la acción principal es **posterior** a otra: [9]............................... + infinitivo/*que* + subjuntivo.
  - [10]............................... de una acción: se marca la acción que es **el origen** o **el punto de partida de algo**:
    [11].............................../*que* + indicativo/subjuntivo, *hace* + periodo de tiempo + *que* + indicativo, *desde hace* + periodo de tiempo:
    – ***Hace tres años que*** *estudio español.* → *Estudio español* ***desde hace tres años.***
  - [12]........................ de una acción: presenta el suceso como **límite** de una acción:
    [13]......................../*que* + indicativo/subjuntivo.

|4.2.| Retoma la actividad 2.1. Reescribe la leyenda inventada sobre el origen del chocolate utilizando estos conectores en el lugar adecuado, según las relaciones temporales que se establezcan.

>|5| ¿Qué significa el gesto de la foto? ¿Con qué palabra de las que aparecen al lado lo relacionaríais? ¿Por qué?

☐ magia	☐ leyenda
☐ quiromancia	☐ güija
☐ mito	☐ espíritu
☐ superstición	☐ brujería

|5.1.| Una persona ha descrito algunas supersticiones muy extendidas. Lee el texto y complétalo con los conectores temporales adecuados según la información que aparece entre paréntesis.

En mi familia todos somos muy supersticiosos. Yo, por ejemplo, (comienzo de una acción) (1) ______ era pequeña, tengo la costumbre de tocar madera cuando quiero atraer a la buena suerte. Me imagino que será porque también mi madre hace lo mismo. El tema me interesa mucho, por eso, (comienzo de una acción) (2) ______ varios meses estoy investigando y me he dado cuenta de que las supersticiones están muy extendidas y son comunes a varias culturas.

Hay supersticiones relacionadas con la muerte. Se dice, por ejemplo, que (acción consecutiva) (3) ______ sientes un escalofrío repentino es que alguien acaba de pisar la que será tu tumba y que (acción posterior) (4) ______ haber ido a un entierro tienes que bañarte.

Otras son menos trágicas, e incluso, graciosas, como la que dice que (acción consecutiva) (5) ______ viene a visitarte alguien que no te gusta, si (acción anterior) (6) ______ venga, pones una escoba detrás de la puerta, saldrá pronto de tu casa. Parece ser que esta superstición viene de Asia.

Existe también una superstición que viene de Cuba que dice que (acción consecutiva e inmediata) (7) ______ quieras olvidar a alguien porque su recuerdo te hace daño, no tienes más que escribir su nombre con lápiz en un papel negro y meterlo en el congelador. No se te olvidará (fin de la acción) (8) ______ no hayas olvidado que congelaste el papel.

Hay también muchas supersticiones en cuanto a verrugas y lunares; por ejemplo, si tienes una verruga, pásate una patata por ella y ponla encima del armario de tu habitación donde no puedas verla. (acción progresiva) (9) ______ se vaya secando la patata, se irá secando tu verruga.

La sal era moneda de cambio en culturas anteriores a la nuestra. (acción consecutiva) (10) ______ caerse, pierdes parte de tu riqueza. Recuerda que (la acción depende de otra) (11) ______ se te derrame la sal, tienes que coger un poco y tirarla hacia atrás sobre tu hombro izquierdo, porque de lo contrario, tendrás muy mala suerte.

Respecto a los espejos, siempre ha habido muchas leyendas. Se decía que eran la puerta a otras dimensiones, a mundos desconocidos, por eso, (acción consecutiva e inmediata) (12) ______ romperse un espejo, tienes que meter los pedazos en agua durante siete días y siete noches o tendrás siete años de mala suerte. Si quieres empezar bien el día, (acción consecutiva) (13) ______ levantarte, procura hacerlo con el pie derecho, si no, es posible que tengas un día horrible.

Y, por último, recuerda que un juramento no tiene valor si, (acción simultánea) (14) ______ lo haces, cruzas los dedos, y que se pide un deseo (acción consecutiva) (15) ______ se ve una estrella fugaz. ■

|5.2.| Repasa el texto y haz una lista de todas las supersticiones de las que se habla.

|5.3.| [15] Escucha la canción *Toca madera* de Joan Manuel Serrat, cantautor español, en la que habla de varias supersticiones. Anota en la lista anterior aquellas que no se han mencionado en el texto.

|5.4.| ¿Sois supersticiosos? ¿Conocíais todas estas supersticiones? ¿Hay alguna que os haya llamado la atención?

>|6| Fíjate en las siguientes frases y completa el cuadro de reflexión.

- *Hace la paella **como** le ha enseñado su madre, está buenísima.*
- *Hace la paella **como si** fuera valenciano, está buenísima.*
- *Estuvo muy tranquilo y se portó **igual que** cuando están sus padres.*
- *Estuvo muy tranquilo y se portó **igual que si** hubieran estado sus padres.*

Conectores modales

- Los conectores de modo se usan en las oraciones adverbiales de modo para indicar la manera en la que se hace algo. El más habitual es ***como***. Otros son: *tal y como, así como, de acuerdo con lo que, del mismo modo que, tal cual…*
- Cuando el hablante desconoce la información de la que habla, utiliza el subjuntivo:
  – *Tú hazlo **como** te digan, simplemente obedece.*
- [1]........................ e [2]........................ *que* establecen una comparación imaginaria, no real, cuando se unen a la conjunción [3]........................:
  –
  –

Estas construcciones irreales se construyen con imperfecto y pluscuamperfecto de subjuntivo.

|6.1.| Marta, una brasileña que vive en Chile, cuenta los malentendidos que ha sufrido en su país de acogida a causa de las diferencias entre las supersticiones de una y otra cultura. Lee el texto e inserta estas frases modales en el lugar adecuado, según tu opinión.

1. *Sin embargo, yo sentía que la gente reaccionaba **igual que si** les estuviera dando una bofetada, en lugar de un abrazo.*
2. ***Tal y como** se hace en este país.*
3. *Extrañamente, me miró **como si** tuviera miedo.*
4. ***Según** hacemos en Brasil.*

CONTINÚA

El blog de Marta

http://www.elblogdemarta.blog.net

EL BLOG DE MARTA

Mi perfil

Archivos
- Septiembre
- Agosto
- Julio
- Junio
- Mayo
- Abril
- Marzo
- Febrero
- Enero

25 de octubre

Supersticiones

Sin entrar en la discusión de si las supersticiones funcionan o no, creo que, por un tema de sentido común, por más que uno tenga supersticiones, debe considerar que no todos necesariamente las comparten.

Soy brasileña pero vivo en Chile. El otro día mientras almorzaba con unas amigas, una de ellas me pidió la sal y yo se la pasé. Al final, aceptó la sal con una expresión rara y entonces me di cuenta de que estaba esperando que yo la pusiera primero en la mesa.

Lo mismo me ocurrió cuando pasé mi primer Año Nuevo aquí. Una semana antes de la fiesta envié un correo deseando un feliz año a todos, y saludaba con un abrazo a las personas que conocía. No recibí ninguna contestación a mis correos. Hasta que una compañera me dijo: "No hagas eso, porque trae mala suerte". De verdad me sentí incómoda, porque era algo muy natural en mi país y, principalmente, porque lo estaba haciendo con la mejor de las intenciones.

Entiendo que la gente tiene sus propias supersticiones, pero creo que un poco de sentido del humor no nos viene mal, y principalmente entender que hay culturas y costumbres distintas.

Publicar un comentario en la entrada

Adaptado de http://www.zancada.com/cuando-las-supersticiones-no-se-entienden/

|6.2.| Comparad el resultado de vuestros textos y, si no habéis insertado las frases en el mismo lugar, justificad vuestra elección.

Intercultura

>|7| Cuenta alguna superstición propia de tu país o cultura que no se haya mencionado antes. Escribe en qué consiste y qué hay que hacer para conjurar la mala suerte. No te olvides de utilizar todos los conectores que has trabajado.

¡ACCIÓN!

>|1| |16| Escucha el diálogo y señala a qué película se refieren.

1
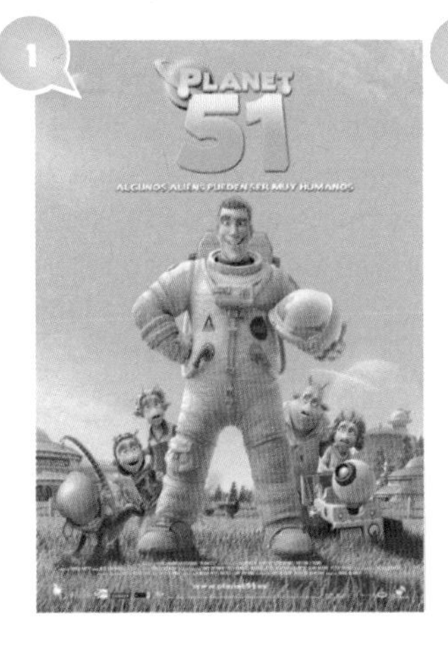

2

3

4

>| 2 | ¿Habéis visto la película? ¿Con cuál de los interlocutores estáis de acuerdo? Justificad vuestra respuesta.

>| 3 | ¿Qué léxico conocéis relacionado con el cine? Completad este esquema de vocabulario.

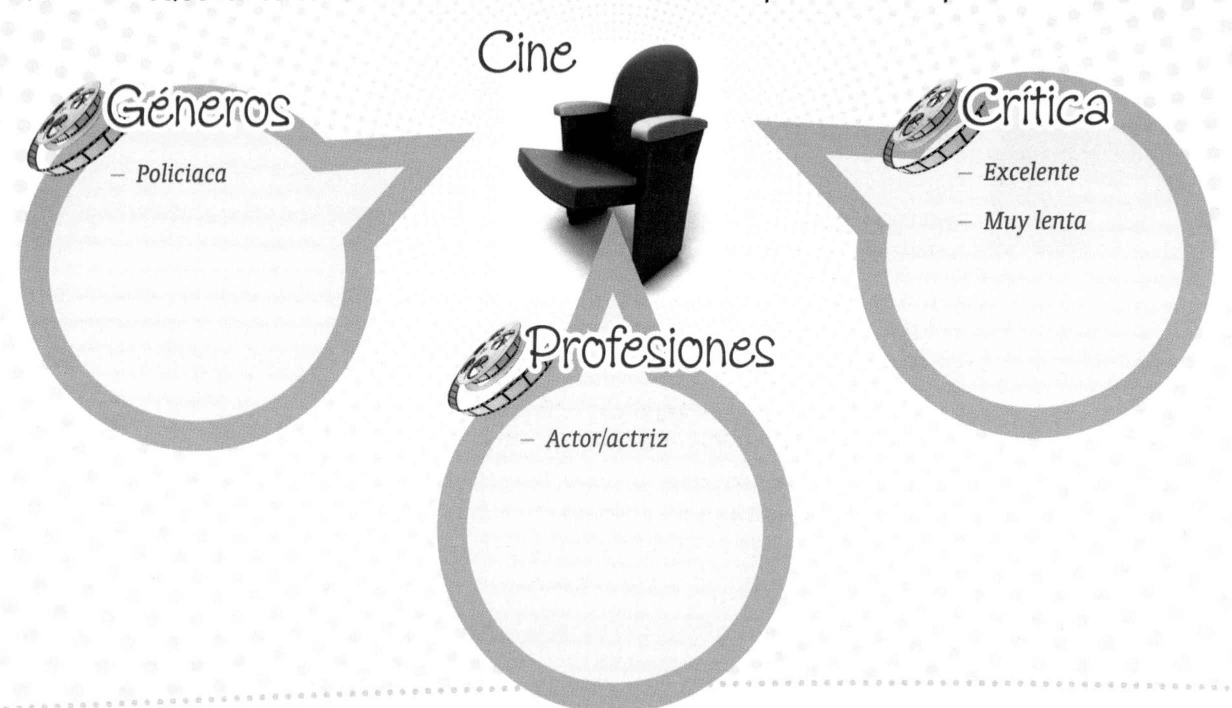

>| 4 | Vas a leer unas críticas de las películas anteriores. ¿Puedes relacionarlas? ¿La crítica está escrita por un espectador o por un crítico profesional?

A Planet 51

B Los abrazos rotos

C Avatar

D Ágora

1 ☐ Podemos decir que en cuanto a tecnología lo ha petado, pero en el argumento, muchos críticos dicen que el guion es pésimo, pero ¡qué sabrán ellos! Es genial, es perfecta, es extraordinaria, parece haber sido escrita por un dios.

2 ☐ Por primera vez en la filmografía de este director, la historia no avanza, no hay tensión, la narración está detenida en un extraño empeño por impartir una larga clase de historia de la ciencia. Donde debería ver el drama entero de la humanidad, encarnado en una protagonista brutalmente asesinada, ve, además de eso, el lento transcurrir de una larga clase de astronomía.

3 ☐ Teñida por los tonos sombríos del *noir*, género que el director lleva a su terreno, esta obra supone un paso más en la depuración narrativa y formal iniciada en *Todo sobre mi madre*. Cosas de la madurez, su cine se ha ido despojando con el paso de los años de elementos accesorios y tramas secundarias que en ocasiones no hacían sino limitar el alcance emocional de las historias manejadas por el realizador. Es en este proceso de estilización donde el director ha logrado un mayor dominio del tempo narrativo, consiguiendo la sinergia de los elementos narrativos, la puesta en escena, la composición de la imagen y el trabajo de los actores.

4 ☐ Me ha parecido asombrosa, espectacular. Si esta película se ha hecho en España, España es un serio competidor de EE.UU. Animación y color impecable, nos ha hecho reír a todo el cine en múltiples ocasiones... y transmite algo importante: no tener miedo a lo que es diferente. En fin, la productora se puede sentir muy orgullosa. Id a verla.

| 4.1. | Vuelve a leer las críticas anteriores y completa la sección "Crítica" del esquema de vocabulario que has confeccionado en la actividad 3.

| 4.2. | ¿Cuáles de estas críticas clasificarías en un registro de lengua formal y cuáles en un registro de lengua informal? ¿Qué elementos lingüísticos de los textos han influido en tu clasificación? Anótalos. Trabaja con tu compañero.

| 4.3. | Ahora, relacionad los elementos lingüísticos clasificados con las características de registro que te proporcionamos.

Registro informal/formal

Características del registro informal

- Utilización de un léxico informal y limitado.
- Uso de estructuras sintácticas simples, a menudo interrumpidas o inacabadas.
- Lenguaje redundante, con reformulaciones y repeticiones.
- Uso frecuente de muletillas, frases hechas, modismos…
- Uso de conectores poco formales.
- Relevancia del paralenguaje y las pausas.
- Propio de **situaciones** de comunicación **informales** y **orales**. Actualmente, este lenguaje se reproduce por escrito en **comunicaciones a través de Internet**: foros, blogs, chats…

Características del registro formal

- Adecuación y riqueza del léxico utilizado: sinonimia y polisemia.
- Uso de estructuras sintácticas complejas: subordinación.
- Lenguaje no redundante, se evitan las repeticiones.
- Buena estructuración del discurso siguiendo un orden lógico a través del uso de conectores y argumentadores del discurso.
- Uso de la lengua estándar y/o léxico especializado.
- Propio de situaciones de comunicación formales: **comunicación escrita**, discursos, conferencias, entrevistas de trabajo…

>| 5 | Pensad en una película estrenada recientemente y que hayáis visto. Fijaos en la ficha técnica de la película *Ágora* y, siguiendo el modelo, confeccionad una ficha técnica similar. Si os falta algún dato, buscad la información en alguna revista especializada o en Internet.

ÁGORA. Ficha técnica

Título: *Ágora*.
Título original: *Agora*.
Año: 2009.
Duración: 141 minutos.
País: EE. UU./España.
Director: Alejandro Amenábar.
Productor: Fernando Bovaira.
Guion: Alejandro Amenábar y Mateo Gil.
Música: Alejandro Amenábar.
Fotografía: Xavi Giménez.
Género: Drama histórico.
Reparto: Rachel Weisz, Ashraf Barhom, Oscar Isaac, Michael Lonsdale, Richard Durden, Max Minghella, Rupert Evans, Sami Samir, Manuel Cauchi.

Sinopsis: Siglo IV. Egipto bajo el Imperio Romano. Las violentas revueltas religiosas en las calles de Alejandría alcanzan a su legendaria Biblioteca. Atrapada tras sus muros, la brillante astrónoma Hipatia lucha por salvar la sabiduría del mundo antiguo, sin percibir que su joven esclavo, Davo, se debate entre el amor que le profesa en secreto y la libertad que podría alcanzar uniéndose al imparable ascenso de los cristianos.

Adaptado de http://www.agoralapelicula.com

> 6 Vamos a realizar un debate sobre una de las películas propuestas. Cuando se participa en un debate, hay que tener en cuenta unas pautas que permiten intervenir en el mismo, interrumpir, cambiar de tema, etc. Lee las siguientes expresiones y clasifícalas según su función. Ten en cuenta que hay algunos exponentes que pueden ser válidos para dos o más funciones comunicativas.

- [ ] Pues (...)
- [ ] Perdón, (...)
- [ ] Ahora le toca a (...)
- [ ] Como decía antes...
- [ ] A propósito de...
- [ ] Bien, (...)
- [ ] Perdona que te corte pero (...)
- [ ] No sigas porque (...)
- [ ] O sea, (...)
- [ ] Me gustaría comentar que...
- [ ] Es decir, (...)
- [ ] ¡¿De verdad?!

- [ ] Es igual que si (...)
- [ ] Pongamos por caso que (...)
- [ ] Hum, hum, (...)
- [ ] ¿Sabes que...?
- [ ] Un momento, (...)
- [ ] Pues verás, (...)
- [ ] Por ejemplo, (...)
- [ ] ¡Ah! Otra cosa (...)
- [ ] Oye, por cierto, (...)
- [ ] Perdón, pero (...)
- [ ] Oye, antes de que se me olvide, (...)
- [ ] Para resumir, (...)
- [ ] ¿Me entiendes?

- [ ] Total, que (...)
- [ ] En pocas palabras, (...)
- [ ] Es que (...)
- [ ] A ver (...)
- [ ] ¡¿Ah sí?!
- [ ] ¡No me digas!
- [ ] ¿Cómo, cómo?
- [ ] ¿Cómo que no/sí?
- [ ] ¿Quééé...?
- [ ] ¡Vaya...!
- [ ] ¿En serio?
- [ ] ¿De acuerdo?
- [ ] En resumen, (...)
- [ ] ¿Me sigues?

- [ ] ¿Estamos?
- [ ] Sí, pero (...)
- [ ] Esto no es así. (...)
- [ ] Así que (...)
- [ ] Yo no lo veo así.
- [ ] ¡Chiss! por favor, de uno en uno.
- [ ] ¡Dejemos de hablar todos a la vez!
- [ ] Es como decir que (...)
- [ ] Así, no se entiende nada.
- [ ] Por favor, deja que se explique.

1. Iniciar una charla o retomar el turno de palabra.
2. Interrumpir o cortar a alguien.
3. Poner un ejemplo.
4. Ganar tiempo para pensar.
5. Cambiar de tema.
6. Resumir una charla.
7. Contradecir a alguien.
8. Pedir silencio para respetar los turnos de palabra.
9. Manifestar atención.
10. Comprobar que alguien ha comprendido.

6.1. Cada grupo hace una breve presentación de la película elegida en la actividad 5. Entre todas las propuestas, escoged una para hacer el debate.

6.2. Ahora, iniciamos el debate. Dad vuestra opinión sobre la película y justificadla. Hablad de la historia, del director o directora, de los actores y actrices, de lo mejor y de lo peor de la película...

>| 7 | La revista *Fotogramas* es una publicación mensual española dedicada exclusivamente al cine. Quieren una crítica de la película que habéis comentado en la actividad anterior para publicarla en su próximo número. Escribid en un máximo de 20 líneas. Primero, informaos de qué tipo de revista es para conocer el registro que debéis usar en la crítica.

SERES FANTÁSTICOS

>| 1 | | 17 | Escucha estas descripciones y relaciónalas con los seres fantásticos a los que se refieren. Hay un ser fantástico que no se describe.

- A ☐ Na'vi
- B ☐ Elfo
- C ☐ Hada
- D ☐ Bruja
- E ☐ Trasgo

| 1.1. | Este es un resumen de las características de los trasgos, otros seres fantásticos que no han sido descritos en el audio anterior. Descríbelos tú siguiendo el modelo de lengua que se ha utilizado en las descripciones anteriores.

- Aspecto de lagarto, huesudo y delgado.
- Patas de un metro de altura.
- Ven en la oscuridad pero oyen mal.
- Extrovertidos, simpáticos, desordenados y algo chillones.
- Piel de color entre rojo oscuro y naranja.
- Muy curiosos y poco serios.
- La mayoría son científicos e inventores.
- Sus inventos, a veces, entrañan cierta peligrosidad.

> | 2 | Fíjate en estas frases extraídas del audio anterior. Son locuciones adverbiales. ¿Qué valor tienen? Elige la opción correcta y completa el cuadro.

- *Pueden ofenderse con gran facilidad* ***en un abrir y cerrar de ojos.***
- ***En un pis pas****, se transportan a otros estados de conocimiento.*

1 ☐ Locuciones de modo.
2 ☐ Locuciones de tiempo.
3 ☐ Locuciones de cantidad.

Locuciones adverbiales de [1]..............................

- Las locuciones adverbiales de [2].......................... son expresiones idiomáticas que están formadas por una [3]............................. seguida de un sintagma nominal o por otra expresión idiomática. Equivalen a un [4]............................ de tiempo y, a veces, pueden ser sustituidas por uno de ellos.

| 2.1. | Las siguientes expresiones son ejemplos de este tipo de locuciones adverbiales. Clasifícalas en las cajas, según el adverbio por el que pueden ser sustituidas y, luego, haz una frase con cada una de ellas, contextualizándolas. Trabaja con tu compañero.

- 1 En un abrir y cerrar de ojos.
 ....
- 2 A/hasta las mil/tantas.
 ....
- 3 A buenas horas.
 ....
- 4 En un suspiro.
 ....
- 5 De higos/guindas a brevas.
 ....
- 6 En menos que canta un gallo.
 ....
- 7 En un santiamén.
 ....
- 8 De Pascuas a Ramos.
 ....
- 9 En un pis pas/periquete.
 ....
- 10 De buenas a primeras.
 ....

A *Muy tarde*

B *Rápidamente*

C *De vez en cuando*

| 2.2. | Completa las siguientes frases con una locución adverbial de tiempo.

1 No sé nada de él. Me llama ....

2 ● Ya no hace falta llevar el pasaporte para viajar por Europa. Con el carné de identidad vale.
 ● ¡.. me lo dices! Me he pasado toda la mañana en la cola para renovarlo.

3 No sé qué pasó, solo sé que .... estaba en el suelo, rodeada de gente que intentaba reanimarme.

4 Estuvimos charlando .... ¡Yo me moría de sueño!

5 No te preocupes, esto lo hacemos .... No tardamos nada.

>| 3 | ¿Creéis en las hadas y en otros seres fantásticos? ¿Pensáis que su presencia forma parte de la cultura ancestral de todos los pueblos? Elaborad una teoría entre todos. Después de una puesta en común, escribid las ideas principales en la pizarra.

| 3.1. | Ana María Matute, novelista española de la generación de posguerra, dijo lo siguiente sobre los cuentos de hadas en su discurso de ingreso en la Real Academia de la Lengua Española.

[...] Así de reales eran aquellos mundos en los que me sumergía, porque los llamados "cuentos de hadas" no son, por supuesto, lo que la mayoría de la gente cree que son. Nada tienen que ver con la imagen que por lo general se tiene de ellos: historias para niños, a menudo *estupidizadas* y banalizadas a través de podas y podas "políticamente correctas", porque tampoco los niños responden a la estereotipada imagen que se tiene de ellos. Los cuentos de hadas no son en puridad otra cosa que la expresión del pueblo: de un pueblo que aún no tenía voz, excepto para transmitir de padres a hijos todas las historias que conforman nuestra existencia. .... ☐

[...] Lo que ellos nos cuentan, nos recuerdan y advierten, se repite siglo tras siglo, año tras año, hora tras hora. Las ideologías, incluso las ideas y los ideales, cambian, perecen o se transforman. Los sentimientos, por ahora, se mantienen exactamente iguales a los de los cuentos de hadas. .... ☐

Porque los sentimientos –la alegría y la tristeza, la nostalgia, la melancolía, el miedo– permanecen como emboscados en estos cuentos, en los que se encuentran, me atrevería a decir, en su elemento natural. En ellos, en sus luces y sombras, se mezclan realidad y fantasía, las dos materias primas de los sentimientos, en la misma medida que ocurre en nuestra vida. Porque, ¿acaso nuestros sueños, nuestra imaginación no forman parte también de nuestra realidad? Yo creo que no hay nada ni nadie que sea única y absolutamente materia, y que todos nosotros, con mayor o menor fortuna, somos portadores de sueños, y los sueños forman parte de nuestra realidad. .... ☐

Cuando Alicia cruza la neblina del espejo, no pasa a un mundo que, por el mero hecho de ser inventado, resulta totalmente imaginario e irreal. Por el contrario, Alicia se introduce en un mundo que es mágico simplemente porque, en él, realidad y fantasía se entremezclan, se sitúan en un mismo plano. Pero tengamos presente que eso es algo a lo que nuestra vida nos aboca continuamente: ¿qué sería de aquella pobre, tosca, fea Aldonza si Don Quijote, el gran caballero de los sueños, no la hubiera convertido en Dulcinea? ¿Qué sería de aquellos monótonos molinos manchegos si aquel hombre tan solo y tan triste no los hubiera convertido en gigantes? No desdeñemos tanto la fantasía, no desdeñemos tanto la imaginación, cuando nos sorprenden brotando de las páginas de un libro trasgos, duendes, criaturas del subsuelo. .... ☐

Tenemos que pensar que de alguna manera aquellos seres fueron una parte muy importante de la vida de hombres y mujeres que pisaron reciamente sobre el suelo, y que hicieron frente a la brutalidad y a la maldad del mundo gracias al cultivo de una espiritualidad que les llevó a creer en todo: en el rey, en los fantasmas, en Dios, en el diablo... El abandono de la barbarie de alguna forma va ligado a esas creencias, a esa fe ingenua e indiscriminada. [...] .... ☐

|3.2.| Selecciona cuáles de estas afirmaciones corresponden con el extracto del discurso que has leído. Luego, coloca cada una de las frases que has escogido como resumen a cada uno de los párrafos anteriores.

1. ☐ Los cuentos de hadas transmiten, de generación en generación, desde tiempo inmemorial, la esencia de la historia del ser humano.
2. ☐ Los sentimientos, las ideas y las creencias que experimenta el ser humano han permanecido invariables a lo largo de la historia.
3. ☐ La esencia del ser humano está formada indisolublemente de realidad y fantasía.
4. ☐ La fantasía y la imaginación se sitúan en el plano onírico de los sueños y solo se mezclan en las historias fantásticas.
5. ☐ Realidad y fantasía forman una unión indisoluble en la condición del ser humano.
6. ☐ La creencia en seres sobrenaturales fue, en su origen, un modo que tuvo el ser humano de defenderse de la realidad brutal a la que se enfrentaba y no entendía.
7. ☐ Los sentimientos que se encuentran reflejados en las narraciones extraordinarias son universales e intemporales.
8. ☐ La ignorancia es el germen de estas historias que tenían como misión explicar lo inexplicable del mundo. En la actualidad, carecen de sentido.

>|4| Comparad las ideas de Ana María Matute con las que vosotros habéis escrito en la pizarra. ¿Coincidís? ¿Cuáles son las diferencias?

FELIPE II

Cultura

>|1| En el epígrafe 1 de esta unidad hemos tratado el tema de la superstición. ¿Conocéis algún personaje histórico que sea conocido por lo supersticioso que era?

|1.1.| ¿Sabes quién era Felipe II? Anota todas las aportaciones de tus compañeros y, entre todos, confeccionad un retrato físico y psicológico de este personaje histórico.

|1.2.| Felipe II reinó en España en el siglo XVI. Si hay una característica que describa a este rey es su catolicismo a toda prueba y un carácter supersticioso que marcó su personalidad y cada uno de sus actos y de sus decisiones.

Su imagen clásica, vestido siempre de negro desde la muerte de su esposa Isabel de Valois, o el recuerdo macabro de sus últimos días en el lecho de muerte, apestando por las llagas que tenía por todo el cuerpo y envuelto en todas las reliquias que se pudieron reunir para garantizar su tránsito a la Gloria, nos transmite la imagen de un ser con el alma distorsionada por una fe radicalmente fetichista y supersticiosa.

Felipe II casaba su catolicismo a ultranza con su confianza en los saberes de los arcanos; su espíritu cristiano no se empapaba únicamente de devoción, sino también de magia, a través de su obsesiva fe en la influencia taumatúrgica de los santos despojos de las reliquias. Llevó siempre consigo el horóscopo que se mandó hacer en su juventud y lo consultaba antes de tomar cualquier decisión. El rey fomentó en su entorno la discreta presencia de hermetistas, astrólogos y alquimistas.

Tenía un gran afán coleccionista. Guardaba toda clase de objetos, desde reliquias hasta mapas, plantas exóticas e incluso cajas que contenían huesos. Por supuesto, también coleccionaba muchas pinturas y libros, y podríamos preguntarnos si lo hacía por amor al arte o por simple afán coleccionista.

Todos estos rasgos indican que Felipe II tenía una personalidad obsesivo-compulsiva. Sufría profundos desequilibrios, aunque hay que destacar que también tuvo grandes aciertos. No olvidemos la profundidad de su conciencia y su responsabilidad como rey, además de su sencillez. ■

| 1.3. | ¿Coincide este retrato con el que habéis hecho en la actividad 1.1.? Extraed del texto las frases que hacen referencia a la personalidad supersticiosa de Felipe II.

| 1.4. | Elabora una lista de palabras del texto que te hayan dificultado su comprensión y trata de inferir qué significan sin usar el diccionario. Aquí te proponemos algunas estrategias para poder descubrir el significado de una palabra. Después, reflexiona sobre cuál te parece más útil y propón las tuyas propias. Trabaja con tu compañero.

- Averiguar la clase de palabra a la que pertenece: sustantivo, adjetivo, verbo.
- Deducir la palabra por el contexto.
- Inferir el significado a partir de la raíz de la palabra.
- Proponer sinónimos y ver si tienen significado en el contexto.
- Deducir la palabra buscando términos similares en tu propia lengua.
- Otras: ....
  ....
  ....

| 1.5. | Comprueba tus respuestas buscando las palabras en el diccionario.

>| 2 | A continuación, tenéis unas frases en las que aparecen contextualizadas algunas locuciones adverbiales de modo. Explicad qué significado tienen.

1. Cada día se lee **de cabo a rabo** su horóscopo.
2. Lee estas cosas **a hurtadillas**, no vaya a ser que le digan: *¿Y tú crees en esto?*
3. Cree **a pies juntillas** que se va a cumplir lo que allí dice, por eso, se sugestiona.
4. No compres un libro de horóscopos **sin ton ni son**, busca uno fiable y científico.
5. Si sale a la calle sin su amuleto de la suerte, lo hace **a regañadientes** y **a la fuerza** porque cree que todo le va a salir mal.
6. Se sabe **de carrerilla** su carta astral.
7. Si tiene un amigo que le ha traído suerte en algún asunto, lo defenderá **a capa y espada** y le dirá: *Ven conmigo, que eres mi talismán.*

| 2.1. | Escribe frases contextualizando las siguientes locuciones adverbiales de modo.

- A tontas y a locas.
- A ultranza.
- A pie.
- A oscuras.
- A gatas.
- A muerte.
- A gusto/disgusto.
- A tientas.
- A duras penas.
- De golpe.
- De mala gana.
- De oídas.
- De *pe* a *pa*.
- En fila india.

>| 3 | ¿Conocéis a alguna persona tan supersticiosa como Felipe II? Describid el modo en que hace las cosas cotidianas, utilizando alguna de las locuciones adverbiales de modo que habéis aprendido.

¿QUÉ MEMORIA?

Contenidos funcionales

- Hacer referencia a algo.
- Poner algo de relieve.
- Manifestar que uno está parcialmente de acuerdo.
- Intentar convencer a alguien: argumentar y contraargumentar.
- Expresar insistencia e intensidad en algo sin obtener los resultados deseados.
- Expresar la mínima intensidad que facilita los resultados deseados.
- Expresar un reproche.
- Expresar lo inevitable del cumplimiento de una acción y/o el convencimiento que tenemos sobre algo.
- Presentar o tener en cuenta un hecho que no impide otro hecho, o tener en cuenta una idea pero no dejarse influir por ella.

Contenidos gramaticales

- Conectores concesivos:
  - *Por mucho,-a,-os,-as* (+ nombre) + *que* + indicativo/subjuntivo.
  - *Por más* + (sustantivo) + *que* + indicativo/subjuntivo.
  - *Por* + adjetivo + *que* + subjuntivo.
  - *Por muy* + adjetivo/adverbio + *que* + subjuntivo.
  - *Y eso que/Y mira que* + indicativo.
  - *Por poco, -a,-os,-as* (+ nombre) + *que* + subjuntivo.
  - *Aunque/A pesar de que* + indicativo/subjuntivo.
  - *Aun* + gerundio.
  - *Digan lo que digan, Hagan lo que hagan, Pese a quien pese...*

Tipos de texto y léxico

- Texto argumentativo. El género periodístico: el artículo.
- Texto conversacional: diálogo, entrevista para obtener datos para una encuesta.
- Informe de una encuesta.
- Texto descriptivo.
- Mitin político.
- Campo léxico relacionado con la memoria. Expresiones fijas.
- Trabajo de léxico del español de América.

El componente estratégico

- Estrategias para desarrollar la comprensión auditiva:
  - Analizar la intención del hablante.
  - Captar el tono del discurso.
  - Discriminar las informaciones irrelevantes.
  - Buscar lo que no se dice explícitamente.
- Claves para escribir una descripción.

Contenidos culturales

- *El silencio y el caos*, artículo de Rosa Montero.
- Algunos políticos hispanoamericanos.
- La figura de Eva Perón.
- *No llores por mí, Argentina* del musical *Evita*.

HAZ MEMORIA

1 ¿Qué es para vosotros la memoria? Discutidlo con vuestros compañeros. Luego, leed estas definiciones y comparadlas con vuestros comentarios. ¿Habéis coincidido? ¿Estáis de acuerdo?

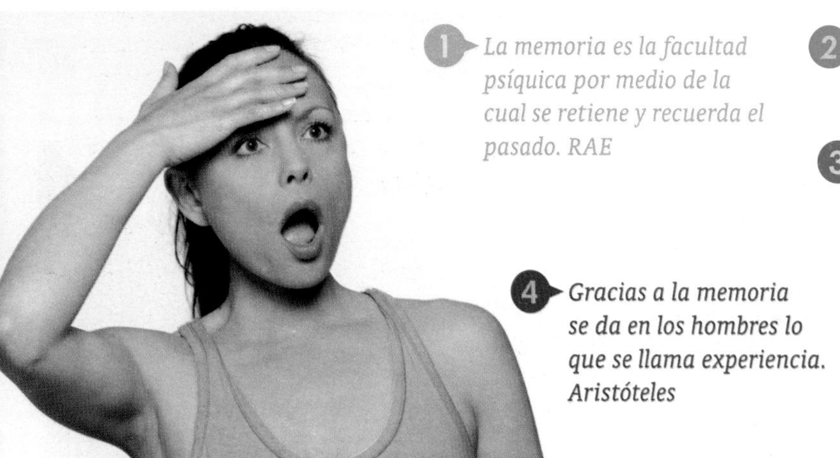

1. *La memoria es la facultad psíquica por medio de la cual se retiene y recuerda el pasado. RAE*
2. *El que no tiene memoria se hace una de papel. Gabriel García Márquez*
3. *La memoria es la capacidad mental que posibilita a un sujeto registrar, conservar y evocar las experiencias: ideas, imágenes, acontecimientos, sentimientos, etc. Anónimo*
4. *Gracias a la memoria se da en los hombres lo que se llama experiencia. Aristóteles*
5. *Olvidar lo malo también es tener memoria. José Hernández*

| 1.1. | Teniendo en cuenta los comentarios anteriores y lo que os evocan las siguientes imágenes, escribid tres definiciones de memoria asociadas a:

1. algo físico: ....
2. las vivencias: ....
3. la historia: ....

> | 2 | Lee estos fragmentos extraídos de artículos periodísticos que hablan sobre la memoria.

“Nadie nace con buena o mala memoria, solo es cuestión de ejercitarla correctamente. Aunque se sabe que existen genes que aportan mayor o menor habilidad a la hora de memorizar, recordar mejor es una cuestión de entrenamiento, como ocurre con los músculos.”

Según ciertos estudios, lo que más despierta la memoria son las emociones que están asociadas a los recuerdos. A principios de los años 80, Gordon Bower y sus colegas descubrieron que el estado de ánimo influye cuando intentamos estudiar o memorizar una narración; si estamos felices, recordamos momentos felices, y si estamos tristes, los tristes. Otros estudios demuestran que los hechos con una carga emocional muy fuerte se almacenan con más facilidad en la memoria. Aunque cuando la persona que protagoniza o asiste a un acontecimiento demasiado trágico y experimenta miedo, pánico o desesperación, tiende a olvidar lo sucedido.

Sin memoria, ¿qué seríamos? En California, durante la década de 1990, los candidatos a la criogenización se plantearon el mismo interrogante. Sus cuerpos iban a ser conservados por el frío, en espera de ser reanimados un día; pero ¿y sus recuerdos? ¿Se conservarían durante la congelación o, por el contrario, se desvanecerían? Para tranquilizar a sus clientes, los institutos de criogenia formularon una rocambolesca oferta: se almacenarían en una memoria informática los recuerdos de los muertos criopreservados, con el objeto de que los mismos pudiesen reinstalarse en el futuro.

Aunque sea una ilusionista genial, la memoria es poco fiable. A veces, se deja influir y nos confunde; en ocasiones, nos da la impresión engañosa de haber vivido antes el momento presente, lo que los franceses llaman el “déjà vu”.

Fragmentos extraídos de dos artículos de *El Semanal*.

| 2.1. | Basándoos en la lectura que acabáis de realizar, responded a estas preguntas e intercambiad vuestras opiniones con las de vuestros compañeros. Defended vuestro punto de vista: ¿Estáis de acuerdo con que nadie nace con buena o mala memoria? ¿Creéis que el estado emocional os influye a la hora de recordar? ¿Olvidáis lo malo con facilidad? ¿Creéis en el *déjà vu* como algo extrasensorial o estáis de acuerdo con lo que dice el texto?

Hacer referencia a algo

- *Acerca de (...)*
- *Con relación a (...)*
- *Te decía esto por (...)*
- *En cuanto a (...)*

Poner algo de relieve

- *Me consta que (...)*
- *Conviene destacar (...)*
- *Quiero subrayar (...)*
- *Para que quede claro, (...)*

Manifestar acuerdo parcialmente

- *A lo mejor sí, pero (...)*
- *Quizá me equivoque, pero (...)*
- *Igual sí, aunque (...)*
- *Puede ser, pero (...)*

Intentar convencer a alguien

- *Por favor, fíjate en (...)*
- *¿No pensarás que (...)?*
- *Respeto tu punto de vista pero (...)*
- *Pero, ¿no crees que (...)?*

>| 3 | Según los expertos, las personas tenemos distintos tipos de memoria. Relaciona ambas columnas. ¿Qué tipo de memoria tienes?

1. Memoria visual...... *
2. Memoria conceptual.. *
3. Memoria motora...... *
4. Memoria auditiva..... *

* a. Registran preferentemente lo que oyen.
* b. Retienen detalles relacionados con figuras, colores, lugares, personas, etc.
* c. Recuerdan datos y guarismos, o cuestiones y relaciones abstractas.
* d. Poseen ciertas habilidades como manejar un automóvil, tocar el piano, jugar al golf, etc.

| 3.1. | Lee las siguientes tareas en una clase de español y relaciónalas con el tipo de memoria que predomina. Trabaja con tu compañero.

	memoria auditiva	memoria visual	memoria conceptual	memoria motora
1 Resumir en un esquema los usos del imperativo.	○	○	○	○
2 Repetir en voz alta el vocabulario nuevo.	○	○	○	○
3 Hacer un mapa conceptual bajo el tema de los viajes.	○	○	○	○
4 Escribir un resumen de la literatura española.	○	○	○	○
5 Cantar una canción en español.	○	○	○	○
6 Hacer un cartel con imágenes y léxico de los deportes.	○	○	○	○
7 Diseñar un cuadro sinóptico sobre una película.	○	○	○	○

Grupo cooperativo

>| 4 | En la memoria visual, la fotografía tiene un papel muy destacado. Buscad cuatro razones por las que nos hacemos fotos y escribidlas en un papel por orden de importancia.

|4.1.| Intercambiad las cuatro razones con la pareja de al lado y rectificad su orden de importancia, según vuestra opinión. Entre los cuatro, discutid la clasificación y defended vuestra postura a toda costa. Procurad que las opiniones contrarias no os hagan cambiar de idea.

>| 5 | |18| **Escucha este diálogo, toma nota si lo necesitas y, después, responde a las preguntas argumentando tus respuestas.**

1. ¿Cuál es la profesión de Lucía? ....
2. ¿Por qué razón está allí la clienta? ....
3. Por parte de la clienta, ¿ha tomado ella la decisión de ir allí libremente? ....
4. ¿Cuál te parece que es el estado de ánimo de la clienta? ....
5. ¿Qué estado de ánimo le transmite Lucía a la clienta? ....

|5.1.| ¿De qué forma has escuchado el texto para contestar a las preguntas de la actividad 4? De la lista de estrategias que te proporcionamos, marca aquellas que hayas utilizado.

1. ☐ Me he fijado en la pronunciación y entonación.
2. ☐ He analizado la intención del hablante.
3. ☐ He captado el tono del discurso: agresividad, ironía, humor, sarcasmo...
4. ☐ He identificado las palabras que cambian de tema, que abren un nuevo tema.
5. ☐ He comprendido el significado general.
6. ☐ He comprendido las ideas principales.
7. ☐ He discriminado la información irrelevante.
8. ☐ He buscado lo que no se dice explícitamente.

|5.2.| Según las respuestas que has dado en la actividad anterior, ¿qué tipo de escucha has realizado? Mira el cuadro de reflexión para contestar a la pregunta.

Escucha global/Escucha selectiva

- Cuando escuchamos, no siempre aplicamos el mismo grado de atención. Este grado depende de muchos factores, como el estado físico y psíquico, la motivación, las condiciones de la escucha, las necesidades, etc.

  Aplicamos dos tipos de estrategias:
  - Escucha **global**: cuando lo que se persigue es obtener una idea general del texto, los puntos básicos de lo que escuchamos.
  - Escucha **selectiva**: nuestra atención va dirigida únicamente a lo que nos interesa, ya que buscamos una información específica, un dato.

>| 6 | ¿Os gusta hacer fotos como recuerdo? ¿Y posar? ¿Sois fotogénicos? ¿Os "quiere" la cámara? ¿Os gustaría ser fotógrafos? Contad vuestras experiencias.

7 Laura González es una fotógrafa que ha enviado esta fotografía para un concurso en la revista *National Geographic.* Poneos en su lugar, ¿cómo describiríais esta fotografía para que los seleccionadores la tuvieran en cuenta? Seguid estas pautas para la descripción.

Pasos para hacer una descripción

- **Observar** con mucha atención y **seleccionar** los detalles más importantes.
- **Organizar** los datos siguiendo un orden:
  - De lo general a lo particular o viceversa.
  - De los primeros planos al fondo o viceversa.
  - De dentro a afuera o viceversa.
  - De izquierda a derecha o viceversa.
- Al describir, hay que **situar los objetos en el espacio** con precisión. Se usan expresiones como *a la derecha, junto a, al fondo, detrás de, en el centro, alrededor...*
- Procurar transmitir la **impresión** que produce el lugar: alegría, tristeza, misterio, terror...

Fíjate en esta descripción que hace un famoso escritor español de la Generación del 98, Pío Baroja:

Descripción de una cueva

A la izquierda se abría la enorme boca de la cueva, por la cual no se distinguían más que sombras. Al acostumbrarse la pupila, se iba viendo en el suelo, como una sábana negra que corría a todo lo largo de la gruta, el arroyo del infierno, "Infernuco-erreca", que palpitaba con un temblor misterioso. En la oscuridad de la caverna brillaba, muy en el fondo, la luz de una antorcha que agitaba alguien al ir y venir.

Unos cuantos murciélagos volaban a su alrededor; de cuando en cuando se oía el batir de las alas de una lechuza y su chirrido áspero y estridente.

7.1. Esta es la descripción que ha escrito Laura. Leedla y, teniendo en cuenta los consejos anteriores, decid si ha hecho una correcta descripción de su fotografía o no. Justificad vuestra respuesta.

Esta es la fotografía que presento al concurso "Un lugar en la memoria", de la revista *National Geographic.* Se trata de una fotografía tomada a las orillas de un lago, con un perfecto ángulo en el que el eje de visión es perpendicular al paisaje, centrándome en la barca como punto de referencia principal, situándola a la misma altura de la mirada, y en torno a este, se va formando la imagen en su totalidad. Además, se recoge un plano parcial del lago y del embarcadero, dándole a la fotografía un espacio y profundidad más amplia.

La iluminación en esta fotografía se complementa a base de colores vivos y cálidos, destacando en su totalidad el azul del agua y del cielo, junto con el verde de la barca. Las nubes y su reflejo en el agua, hacen que sea una fotografía que rodee al espectador en la tranquilidad y serenidad del paisaje.

Si dividimos la imagen en dos (parte izquierda y parte derecha), observamos que la parte derecha sería la que aparece más recargada y a la vez, la que tiene más importancia, mientras que la izquierda sería la parte más sencilla, pero que transmite más, en mi opinión.

El pequeño muelle que se encuentra delante de todo el paisaje y el bosque que aparece al fondo hacen que la imagen tenga sentido; además, el reflejo que deja en el agua, lo convierte en parte fundamental de la fotografía.

¿TE ACUERDAS?

>| 1 | Fijaos en los siguientes diálogos. Analizad la información que se transmite en las oraciones con *aunque* teniendo en cuenta las siguientes premisas. ¿Cuál es la intención del hablante en cada caso?

Si la información...

1 ...es nueva o conocida para los interlocutores.
2 ...es veraz o no, o difícil de creer para los interlocutores.
3 ...es relevante o irrelevante para los interlocutores.
4 ...se refiere al presente o al pasado.

A

- *¿Vas a ir a ver la última de James Bond? Pues no ha gustado nada a la crítica.*
- *Sí, ya lo sé, ¿y qué? **Aunque** no tenga buenas críticas, yo pienso ir a verla. Nunca se sabe.*

B

- *Ayer no fuiste al cumpleaños de Laura.*
- *Ya, es que me quedé dormido en el sofá. Pero, vamos, **aunque** me hubiera despertado a tiempo, no creo que hubiera ido porque estaba agotado.*

C

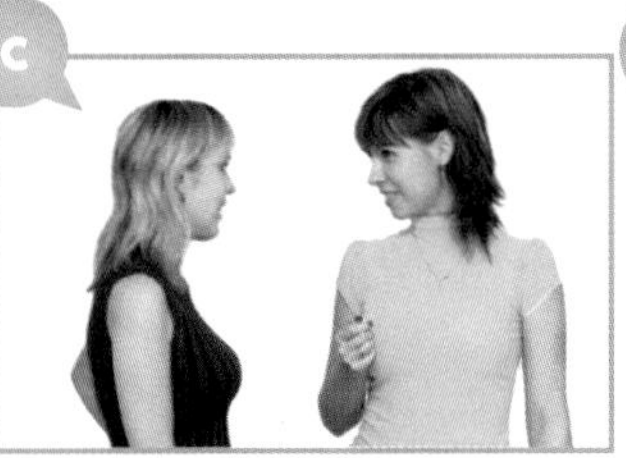

- *Pobre Pedro, vive fatal.*
- *Ya, ya lo sé, **aunque** es millonario, ¿sabes?*
- *¡Qué me dices!*
- *Lo que oyes.*

D

- *Tu novia te engaña con otro, yo la dejaría hoy mismo.*
- *Bueno, bien. Eso no me lo creo y, además, **aunque** me engañara con otro, no la dejaría, es la mujer de mi vida.*

| 1.1. | Comprobad vuestras respuestas a la actividad anterior con la información que os ofrecemos. ¿Habéis interpretado bien la intención del hablante? ¿Por qué? Comentadlo con el profesor. Después, completad el cuadro escribiendo la letra de diálogo en su lugar correspondiente.

Aunque. Principal conector concesivo. ¿Qué comunicamos?

- ***Aunque*** + indicativo
  - El interlocutor te da una información que cree que es nueva y tú la contrastas con otra información que se presenta como real.
    - Corresponde al diálogo ☐.
- ***Aunque*** + presente o pretérito perfecto de subjuntivo
  - No sabes si la información que te da tu interlocutor es verdad o no, pero no te importa nada o no te la crees, por lo que se presenta como un hecho inseguro.
  - Compartes y aceptas la información que te da el interlocutor, pero le transmites que no es importante para ti.
    - Corresponde al diálogo ☐.
- ***Aunque*** + imperfecto de subjuntivo
  - Das una información que encuentras muy difícil de realizar o de creer, por lo que lo presentas como un hecho casi imposible de realizar.
  - Rechazas la información que te han dado porque no te vale como argumento para cambiar de opinión.
    - Corresponde al diálogo ☐.
- ***Aunque*** + pretérito pluscuamperfecto de subjuntivo
  - Das una información sobre algo que pudo suceder en un momento pasado pero crees que es muy difícil de realizar o incluso sabes que no se realizó, pero esto no impidió la realización de otra acción.
    - Corresponde al diálogo ☐.

2

Os ha tocado un paquete de regalos en un sorteo, pero hay algunas condiciones especiales para recibirlos. Leed las condiciones y negociad entre vosotros. Buscad argumentos y contrargumentos para convenceros los unos a los otros. ¿Cuáles aceptáis gustosos y cuáles no querríais ni aunque os los regalaran?

1 *Una vuelta al mundo en bicicleta con alojamiento en hoteles de lujo.*

2 *Un cocodrilo peligrosísimo como mascota.*

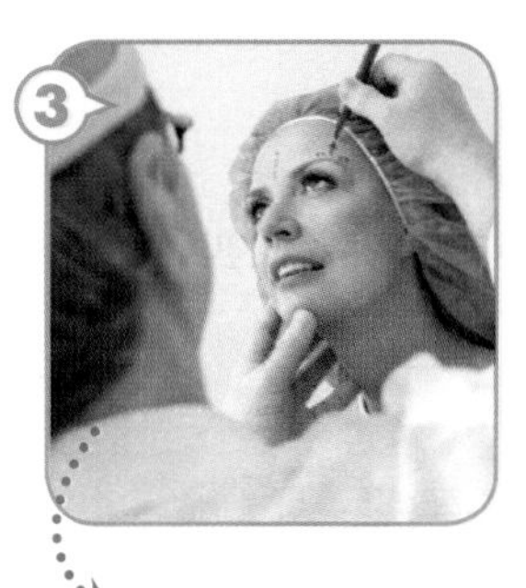

3 *Una operación de estética.*

4 *Cinco millones de euros.*

5 *Un Porsche que contamina un montón porque tiene problemas con el carburador.*

6 *Presenciar el rodaje de una película de tu actor favorito.*

Condiciones

1. Solo podéis deshaceros de un regalo, exceptuando el cocodrilo.
2. El cocodrilo debe vivir con vosotros.
3. No podéis meter la bici en otro transporte para dar la vuelta al mundo.
4. El Porsche no puede ser revisado por ningún mecánico.
5. Los regalos son para toda la vida y no se pueden regalar a nadie.

3

|19|

Una empresa de estadística está haciendo una encuesta sobre "los viejos tiempos". José, Montse y Lucía han respondido al entrevistador. Escucha lo que dicen, toma nota y, luego, identifica los usos comunicativos de *aunque*.

1. ¿Volverían a vivir la niñez?
2. ¿Creen que cualquier tiempo pasado fue mejor?
3. Dicen que el hombre es el único animal que tropieza dos veces en la misma piedra, ¿será por falta de memoria?

Lucía	*José*	*Montse*
1	1	1
2	2	2
3	3	3

| 3.1. | Ahora, plantead otras preguntas sobre el mismo tema a algunas personas más y, luego, completad este informe sacando conclusiones generales a partir de las respuestas de los informantes (José, Montse y Lucía), más las que vosotros aportéis.

Informe de la encuesta sobre "los viejos tiempos"

La encuesta ha sido realizada a un total de .... (número de personas) personas durante el .... (periodo de tiempo y año), de las que el ....% es originaria de .... (país mayoritario) y el resto, un ....% de otros países. La edad media de los entrevistados es de .... años.

En total, se han formulado .... (número de preguntas) preguntas con el fin de conocer si volverían a vivir la niñez.

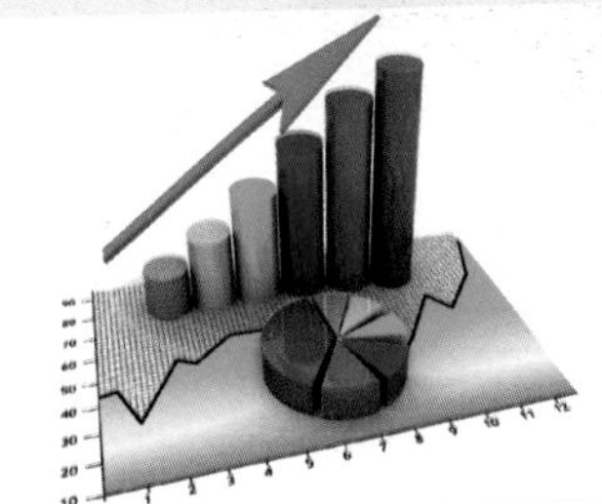

El ....% de los entrevistados respondieron que sí. El porcentaje es mucho *menor/mayor* que el correspondiente a aquellos que consideran que no y el ....% tienen dudas porque depende de diferentes acontecimientos. El análisis muestra un *menor/mayor* rechazo a volver a vivir la niñez en las personas comprendidas entre los .... y los .... años de edad y una *menor/mayor* aceptación a revivirla entre las personas comprendidas entre los .... años. Ambos grupos frente al ....% de personas que presentan duda. ■

| 3.2. | Y vosotros, ¿creéis que cualquier tiempo pasado fue mejor?

Y MIRA QUE SE LO DIJE

| 1 | ¿Conocéis estas expresiones? Todas están relacionadas con la memoria. Explicad lo que significan y, después, poned ejemplos. Podéis consultar un diccionario de uso.

1. Lo tengo en la punta de la lengua: ....
2. Esto me suena: ....
3. Tiene una memoria de elefante: ....
4. Se quedó en blanco: ....
5. Ahora no me viene: ....
6. Se lo sabe de memoria: ....
7. Tiene muy mala cabeza: ....
8. Tiene una memoria de mosquito: ....

Oye, ese amigo tuyo tiene una memoria de mosquito. Le dices que te devuelva los apuntes porque los necesitas y hoy va y se los olvida en casa. Siempre hace lo mismo, ¡me tiene harto!

| 1.1. | Lee este artículo de la escritora Rosa Montero, publicado en *El País Semanal.*

Llevo unos cuantos días habitando en un mundo raro y movedizo: resulta que, de pronto, he empezado a extraviar todo tipo de objetos. Primero, fue la correa del perro, y luego, unos papeles de trabajo muy importantes, y después, las gafas graduadas, y unas horas más tarde, la novela manuscrita que me había dejado para leer un buen amigo y, por culpa de esto, he estado en un tris de perder también nuestra amistad.

Todas estas cosas desaparecieron de golpe y para siempre, como si en mitad del pasillo de mi casa se hubiese abierto un agujero negro a través del cual los elementos se deslizaran hacia la nada. Aunque parece que es mi cerebro que está empezando a agujerearse y la memoria se me escapa por ahí.

Me he pasado tres días buscando por todas partes los malditos entes escapados. Primero, miré en los lugares previsibles, después, en los imprevisibles, más tarde, en los improbables, y al final, me empleé bien a fondo con los lugares imposibles, que siempre suelen dar unos resultados estupendos: las gafas, por ejemplo, tienen la curiosa costumbre de aparecer en el congelador de la nevera; las llaves, en el cajón de los calcetines, y la tarjera de crédito dentro del florero de la sala... Aunque no he parado de buscar, todos los esfuerzos han sido infructuosos. No hay nada que hacer, las cosas se han esfumado para siempre. De modo que cobra más y más cuerpo cada día la teoría del agujero negro en el pasillo de mi casa. Tal vez, a través de ese invisible pozo, los objetos se trasladen a otra parte, (...) tal vez mis objetos perdidos simplemente se hayan materializado en algún otro punto de la Tierra. Desordenada y con la mala cabeza que tengo, siempre he presentido que el caos nos persigue como una sombra mala. Eso es lo que más desespera de estos extravíos domésticos: la sensación de derrota. ■

Texto adaptado de "El silencio y el caos", *El País Semanal*

| 1.2. | Elegid una palabra que represente al texto para ponerla de título. Aquí tenéis algunas sugerencias, pero podéis proponer alternativas. Explicad vuestra elección.

- ☐ la brujería
- ☐ las cosas
- ☐ lo inexplicable
- ☐ la locura
- ☐ el caos
- ☐ la memoria
- ☐ el olvido
- ☐ ....

| 1.3. | La autora, en el texto, pasa por diferentes momentos anímicos. Localiza en el texto los fragmentos correspondientes a cada uno de ellos, según tu interpretación y justifica tu respuesta. Trabaja con tu compañero.

- resignación
- desconcierto
- ironía
- pesimismo
- desesperación
- derrota

| 1.4. | De todos esos estados anímicos, elige dos que representarían en general al texto, es decir, si tuvieras que resumir el texto en tres líneas, ¿en cuáles de estos estados anímicos te detendrías? Resume el texto después de elegirlos.

....

....

....

| 1.5. | Compara con tu compañero. ¿Coincidís?

2 Lee las siguientes afirmaciones y observa las palabras resaltadas. ¿Las puedes cambiar por *aunque*? Si es así, escribe las frases resultantes.

1. **Por mucho que** intenta recordar dónde los ha dejado, no logra encontrar nada.

2. **Por más que** busca, los objetos no aparecen.

3. **A pesar de que** es una desmemoriada, ella cree que los objetos han desaparecido como por arte de magia.

4. **Aun buscando** por los lugares más recónditos no encuentra nada.

5. **Por muy enfadada** que esté contra los objetos, se da cuenta de que, en realidad, es ella la que ha perdido esos papeles del trabajo ¡**y mira que** sabía que eran muy importantes!

6. **Por importante** que sea encontrar el manuscrito de la novela, lo que realmente le preocupa es perder a un buen amigo.

7. **Por poca memoria** que tenga, seguro que recordará dónde ha dejado los objetos y, al final, los terminará encontrando.

8. **Diga lo que diga** la autora, no es posible que los objetos desaparezcan por sí solos.

2.1. Como has visto, estos conectores son sinónimos de *aunque*. Sirven para matizar la intención comunicativa del hablante. Lee la información del cuadro.

Otros marcadores concesivos

- Expresamos insistencia e intensidad en algo pero, luego, no obtenemos los resultados deseados:
  - *Por mucho* + *que* + indicativo/subjuntivo.
  - *Por mucho,-a,-os,-as* + nombre + *que* + indicativo/subjuntivo.
  - *Por más* + (sustantivo) + *que* + indicativo/subjuntivo.
  - *Por* + adjetivo + *que* + subjuntivo.
  - *Por muy* + adjetivo/adverbio + *que* + subjuntivo.
- Expresamos la mínima intensidad en algo, pero este mínimo esfuerzo facilita los resultados deseados:
  - *Por poco* + *que* + subjuntivo.
  - *Por poco, -a,-os,-as* + nombre + *que* + subjuntivo.
- Presentamos o tenemos en cuenta un hecho, pero esto no nos impide realizar otro:
  - *A pesar de que* + indicativo/subjuntivo.
  - *Aun* + gerundio.
- Expresamos un reproche. Se usan generalmente en lengua hablada:
  - *Y eso que* + indicativo.
  - *Y mira que* + indicativo.

  Ha cogido el autobús de las ocho y llega tarde. Y mira que se lo dije.

  Bueno, así aprenderá para otro día. Vámonos.
- Expresamos la determinación de realizar el objetivo independientemente de las actuaciones u opiniones de otro. Siguen una estructura fija:

  subjuntivo + (preposición) + (artículo) + pronombre relativo + repetición de forma verbal en subjuntivo
  - *Digan lo que digan.*
  - *Hagan lo que hagan.*
  - *Pese a quien pese...*

|2.2.| Teniendo en cuenta la información que acabas de leer, escribe el matiz de cada una de las frases de la actividad 2.

1 ....
2 ....
3 ....
4 ....
5 ....
6 ....
7 ....
8 ....

|2.3.| A continuación, os presentamos una serie de situaciones para las que tenéis que escribir una frase concesiva. Debéis interpretar cuál es la intención del hablante para elegir el conector más apropiado a esa intención comunicativa.

1 Todo el mundo insiste en que vaya a ver la última película de Amenábar. Ha ganado varios premios, pero no puedo perder ni un minuto porque tengo las oposiciones a la vuelta de la esquina.

2 Juan llegó ayer a trabajar en coche. Lo aparcó en doble fila y le pusieron una multa. Sus compañeros ya le habían advertido de que debía ir a trabajar en transporte público, ya que en esa zona es imposible encontrar aparcamiento.

3 ¿Sabes?, a Raquel solo le falta un tema para saberse el examen al dedillo. Un pequeño esfuerzo y seguro que saca un diez. Es muy trabajadora y lista.

4 Juanjo se lamenta porque no le gusta cómo le tratan sus compañeros de trabajo. Su mujer, Marian, le dice que no proteste tanto porque no va a conseguir nada, ya que su situación en estos momentos no le permite cambiar de trabajo.

5 Luisa le pide dinero a su padre. Este no lo tiene y piensa que, de todas formas, nunca le prestaría dinero porque es una manirrota. Además, no quiere que se acostumbre a conseguir dinero con solo pedirlo.

6 Pilar tiene que comprar los libros del cole de su hijo. Cuando llega a la librería, ve que exceden su presupuesto y piensa que son demasiado caros. Su amiga, que la acompaña, le dice que no tiene más remedio que comprarlos.

7 Marisol es muy cabezota. Cuando una idea se le mete en la cabeza, no hay forma de convencerla de lo contrario. Ahora quiere irse a escalar sola y todos sus amigos le dicen que es muy peligroso porque si le pasara algo, no podrían localizarla.

8 El ordenador del dibujante estaba estropeado y se veía obligado a repetir continuamente las ilustraciones sin conseguir que le quedaran bien. Estaba tan desesperado que golpeaba el teclado con rabia.

CONTINÚA

9 Estábamos de vacaciones en un pueblo junto al mar. El tiempo era magnífico, pero mi padre no pisaba la playa ni por casualidad. Como él dice, el mar es para los peces.

10 Antonio se compró el libro que yo le iba a dejar. Ahora se queja de que era carísimo y de que no le sirve de mucho. Yo ya se lo advertí y también le dije que no me importaba dejárselo.

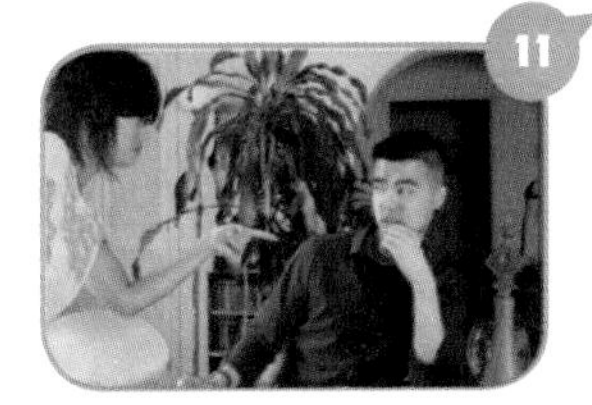

11 Era el cabeza de turco... No importaba lo que pasara a su alrededor ni quién fuera el culpable. Siempre se las cargaba él. Todo el mundo le echaba broncas continuamente. Estaba desesperado.

12 Es una pena. No consiguió ese magnífico trabajo. Un mínimo de entusiasmo y lo habría conseguido. Pero fue a la entrevista apático, sin ganas y, claro, se dieron cuenta enseguida.

EL RECUERDO DE EVITA

Cultura

>| 1 | Mirad estas fotografías y comentad con vuestros compañeros de dónde son, por qué son conocidos, qué protagonismo social, cultural o político han tenido... ¿En qué coinciden todos ellos?

>| 2 | Aquí tienes una breve biografía de Eva Perón. Antes de leerla y según la información compartida en la actividad anterior, escribe todo lo que sepas de esta mujer. Después de la lectura, escribe aquello que hayas aprendido.

Lo que sé de Eva Perón	*Lo que he aprendido de Eva Perón*

CONTINÚA

María Eva Duarte nació en Los Toldos, provincia de Buenos Aires (Argentina) en 1919. Con tan solo 15 años decide mudarse a Buenos Aires, buscando convertirse en una actriz, y triunfa: llega a ser actriz de cierto renombre y a encabezar un programa de radio muy escuchado. Pero su destino era otro. En enero de 1944, Eva Duarte conoce al coronel Juan Domingo Perón y dos años después se casan. En febrero de 1946, después de una campaña electoral en que la presencia de Evita fue primordial, Perón es elegido presidente.

En su papel de primera dama, Eva Perón desarrolló un trabajo intenso, tanto en el aspecto político como en el social. En cuanto a la política, trabajó intensamente para obtener el voto femenino y fue organizadora y fundadora de la rama femenina del peronismo. En el aspecto social, su trabajo se desarrolló en la Fundación Eva Perón. Creó hospitales, hogares para ancianos y madres solteras, dos policlínicos, escuelas, una ciudad infantil... Durante las fiestas distribuía sidra y pan dulce, socorría a los necesitados y organizaba torneos deportivos infantiles y juveniles. El otro bastón de su popularidad fue su facilidad y carisma para conectarse con las masas trabajadoras, a quienes ella llamaba sus "descamisados".

No obstante, tuvo sus detractores, que le criticaban la aparente contradicción entre su discurso y su modo de vida lleno de lujos y fiestas.

Eva Perón falleció el 26 de julio de 1952, aún muy joven, a causa de una leucemia. El dolor popular no la abandonó en un velatorio que duró catorce días. A partir de entonces, Eva Perón se convirtió en un mito.

En su libro *La razón de mi vida*, escrito en 1951, declara: "Nadie sino el pueblo me llama *Evita*. Solamente aprendieron a llamarme así los descamisados. Cuando elegí ser Evita, sé que elegí el camino de mi pueblo. Ahora, a cuatro años de aquella elección, me resulta fácil demostrar que efectivamente fue así. (...) Cuando un pibe me nombra *Evita*, me siento madre de todos los pibes y de todos los débiles y humildes de mi tierra. Cuando un obrero me llama *Evita*, me siento con gusto compañera de todos los hombres". ■

Adaptado de http://www.taringa.net/posts/info/5589750/Eva-Peron.html

|2.1.| Ahora, comentad toda la información nueva que habéis aprendido sobre Eva Perón, resaltando aquella que, por alguna razón, os parece más sorprendente, relevante, curiosa o importante.

|2.2.| Este es el último discurso que Eva Perón dio antes de su muerte. Para completarlo debes seleccionar tres de los cinco párrafos que te damos.

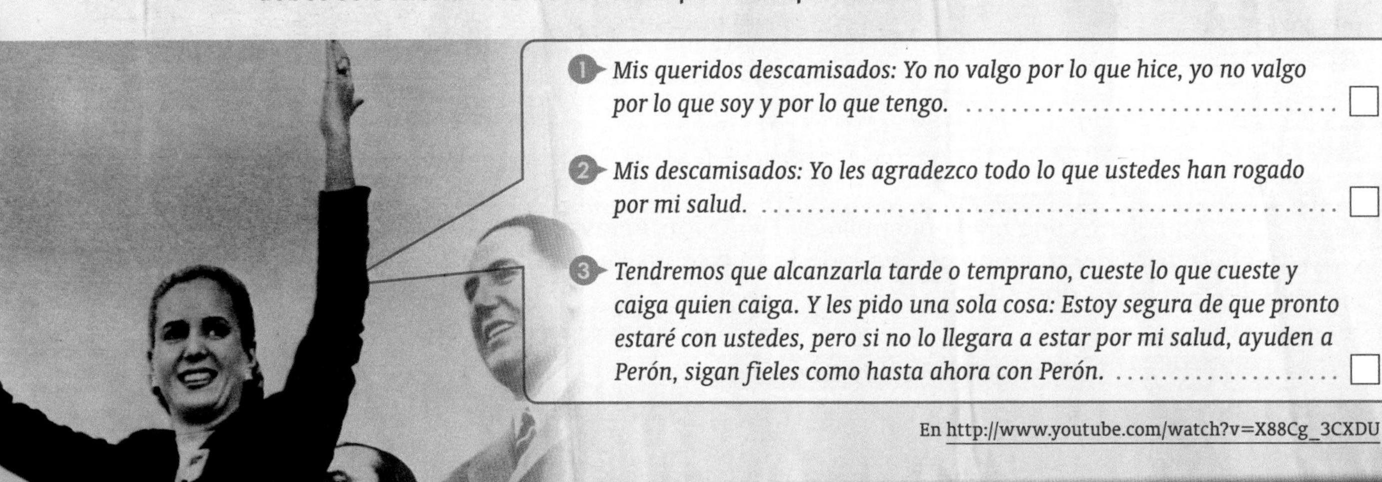

1. *Mis queridos descamisados: Yo no valgo por lo que hice, yo no valgo por lo que soy y por lo que tengo.* .... ☐
2. *Mis descamisados: Yo les agradezco todo lo que ustedes han rogado por mi salud.* .... ☐
3. *Tendremos que alcanzarla tarde o temprano, cueste lo que cueste y caiga quien caiga. Y les pido una sola cosa: Estoy segura de que pronto estaré con ustedes, pero si no lo llegara a estar por mi salud, ayuden a Perón, sigan fieles como hasta ahora con Perón.* .... ☐

En http://www.youtube.com/watch?v=X88Cg_3CXDU

A Espero que Dios oiga a los humildes de mi patria, para volver pronto a la lucha. Yo sé que Dios está con nosotros, porque está con los humildes y desprecia la soberbia de la oligarquía, y por eso la victoria será nuestra.

CONTINÚA

B Yo les pido a ustedes, por el cariño que nos profesamos mutuamente, para una decisión tan trascendental en la vida de esta humilde mujer, que me den por lo menos cuatro días. Compañeros, yo no renuncio a mi puesto de lucha. Yo renuncio a los honores. Yo haré, finalmente, lo que decida el pueblo.

C Yo no quise ni quiero nada para mí. Mi gloria es y será siempre el escudo de Perón y la bandera de mi pueblo. Y aunque deje en el camino jirones de mi vida, yo sé que ustedes recogerán mi nombre y lo llevarán como bandera a la victoria.

D Por el cariño que nos une, les pido por favor que no me hagan hacer lo que no quiero hacer. Se los pido a ustedes como amiga, como compañera. Les pido que se desconcentren. ¿Cuándo Evita los ha defraudado? ¿Cuándo Evita no ha hecho lo que ustedes desean?

E Yo tengo una sola cosa que vale, la tengo en mi corazón, me quema en el alma, me duele en mi carne y arde en mis nervios: es el amor por este pueblo. Si este pueblo me pidiese la vida, se la daría cantando porque la felicidad de un solo descamisado vale más que mi vida.

| 2.3. | | 20 | Escucha el discurso y comprueba tus respuestas de la actividad anterior.

> | 3 | Lee la letra de la canción *No llores por mí, Argentina* y resume cada estrofa en una frase.

No llores por mí, Argentina

Será difícil de comprender
que a pesar de estar hoy aquí,
soy del pueblo y jamás lo podré olvidar.
Debéis creerme,
mis lujos son solamente un disfraz,
un juego burgués nada más,
las reglas del ceremonial.

Tenía que aceptar,
debí cambiar
y dejar de vivir en lo gris,
siempre tras la ventana,
sin lugar bajo el sol.
Busqué ser libre,
pero jamás dejaré de soñar
y solo podré conseguir
la fe que queráis compartir.

No llores por mí, Argentina,
mi alma está contigo,
mi vida entera te la dedico,
mas no te alejes,
te necesito.

Jamás poderes ambicioné,
mentiras dijeron de mí,
mi lugar vuestro es,
por vosotros luché.
Yo solo quiero
sentiros muy cerca,
poder intentar
abrir mi ventana, y saber
que nunca me vais a olvidar.
No llores por mí, Argentina.

No llores por mí, Argentina,
mi alma está contigo,
mi vida entera te la dedico,
mas no te alejes,
te necesito.

Qué más podré decir
para convenceros
de mi verdad.
Si aún queréis dudar,
mirad mis ojos, ved
cómo lloran de amor.

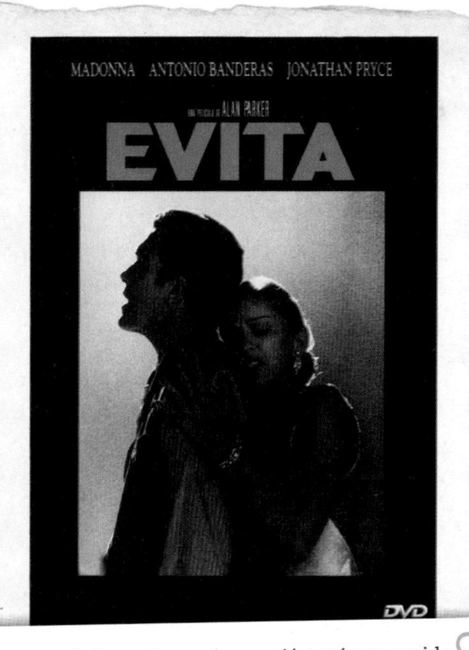

No llores por mí, Argentina es la canción más conocida del musical *Evita*, creado en 1978 por Andrew Lloyd Webber (música) y Tim Rice (letras). El tema representa un emotivo discurso de Evita en el balcón de la Casa Rosada, frente a las masas de descamisados, tras ganar Perón las elecciones presidenciales de 1946 y convertirse ella en la primera dama de Argentina. Este musical a su vez fue inspiración para la película-musical que lleva el mismo nombre, protagonizada por Madonna (Evita), Jonathan Pryce (Perón) y Antonio Banderas (Che) y dirigida por Alan Parker.

| 3.1. | | 21 | Escuchad esta versión de la canción y responded, entre todos, a estas preguntas.

1. ¿Habíais escuchado alguna vez esta canción en español? ¿Y en inglés?
2. Entre todos decid qué similitudes encontráis entre la canción y el último discurso de Evita.
3. Después de toda la información que habéis recibido a través de los documentos de este epígrafe, ¿qué pensáis de Eva Perón? ¿Está justificada su popularidad incluso hoy en día? ¿Por qué?

7 REDUCIR, REUTILIZAR, RECICLAR

Contenidos funcionales
- Caracterizar e identificar personas, lugares y cosas.
- Preguntar y responder por la existencia o no de algo o de alguien.

Contenidos gramaticales
- Oraciones de relativo especificativas/explicativas.
- Oraciones de relativo con indicativo/subjuntivo.
- Pronombres y adverbios relativos.

Tipos de texto y léxico
- Texto divulgativo.
- Noticia periodística.
- Fábula.
- Canción.
- Artículo periodístico especializado.
- Expresiones idiomáticas con animales.
- Léxico relacionado con el medioambiente.

El componente estratégico
- Adquisición de léxico.
- El uso del diccionario: la búsqueda de expresiones fijas.
- La coherencia y cohesión textual.

Contenidos culturales
- Miguel Delibes.
- Los parques naturales: el Parque Natural de Doñana.
- Famosos por el medioambiente.
- *¿Dónde jugarán los niños?* de Maná.

EL AMBIENTE ESTÁ CARGADO

1 Clasificad los siguientes consejos medioambientales junto al tema al que se refieren. Tened en cuenta que algunos de ellos pueden ir en más de un apartado.

	Agua	Alimentación	Basura	Energía	Transporte	Papel
1 No viajes solo, organiza los traslados en grupo o en transporte público.	☐	☐	☐	☐	☐	☐
2 Utiliza la lavadora y el lavavajillas solo cuando estén completamente llenos.	☐	☐	☐	☐	☐	☐
3 Nunca compres ni comas pescados de tamaño pequeño.	☐	☐	☐	☐	☐	☐
4 Escribe o imprime por las dos caras del papel.	☐	☐	☐	☐	☐	☐
5 Dúchate en lugar de bañarte.	☐	☐	☐	☐	☐	☐
6 No consumas animales en vías de extinción.	☐	☐	☐	☐	☐	☐
7 Utiliza bombillas de bajo consumo.	☐	☐	☐	☐	☐	☐
8 Reutiliza los sobres, cajas, etc.	☐	☐	☐	☐	☐	☐
9 Rechaza los productos con envases desechables.	☐	☐	☐	☐	☐	☐
10 Apaga las luces que no son necesarias.	☐	☐	☐	☐	☐	☐
11 Modera el uso del vehículo particular.	☐	☐	☐	☐	☐	☐
12 Empieza a utilizar la bicicleta en la medida de lo posible.	☐	☐	☐	☐	☐	☐
13 Pregúntate: ¿necesito imprimirlo?	☐	☐	☐	☐	☐	☐
14 Separa las basuras que generas.	☐	☐	☐	☐	☐	☐

1.1. Todos los consejos anteriores hacen referencia a un fenómeno que tiene que ver con el clima y que se ha agravado con los años. ¿Sabéis cómo se llama este fenómeno?

| 1.2. | En el siguiente texto se define el problema y las causas del fenómeno comentado. Léelo y elige el resumen más adecuado al texto. Después da tu opinión, justificándola.

El efecto invernadero es un fenómeno natural que permite la vida en la Tierra. Es causado por una serie de gases que se encuentran en la atmósfera, provocando que parte del calor del sol que nuestro planeta refleja quede atrapado, manteniendo la temperatura media global en +15ºC, favorable a la vida, en lugar de -18ºC, que resultarían nocivos.

Así, durante muchos millones de años, el efecto invernadero natural mantuvo el clima de la Tierra a una temperatura media relativamente estable y permitía que se desarrollase la vida. Los gases invernadero retenían el calor del sol cerca de la superficie de la Tierra, ayudando a la evaporación del agua superficial para formar las nubes, las cuales devuelven el agua a la Tierra, en un ciclo vital que se había mantenido en equilibrio.

Ahora, sin embargo, la concentración de gases en la atmósfera está creciendo rápidamente, como consecuencia de que el mundo quema cantidades cada vez mayores de combustibles fósiles y destruye los bosques y praderas, que de otro modo podrían absorber el dióxido de carbono excedente y favorecer el equilibrio de la temperatura.

Ante ello, la comunidad científica internacional ha alertado de que si el desarrollo mundial, el crecimiento demográfico y el consumo energético basado en los combustibles fósiles siguen aumentando al ritmo actual, antes del año 2050 las concentraciones de dióxido de carbono se habrán duplicado con respecto a las que había antes de la revolución industrial. Esto podría acarrear consecuencias funestas para la vida del planeta. ■

Adaptado de http://sepiensa.org.mx/contenidos/2005/l_calenta/calentamiento_1.htm

Resumen 1

El calentamiento global es un problema medioambiental debido un fenómeno natural conocido como efecto invernadero que propicia el ciclo natural de la vida. La alta concentración de dióxido de carbono producida por el consumo excesivo de energía ha acelerado el proceso de tal modo que el clima se ha visto alterado, aunque aún no se sabe bien si este cambio climático será o no funesto para la vida del planeta.

Resumen 2

El calentamiento global es un problema medioambiental debido un fenómeno provocado por el hombre en la era industrial y que es conocido con el nombre de "efecto invernadero". El dióxido de carbono emitido a la atmósfera es excesivo por lo que no puede reabsorberse, lo que produce el aumento de las temperaturas medias con unas consecuencias, a corto plazo, funestas para la vida en el planeta.

Resumen 3

El calentamiento global es un problema medioambiental debido a un fenómeno natural conocido con el nombre de "efecto invernadero", que propicia el ciclo natural de la vida. La alta concentración de dióxido de carbono producida por el consumo excesivo de energía y la deforestación ha acelerado el proceso, de tal modo que el clima se ha visto alterado. Los científicos alertan de las terribles consecuencias que este fenómeno podrá tener en un corto plazo de tiempo.

| 2 | Volved a leer los consejos medioambientales de la actividad 1. ¿Cuáles de estos consejos seguís vosotros? ¿Cuáles no? ¿Por qué?

| 3 | ¿Qué animal es este? ¿Cuál es su país de origen? ¿Existe algún problema con este animal?

|3.1.| Otro grave problema medioambiental es la extinción de especies debida a la acción humana y a la contaminación. Lee el siguiente texto donde se explica la progresiva desaparición del lince ibérico en España.

A finales del siglo XIX el lince ibérico *(Lynx pardinus)* era un animal abundante en casi todo el país. Sin embargo, a partir de los años 60 su población comenzó a sufrir un declive acelerado. Lo que hasta entonces eran grandes núcleos, que se extendían en algunos casos por áreas de decenas de miles de kilómetros cuadrados, quedaron reducidos a un conjunto de enclaves, que estaban incomunicados entre sí y que, en el mejor de los casos, solo lograban reunir a unos cientos de ejemplares.

La agricultura y las repoblaciones forestales le fueron ganando terreno al matorral, donde este felino habita. El conejo, **que es pieza fundamental en su dieta**, comenzó a escasear, diezmado por las enfermedades y los cambios introducidos en su hábitat. Carreteras, vías férreas y pantanos se convirtieron en peligrosas o insalvables barreras. Y las escopetas, cepos y lazos de algunos desaprensivos, se sumaron también a esta lista de amenazas.

Hoy día, el lince es el felino **que corre un mayor riesgo de desaparición**. En todo el planeta las únicas poblaciones viables de este animal se conservan en Andalucía, estrechamente ligadas a enclaves de monte mediterráneo bien conservado. Su supervivencia depende de un compromiso, individual y colectivo, al que deben sumarse todas las instituciones, todos los ciudadanos. ■

Adaptado de la Consejería de Medioambiente de la Junta de Andalucía.

|3.2.| Define con tus palabras y según el contexto las siguientes palabras. Luego, haz una frase con cada una de ellas para contextualizarlas. Trabaja con tu compañero.

☐ Matorral: *1. m. Terreno inculto, lleno de matas y maleza. 2. Conjunto espeso de matas.*

El otro día, en el campo, no encontrábamos a los niños y resulta que estaban escondidos tras los matorrales.

1 Declive: ....

2 Enclave: ....

3 Repoblación: ....

4 Diezmar: ....

5 Cepo: ....

6 Lazo: ....

7 Desaprensivo: ....

8 Viable: ....

|3.3.| Ahora, busca en el diccionario su significado y compáralo con tu definición. Después, responde a las preguntas que te proponemos.

- ¿Cómo has deducido el significado?

 . . . .

- ¿Qué palabras o frases te han ayudado a deducirlo?

 . . . .

- ¿Hay algunas palabras que hayas podido comprender por conocimientos de tu lengua materna u otra lengua que conoces? ¿Cuáles?

 . . . .

- ¿Hay alguna palabra de la que no hayas podido deducir su significado? ¿Te ha impedido comprender la frase?

 . . . .

Intercultura

|3.4.| ¿Qué otras especies animales conocéis que estén en peligro de extinción? ¿Hay alguna propia de vuestro país?

|4| Fíjate en las frases resaltadas del texto de la actividad 3.1. y, después de leer la información, inclúyelas en su lugar correspondiente dentro del cuadro.

Las oraciones de relativo

- Las oraciones de relativo se utilizan para introducir una información secundaria dentro de la información principal. Los relativos (*que, quien, cual, donde, cuando...*) son las partículas que permiten integrar una oración en otra y, a la vez, relacionarla con el antecedente y evitar la repetición:
  - *El lince es un animal **que** está en peligro de extinción.*
- Esta información secundaria puede ser de dos tipos: **especificativa** y **explicativa**.
  - En las oraciones de relativo **especificativas** el hablante introduce una información que permite **identificar** el elemento referido o bien distinguirlo entre otros de su grupo:
    - *Se ruega a los alumnos que tienen examen que pasen al aula.* → solo los alumnos que tienen examen, los otros no.
    - ______________________________
  - En las oraciones de relativo **explicativas** el hablante **añade** una información más sobre el sustantivo al que nos referimos, que es complementaria a la ya dada:
    - *Se ruega a los alumnos, **que tienen examen**, que pasen al aula.* → todos los alumnos.
    - ______________________________

    En la lengua oral las oraciones explicativas llevan una pausa antes y después de su enunciación. Esta entonación independiente se refleja en la lengua escrita mediante comas.

|4.1.| Escribe una oración de relativo relacionada con las fotografías de la actividad 3.4.

|4.2.| Leed vuestra frase en voz alta. Los compañeros tienen que adivinar a qué fotografía os referís.

>| 5 | Aquí te proporcionamos unos títulos para el siguiente cuadro de reflexión. Léelo, elige el título adecuado y escribe en cada explicación un ejemplo. Trabaja con tu compañero.

- Hablar de la viabilidad o no de un proyecto.
- Hablar de las habilidades para hacer algo específico.
- Hablar de la existencia o no de algo o de alguien.
- Hablar de la disponibilidad para hacer algo específico.

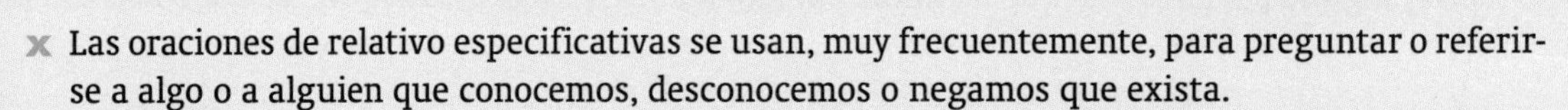

- Las oraciones de relativo especificativas se usan, muy frecuentemente, para preguntar o referirse a algo o a alguien que conocemos, desconocemos o negamos que exista.
  - Cuando nos referimos a algo o a alguien que conocemos o suponemos que existe, se utiliza el modo indicativo:
    - *Ayer vi a la profesora que te **dio** clases de Matemáticas.*
    - *¿Conoces a esa cantante que **baila** imitando la danza del vientre?*
    -
  - Cuando nos referimos a algo o a alguien que no existe, suponemos que no existe o desconocemos, se utiliza el modo subjuntivo:
    - *No vi a nadie que se **pareciera** a ti.*
    - *¿Hay algún restaurante en Madrid que **esté** especializado en arroces?*
    - *No hay nada que **podamos** hacer, ¿verdad?*
    -

  En este caso, se usan los determinantes *algo, alguien, algún, alguna, nada, nadie, ningún, ninguna.*

>| 6 | Ya sabemos que, en todos los países, existen animales en peligro de extinción. Estas son algunas de las causas que dan lugar a este grave problema ecológico.

1. Destrucción de sus hábitats por incendios, tala de bosques, agricultura intensiva, desecaciones de ciénagas y lagunas naturales...
2. Caza ilegal y sobreexplotación ganadera.
3. Introducción de especies exóticas.
4. Captura de animales salvajes.
5. Introducción de enfermedades.
6. Contaminación.
7. Cambio climático.

| 6.1. | ¿Qué leyes deberíamos tener para acabar con este desastre medioambiental? Escribid un manifiesto siguiendo el modelo del ejemplo. Tened en cuenta las oraciones de relativo que habéis estudiado en este apartado.

1. Necesitamos crear unos espacios que estén completamente protegidos, en los que las especies en peligro de extinción recuperen su hábitat natural, con acceso restringido para el ser humano.

ERES UN RATÓN DE BIBLIOTECA

| 1 | |22| Escucha la siguiente audición donde encontrarás expresiones fijas que contienen nombres de animales. Completa el cuadro con la expresión, el nombre y la característica del animal a la que se refiere dicha expresión.

Expresión	Nombre y características del animal
| 1 | *Ser un zorro.*	*Zorro, astucia.*
| 2 |	
| 3 |	
| 4 |	
| 5 |	
| 6 |	
| 7 |	
| 8 |	
| 9 |	

| 1.1. | ¿Cómo puedes buscar el significado de estas expresiones fijas en el diccionario? Discute con tu compañero cuál es el mejor método para hacerlo.

| 1.2. | Lee el siguiente texto y busca las expresiones anteriores en el diccionario siguiendo las indicaciones que da.

Para buscar expresiones fijas en el diccionario hay que seguir las siguientes recomendaciones:

- La expresión debe buscarse en la primera palabra de la frase perteneciente, por orden de preferencia, a las categorías de sustantivo, verbo, adjetivo, pronombre y adverbio, exceptuándose en el caso del sustantivo las palabras *persona* y *cosa* y en el de los verbos, los que actúan como auxiliares. Así pues, expresiones fijas como *cabello de ángel* debe ser buscada en *cabello* y no en *ángel*; *a ojos vista*, en *ojos*; *cantarlas claras*, en *cantar*; *poner pies en polvorosa*, en *pie*, etc.
- Cuando se registran varias expresiones fijas, estas aparecen ordenadas entre sí alfabéticamente.
- Las expresiones relacionadas con un sustantivo están divididas en dos grupos: en primer lugar aparecen las locuciones sustantivas (sustantivo y un adjetivo o complemento) ordenadas entre sí alfabéticamente. A continuación, aparecen las demás frases hechas, también en orden alfabético. Así pues, bajo la entrada *piel*, aparecerán antes locuciones como *piel de gallina* y *piel de seda* que la expresión *dejarse la piel*.

Adaptado de http://cvc.cervantes.es/actcult/mmoliner/diccionario/manejo.htm

Expresión fija	Significado
| 1 | *Ser un zorro.*	*Hombre muy taimado y astuto.*
| 2 |	
| 3 |	
| 4 |	
| 5 |	
| 6 |	
| 7 |	
| 8 |	
| 9 |	

>| 2 | ¿Hay expresiones similares a estas en vuestra lengua? ¿Significan lo mismo?

| 2.1. | Piensa en un animal que te guste, analiza sus características e inventa una expresión fija que se refiera o tenga relación con alguna del ser humano. Luego, contextualízalas en un diálogo. Trabaja con tu compañero.

| 2.2. | Escuchad los diálogos que han preparado vuestros compañeros. ¿Qué quieren decir las expresiones que han inventado? ¿Cuál os parece más original? ¿Y la más graciosa?

TODOS DEBEMOS ACTUAR

>| 1 | Fijaos en esta lista de personajes famosos. ¿A qué se dedican? ¿Qué creéis que tienen en común?

1. Salma Hayek
2. Al Gore
3. Bono
4. Adolfo Domínguez
5. Leonardo DiCaprio
6. Sting

| 1.1. | ¿Quién hace qué? Relaciona estas acciones con cada uno de los personajes anteriores. Luego, relaciona a cada uno de ellos con el problema medioambiental contra el que luchan.

A> 5

Ha comprado una casa **que** cuenta con su propio sistema de tratamiento de aguas y de filtrado de aire. Además dispone de paneles solares rotativos que le permiten abastecerse de energía y ha sido decorada con pinturas **cuyos componentes** son no contaminantes.

B>

El diseñador ha presentado la *Política de Bienestar Animal* de su empresa, **con la que** pretende comprometerse con el medioambiente, rechazando el uso de pieles con pelo auténticas o de animales exóticos y la utilización de cuero en sus prendas de ropa.

C>

Gran defensor del medioambiente, tras visitar el Amazonas en el año 1989, creó su propia fundación ecologista, Rainforest Foundation, **desde la que** emprende acciones destinadas a defender las selvas y las poblaciones indígenas.

D> 1

Esta actriz es **quien** ha prestado su voz para la versión en castellano del documental *Home*, un documental **en el cual** se intenta sensibilizar a la opinión pública sobre el estado del planeta y hacer que sus habitantes cambien su modo de vida adoptando un comportamiento más respetuoso con el medioambiente.

E> 2

El exvicepresidente de Estados Unidos y Premio Nobel de la Paz en el año 2007 por su dedicación a la lucha contra el calentamiento global protagoniza el documental *Una verdad incómoda* donde se realiza un análisis científico sobre las causas del cambio climático y las consecuencias que tendrá para el mundo.

F> 3

Este famoso cantante es un activista político y defensor de los derechos humanos y del medioambiente. **Los que** hayan asistido a sus conciertos y campañas benéficas conocen su lucha para concienciar a la gente de la forma **en la que** se deteriora gradualmente y cada vez más rápido el planeta y las personas que lo habitan.

| 1.2. | Fíjate en las palabras destacadas de los textos anteriores. Son pronombres relativos. En el siguiente cuadro se explica su uso. Completa los espacios en blanco con los ejemplos de los textos.

Pronombres relativos

QUE

- ***Que*** es el pronombre relativo más usado:
  -
- **Va precedido del artículo** correspondiente al sustantivo que sustituye (*el/la/los/las que*) en los siguientes casos:
  - Cuando **no hay un antecedente expreso** porque se sobreentiende por el contexto:
    - ***Los que*** *leen, saben más.*
    -
  - Después de **preposición**:
    - *No sé la razón* ***por la que*** *ha venido.*
    -
    -
    -
- ***Lo que*** se usa cuando el antecedente es un concepto, idea o sustituye a toda una oración:
  - ***Lo que*** *te dije ayer es verdad.*

QUIEN/QUIENES

- ***Quien/quienes*** se refiere solo a **personas** y nunca lleva artículo ya que remite a un antecedente concreto. Su uso es más frecuente en registros cultos. Equivale a *el/la/los/las que*:
  - *Pablo es* ***quien/el que*** *tiene más posibilidades de ganar la plaza vacante.*
  -
- Es posible también encontrar oraciones con *quien* sin un antecedente concreto. Esto ocurre cuando el hablante se refiere a una persona desconocida o conocida pero no especificada:
  - ***Quien*** *quiera decirme algo, que lo haga ahora, por favor.*
  - *No deberías hacer caso de* ***quienes*** *te aconsejan tan mal.*

EL/LA/LO CUAL, LOS/LAS CUALES

- ***Cual/cuales*** debe ir siempre con artículo determinado, siempre lleva un antecedente expreso y puede ir acompañado de preposición. Su uso es formal, mucho menos frecuente que el pronombre relativo ***que***:
  - *Ana hizo una pausa, tras* ***la cual*** *continuó con su historia.*
  - *Hay otras razones por* ***las cuales*** *la gente realiza acciones solidarias.*
  -
- ***Lo cual*** se usa cuando el antecedente es una oración:
  - *Otra vez has metido la pata,* ***lo cual*** *me traerá muchos problemas.*
  - *Debes saber transmitir seguridad,* ***lo cual*** *es muy difícil.*

CUYO, CUYA, CUYOS, CUYAS

- ***Cuyo, cuya, cuyos, cuyas*** sustituye a *de* + sustantivo. Va entre dos sustantivos y concuerda con el segundo en género y número. No va precedido nunca de ningún artículo, pero sí puede ir precedido de preposición. Expresa una relación de posesión con el nombre expresado anteriormente. Se usa en registros cuidados y cultos:
  - *Nos habló de un familiar,* ***de cuya*** *existencia nunca habíamos tenido noticia.*
  -

| 1.3. | Aquí tienes la noticia ampliada que habla de las acciones que lleva a cabo Adolfo Domínguez en su lucha a favor del medioambiente. Completa el texto con los pronombres relativos adecuados.

Adolfo Domínguez nació en 1950 en Trives, Orense. A mediados de los 70 comienza la labor que le haría rico y famoso: el diseño de moda. En los años 80 su lema 'la arruga es bella' y su ropa le convirtieron en el modisto más famoso de España.

Conocido internacionalmente, su estilo es urbano, funcional, casual y eminentemente cómodo, haciendo uso de tejidos sueltos y naturales.

Domínguez rechaza el uso de pieles auténticas en sus diseños

El diseñador Adolfo Domínguez ha presentado la Política de Bienestar Animal de su empresa, con la que pretende comprometerse con el medioambiente, rechazando el uso de pieles con pelo auténticas o de animales exóticos y la utilización de cuero en sus prendas de ropa, y establece un plazo para agotar existencias de prendas (1) ______ ya han sido fabricadas empleando este tipo de pieles.

El documento también indica que no aceptará lana merino (2) ______ obtención se haya producido mediante mutilaciones o acciones violentas y eliminará de sus diseños el plumón o pluma procedente de aves vivas o no criadas para alimentación, puesto que "su obtención en estos casos se considera maltrato".

De esta forma, la firma pedirá a los fabricantes el cumplimiento de las normas expuestas, así como un documento oficial (3) ______ certifique las condiciones (4) ______ se ha creado el producto. En cuanto a la línea de complementos, se reclamará a los proveedores que el cuero utilizado sea un subproducto de animales criados para alimentación.

La responsable de impulsar estas medidas ha sido la directora del departamento de Responsabilidad Social Corporativa, Tiziana Domínguez, hija del diseñador, (5) ______ ha explicado que "si se puede imitar la piel, usarla ya no tiene sentido" y ha insistido en que "la estética es un argumento obsoleto".

Esta iniciativa cuenta con el apoyo de la Asociación Nacional para la Defensa de los Animales (ANDA), y ha sido alabada por la asociación norteamericana People for the Ethical Treatment of Animals (PETA).

Esta medida sigue la línea de actividades de Adolfo Domínguez (6) ______ se compromete a mejorar su relación con el medioambiente, como el lanzamiento del Manifiesto Ecologista, la asociación a The Climate Project o la participación del diseñador en el I Encuentro Español de Líderes en Cambio Climático, presidido por el premio nobel Al Gore. ■

Adaptado de http://faada.org/noticia-375/

| 1.4. | Compara el resultado de la actividad anterior con tu compañero y repasa el texto para decidir si alguno de los pronombres relativos que has escrito se puede sustituir por otro que también sea correcto.

>| 2 | Además de los pronombres relativos que has visto, existen los adverbios relativos *donde*, *cuando*, *como* y *cuanto*. Relaciona los elementos de las dos primeras columnas para conocer su uso. Después, clasifica los siguientes ejemplos junto a su uso correspondiente.

1. *La mañana en que le dieron el Premio Nobel fue el hombre más feliz del mundo.*
2. *Esa casa, en la que viví de pequeña, la vendimos porque estaba en una zona muy contaminada.*
3. *Haz el trabajo sobre el efecto invernadero como te diga la profesora.*
4. *Yo nací en Sevilla, donde está el mayor complejo de energía solar europeo.*
5. *Las tiendas ecológicas a las que voy a comprar protegen el medioambiente.*
6. *El otro día, cuando me viste en la calle, iba a una manifestación ecologista.*
7. *Les daré cuanto tengo. Estoy a favor de estas campañas benéficas.*
8. *Me dijo que se iba a la selva, adonde iba a trabajar con la población indígena.*

CONTINÚA »

Adverbios relativos

Adverbio relativo		Usos	Ejemplos
1. Cuanto	a.	• Se usa cuando el antecedente es un lugar y equivale a *en que* o en *el/la/los/las que, cual/cuales*. • Si se indica el desplazamiento a un lugar, la oración de relativo se introduce con *adonde* o *al/a la/a los/a las que, cual/cuales*. • Si el antecedente es un nombre propio, solo se puede usar *donde* o *adonde*.	
2. Como	b.	• Se usa cuando el antecedente es temporal y casi siempre aparece en oraciones de relativo explicativas. • Cuando aparece en oraciones especificativas, se usa *en que*.	
3. Donde	c.	• Expresa modo y puede sustituirse por *de la manera/modo/forma que*.	
4. Cuando	d.	• Expresa cantidad y equivale a *lo que* o a *todo lo que*.	

3 Los pronombres y adverbios relativos son uno de los procedimientos lingüísticos que se usan en la lengua con el fin de evitar repeticiones innecesarias que confundan al receptor. Con este y otros elementos, los textos adquieren cohesión. Transformad la fábula de manera que resulte un texto bien cohesionado. Antes, leed el cuadro de información.

La cohesión textual

- La **cohesión** es la propiedad de los textos que permite percibirlos como una unidad organizada. Los procedimientos lingüísticos que permiten que las diferentes frases estén bien cohesionadas son, entre otros:
  - El uso de **conectores** (conjunciones, adverbios, preposiciones), que son palabras o locuciones que vinculan un enunciado a otro elemento y ayudan al receptor a inferir el sentido del texto a partir de los dos elementos relacionados.
  - El empleo de **sinónimos**, **antónimos**, **campos semánticos** y otros procedimientos léxico-semánticos que permiten establecer un lenguaje rico en matices, a la vez que evitan la repetición.
  - El uso de **pronombres** que anuncian o recogen parte del discurso, ayudando a deshacer la ambigüedad y a agilizar el discurso.
  - La utilización adecuada de los diferentes **modos y tiempos verbales**.
  - El uso correcto de los **signos de puntuación**.

Fábula: El león y el jabalí

En una época que es el verano, es una época con el calor aumenta la sed, acudieron a beber a una fuente igual un león, y un jabalí. Discutan sobre el león y el jabalí debería ser el primer león o jabalí para beber, y con la discusión pasaron a una lucha grande a muerte. Pero, cuando descansaron vieron una nube de rapaces aves en espera de algún vencido para devorarlo. Es más, recapacitando, dijeron el uno al otro: ¡Más vale que seamos amigos y no pasto de los buitres sino cuervos!

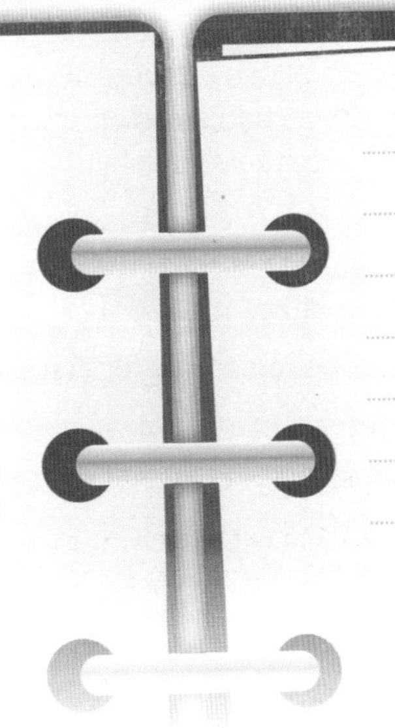

|3.1.| Comparad el texto que habéis reescrito con el original y señalad las diferencias, si las hay.

Fábula: El león y el jabalí

Durante el verano, cuando con el calor aumenta la sed, acudieron a beber a una misma fuente un león y un jabalí. Discutieron sobre quién debería ser el primero en beber, y de la discusión pasaron a una feroz lucha a muerte. Pero, en un momento de descanso, vieron una nube de aves rapaces en espera de algún vencido para devorarlo. Entonces, recapacitando, se dijeron: ¡Más vale que seamos amigos y no pasto de los buitres y cuervos! ■

Fábula de Esopo

|4| ¿Qué pensáis de las acciones llevadas a cabo por personajes relevantes del cine, la política, la música... en pro del medioambiente? Aquí tenéis dos opiniones, ¿con cuál os quedáis? Explicad por qué.

Es evidente que las actividades de los famosos interesan a los medios de comunicación y al gran público. También está claro que las actividades de los famosos en relación con el medioambiente llegan a un público más extenso que si las mismas actividades las llevan a cabo personas menos conocidas y seguidas por los medios.

El famoso se aprovecha de la preocupación social sobre el medioambiente para llegar a más personas: hay actores y cantantes que solo hablan del medioambiente cuando estrenan una película o lanzan un nuevo disco.

|4.1.| Júntate con un compañero que haya expresado opiniones similares a las tuyas. Haced una lista con ellas y redactad un texto justificándolas. Antes de redactar el texto definitivo, organizad las ideas y haced un borrador. Repasad el borrador teniendo en cuenta las pautas que habéis aprendido para conseguir un texto cohesionado. Tened en cuenta también el siguiente cuadro, que se refiere al sentido del texto en su totalidad.

La coherencia textual

- La **coherencia** es un concepto que se refiere al significado del texto en su totalidad. Para que un texto tenga coherencia debe tratar de un mismo asunto y debe ir proporcionando cada vez más datos de acuerdo a un plan o estructura decidida por el autor. La coherencia establece la unidad del texto ateniéndose a cuatro reglas: repetición, progresión, no contradicción y relación. Para conseguir un texto coherente se debe:
  - **Ordenar** las ideas de acuerdo a las reglas de composición de textos: presentación, nudo y desenlace, para que el receptor llegue a la comprensión global del texto y que la intención comunicativa se cumpla.
  - **Delimitar** el hilo conductor que desarrolla el tema.
  - **Determinar** la intención comunicativa (convencer, exponer, describir...).
  - **Adecuar** el lenguaje a la capacidad de comprensión del receptor.
  - **Adecuar** el lenguaje al registro (tratamiento formal o informal, papeles sociales, etc.).

DOÑANA

Cultura

1 Comenta con tu compañero qué te sugieren las siguientes fotografías. ¿De qué lugar se trata?

1.1. Mirad de nuevo la fotografía 3 y eligid, de entre las definiciones que os damos a continuación, la que os parece que describe mejor ese tipo de paisaje.

1. ☐ **Mar** (masc.) Extensión de agua salada que cubre la mayor parte de la corteza terrestre, mayor que un lago y menor que un océano.
2. ☐ **Pantano** (masc.) Hondonada natural donde se estanca el agua y la tierra del fondo es cenagosa.
3. ☐ **Embalse** (masc.) Lugar en que se cierra el paso de las aguas de un río mediante una presa o un muro de contención haciendo así que el agua se estanque.
4. ☐ **Marisma** (fem.) Zona terrestre donde el nivel del terreno es inferior al del mar, cuyas aguas la inundan creando un área pantanosa o de ciénagas saladas.
5. ☐ **Lago** (masc.) Gran extensión de agua, generalmente dulce, acumulada de forma natural en una depresión de la superficie terrestre.

1.2. Contesta las siguientes preguntas, utilizando las fotos como referencia.

1. ¿Cómo definirías brevemente qué es un parque nacional y un parque natural? ....
2. ¿Cuál crees que es el parque nacional y natural más importante de Europa? ....
3. ¿Has oído hablar del Parque Nacional y Natural de Doñana? Di qué sabes de él. ....
4. ¿Dónde está situado exactamente? ....
5. ¿Qué tipo de fauna y flora se puede encontrar en el Parque Nacional y Natural de Doñana? ....
6. ¿Crees que es un lugar habitado por el hombre? ¿Tiene un alto índice demográfico? ....

1.3. |23| Escucha el texto y comprueba tus respuestas. ¿Cuál de las informaciones que proporciona te parece más sorprendente?

> 2 En el siguiente texto, Miguel Delibes, ilustre escritor español, conocido además por su preocupación por la naturaleza, escribió sobre la catástrofe ecológica sufrida en Doñana en el año 1973. Atendiendo a los criterios de coherencia que has aprendido, ordena los párrafos del texto. Después, di qué parte corresponde a la presentación, al nudo y al desenlace.

A 1 Creo que todavía no hace tres meses que emborroné las cuartillas que anteceden a cuenta del Coto de Doñana. Entonces me preocupaba que una reserva de vida natural como esta estuviese a punto de ser encorsetada por una urbanización y una autopista [...] Pero el caso es que se presenta en Doñana un nuevo problema que viene a demostrar que en la segunda mitad del siglo XX, hablar de reservas naturales es pura quimera, supuesto que la mano del hombre, sus ingenios y combinaciones químicas, alcanzan a todas partes. Quiero decir que a Doñana ha llegado el veneno de los pesticidas, no se sabe si por aire o por el Guadalquivir, y ha liquidado en ocho o diez semanas 30 000 o 40 000 patos o aves de marisma y una cifra indeterminada de fauna subacuática [...]

B ___ El "prohibido jugar con el fuego" de nuestros padres ha pasado en pocos años a ser una broma ingenua. El fuego es algo conocido, limitado, visible y hasta controlable. Lo arriesgado en nuestros días es jugar con la química, soltar aquí o allá, en campos cultivados o yermos, pesticidas clorados, organofosfatos o isótopos radiactivos; hablando en plata, veneno.

C ___ El hombre, en su avidez de progreso, ha puesto en marcha una serie de cosas cuyo envés desconoce. A estas alturas es difícil que las fuerzas que ha desatado pueda, llegado el caso, volver a atarlas. Pasear por las marismas de Doñana durante estos días nos lleva a este convencimiento. Existe concretamente una zona en el Cuartel de Las Nuevas, al este de Isla Mayor (una extensión de marisma de cinco kilómetros de longitud por dos de anchura), que es un gigantesco pudridero de aves.

D ___ Es preciso vigilar y sancionar. Pero no con sanciones simbólicas que se calculan previamente en el presupuesto y hasta son compensadoras, sino con castigos que hagan daño. Resulta incongruente que en una legislación como la nuestra, tan extremadamente dura para los delitos contra la propiedad personal, los delitos contra la Naturaleza, propiedad de todos, queden impunes.

E ___ Con el correr de los días, la catástrofe ecológica de Doñana brinda perfiles más inquietantes. Al parecer, varios perros que han ingerido aves contaminadas han muerto. En la estación ecológica de Doñana se hablaba estos días de la muerte de una piara de cerdos el 2 de septiembre, cuatro días después de que una avioneta sobrevolara la marisma fumigando algo.

Adaptado de Miguel Delibes en "La catástrofe de Doñana", *La naturaleza amenazada*.

Miguel Delibes (Valladolid, 1920-2010) es uno de los grandes referentes de las letras castellanas del siglo XX. El legado literario de Delibes está surcado por el sentimiento amoroso, la desigualdad social y el contraste entre la vida en el medio rural y en la ciudad. Atento al habla de las gentes del campo, su rico y preciso léxico es considerado como uno de los últimos reductos del español de Castilla, aunque el novelista introdujo importantes innovaciones formales.

Delibes comenzó una prolífica carrera como escritor tras lograr el Premio Nadal por su primera novela *La sombra del ciprés es alargada*. Siempre compaginó su faceta de escritor con el periodismo (fue director de *El Norte de Castilla* entre 1958 y 1963).

La obra de Delibes está teñida de datos y experiencias autobiográficas. En *Señora de rojo sobre fondo gris* (1991), el escritor revisita la muerte de su esposa, ocurrida en 1974, cuando esta tenía 50 años. Ese hecho marcó la trayectoria creativa de Delibes, un hombre muy apegado al concepto tradicional de familia.

Es autor de unas sesenta obras, entre novelas, libros de viajes y diarios. Ha sido acreedor de las distinciones más importantes de las letras hispanas y varias veces candidato al Nobel de Literatura. En 1973 ingresó en la Real Academia Española; en 1982 ganó el Premio Príncipe de Asturias de las Letras y en 1993 el Premio Cervantes. ■

Adaptado de elpais.com.

>| 3 | El grupo mexicano de rock Maná está muy implicado en la lucha en pro del medioambiente y otras causas humanitarias. Ordena las estrofas de esta canción.

¿DÓNDE JUGARÁN LOS NIÑOS? (1992)

A ☐ El tiempo pasó y nuestro viejo ya murió
y hoy me pregunté después de tanta destrucción:
¿Dónde diablos jugarán los pobres niños?
¡Ay, ay, ay! En dónde jugarán.
Se está pudriendo el mundo, ya no hay lugar.

B ☐ La tierra está a punto de partirse en dos.
El cielo ya se ha roto, ya se ha roto el llanto gris.
La mar vomita ríos de aceite sin cesar.
y hoy me pregunté después de tanta destrucción:
¿Dónde diablos jugarán los pobres niños?
¡Ay, ay, ay! En dónde jugarán.
Se está pudriendo el mundo, ya no hay lugar.
¿Dónde diablos jugarán los pobres nenes?
¡Ay, ay, ay! En dónde jugarán.
Se está partiendo el mundo, ya no hay lugar.

C ☐ Cuenta el abuelo que, de niño, él jugó
entre árboles y risas y alcatraces de color.
Recuerda un río transparente y sin olor,
donde abundaban peces, no sufrían ni un dolor.

D ☐ Cuenta el abuelo de un cielo muy azul,
en donde voló papalotes que él mismo construyó.

| 3.1. | Escucha y comprueba. | 24 |

| 3.2. | Expresad en una frase el mensaje de la canción. ¿Cuál es su mayor preocupación?

>| 4 | Comparad el texto de Delibes con la letra de la canción de Maná. Encontrad tres ideas que sean similares en ambos textos.

1 ______________________________

2 ______________________________

3 ______________________________

>| 5 | Entre el texto de Delibes y la canción de Maná han transcurrido casi 20 años. Teniendo en cuenta este dato, ¿a qué conclusión se podría llegar con respecto al tema del medioambiente? ¿Os sentís optimistas en cuanto al futuro del mundo? ¿Creéis que se ha solucionado algún problema relacionado con el medioambiente?

8 ¿QUIÉN DIJO QUÉ?

Contenidos funcionales
- Transmitir lo que ha dicho otra persona.
- Interpretar y reproducir palabras ajenas.
- Transmitir informaciones teniendo en cuenta diferentes elementos pragmáticos.
- Justificar y apoyar una opinión con argumentos de peso o de autoridad: citar.

Contenidos gramaticales
- El discurso referido: estilo indirecto.
- Transformaciones gramaticales: pronombres, determinantes, marcadores temporales, modos y tiempos verbales.

Tipos de texto y léxico
- Texto conversacional: la entrevista, la cita.
- Texto argumentativo: el artículo periodístico.
- Texto divulgativo: el concepto del donjuanismo.
- Acepciones del verbo *conquistar*.
- Verbos aglutinadores de significado en el discurso referido.

El componente estratégico
- Elementos introductorios del acto de habla que desaparecen en el discurso referido.
- Elementos expresivos del acto de habla que deben interpretarse en el discurso referido.
- El diccionario de uso: manejo y símbolos.
- Mejora y ampliación del léxico.
- Recursos para elaborar una definición.

Contenidos culturales
- Citas de personajes célebres.
- El donjuanismo.
- Hernán Cortés y la conquista de México.
- Carlos Fuentes.
- Octavio Paz.
- *Vista de Tenochtitlán*, mural de Diego Rivera.

FRASES CÉLEBRES

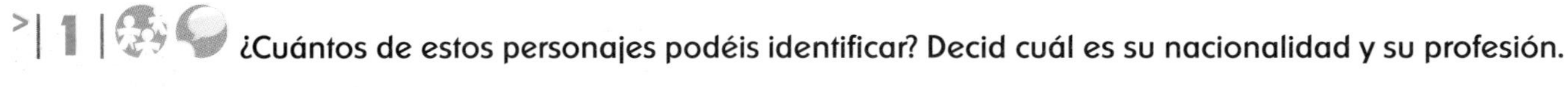

1 ¿Cuántos de estos personajes podéis identificar? Decid cuál es su nacionalidad y su profesión.

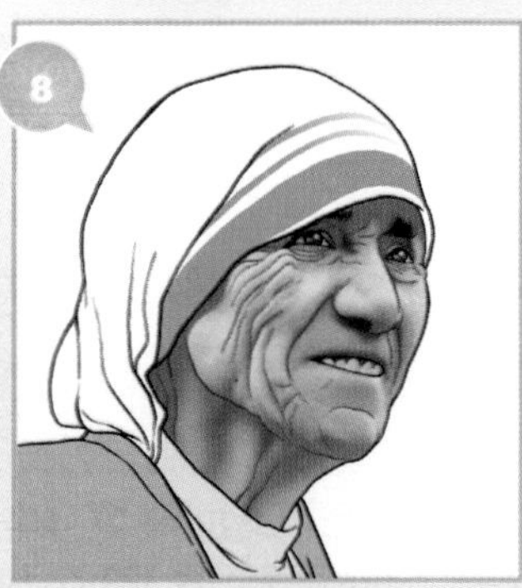

1.1. Poned en común los resultados de la actividad anterior. Si ha quedado algún personaje sin identificar, preguntad a vuestro profesor.

>| 2 | Todos ellos han dicho o escrito cosas que se han convertido en frases célebres. Aquí tienes algunas. Léelas y haz hipótesis con tu compañero sobre quién dijo qué.

frases célebres

1 .... *Poesía es la unión de dos palabras que uno nunca supuso que pudieran juntarse, y que forman algo así como un misterio.*

2 .... *Intenté ahogar mis dolores, pero ellos aprendieron a nadar.*

3 .... *No entiendes realmente algo a menos que seas capaz de explicárselo a tu abuela.*

4 .... *La vida es aquello que te va sucediendo mientras tú te empeñas en hacer otros planes.*

5 .... *La televisión ha hecho maravillas por mi cultura. En cuanto alguien enciende la televisión, voy a la biblioteca y me leo un buen libro.*

6 .... *Un pintor es un hombre que pinta lo que vende. Un artista, en cambio, es un hombre que vende lo que pinta.*

7 .... *A veces sentimos que lo que hacemos es tan solo una gota en el mar, pero el mar sería menos si le faltara una gota.*

8 .... *Yo siempre quise ser Peter Pan, y a base de irresponsabilidad lo estoy consiguiendo.*

| 2.1. | ¿Con qué cita os sentís más identificados? Elegid dos de ellas y explicad qué os sugieren.

>| 3 | Transforma las dos citas que has elegido en estilo indirecto. Sigue el ejemplo y consulta el cuadro si lo necesitas. Para introducir las frases puedes usar, entre otros, los siguientes verbos: *decir, referir, comentar* o *proponer.*

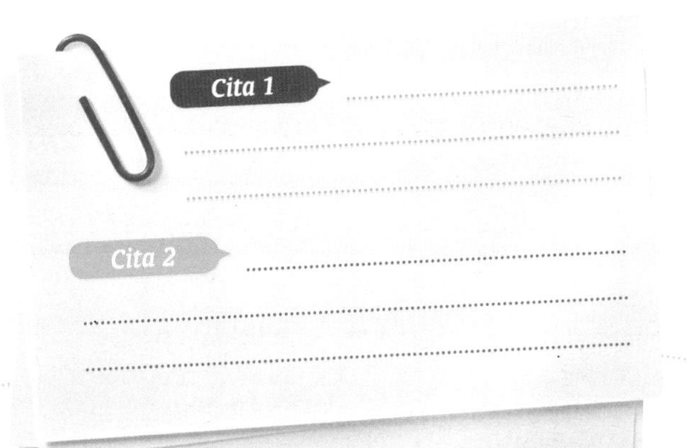

Frida Kahlo dijo una vez que había intentado ahogar sus dolores, pero que ellos habían aprendido a nadar.

El estilo indirecto o discurso referido

- Podemos reproducir las palabras que ha dicho una persona de **manera literal** mediante el estilo **directo**:
  - *Marta me confesó: "Estoy harta de este trabajo".*
  - En la lengua escrita, el estilo directo se refleja encerrando el discurso reproducido entre **comillas**. En la lengua oral, las comillas se representan con un gesto de ambas manos cuyos dedos medios e índices se abren y cierran dos veces simultáneamente (mientras el resto de los dedos se mantienen en forma cerrada).
- Cuando la reproducción **no es literal**, el hablante recurre al estilo **indirecto** o **discurso referido**:
  - *Marta me confesó que estaba harta de ese trabajo.*

CONTINÚA »

El estilo indirecto o discurso referido (cont.)

- El uso del estilo indirecto implica una serie de transformaciones gramaticales que afectan a:
  - los pronombres:
    – *Yo → él/ella; tú → yo; nosotros → ellos/ellas...*
  - los determinantes:
    – *Mi casa → su casa; tu casa → mi casa; esta casa → esa casa...*
  - los marcadores temporales:
    – *Hoy → ese día; anteayer → dos días antes; ahora → entonces...*
  - los tiempos verbales (según el tiempo en el que se sitúa el hablante):
    – *Juan **dice** que **tiene** hambre./Juan **dijo** que **tenía** hambre.*
  - el imperativo que siempre se transforma a subjuntivo:
    – *¡Siéntate! → Me ordena que **me siente** inmediatamente.*
    – *¡Siéntate! → Me ordenó que **me sentara** inmediatamente.*
  - los verbos *ir/venir, llevar/traer* según el lugar donde se encuentra en hablante.

> **4** |25| Vas a escuchar unos fragmentos de una entrevista que concedió Octavio Paz (México, 1914-1998), poeta y ensayista mexicano, en la que habla de su vocación. Toma nota de todo lo que te parezca más relevante teniendo en cuenta que, después, entre todos tendréis que explicar lo que dijo.

4.1. Ahora, resumid la entrevista destacando lo que os ha parecido más relevante, importante, curioso... según vuestra interpretación.

Cambios verbales en el discurso referido en pasado

Tiempo original		Ha dicho/Dijo que
INDICATIVO		
Presente		Pretérito imperfecto
Pretérito indefinido		Pretérito pluscuamperfecto
Pretérito perfecto		
Futuro imperfecto		Condicional simple
Futuro perfecto		Condicional compuesto
SUBJUNTIVO		
Presente		Pretérito imperfecto
Pretérito imperfecto		Pretérito imperfecto/pluscuamperfecto
Pretérito perfecto		Pretérito pluscuamperfecto
IMPERATIVO		
En presente	→	Presente de subjuntivo
En pasado	→	Imperfecto de subjuntivo

> **5** Tienes una amiga que es una admiradora de Octavio Paz y que no ha escuchado la entrevista. Así que le pasas un correo para hacerle un resumen del contenido en estilo indirecto pero resaltando, de manera literal, algunas frases que te han gustado.

¡QUÉ COTILLA!

>| 1 | Analiza estas frases y relaciónalas con la intención comunicativa del hablante.

A El cantante David Bisbal dice llevar muy bien la fama:
"Me gusta el contacto con la gente, me da fuerza y motivación".

B Me sorprende mucho que el otro día la ex del torero El Cordobés, cuando le preguntaron sobre su supuesta relación con un tenista, dijera que solo se habían visto pero que no era su novio. ¡Si salen fotos de ellos en todas las revistas!

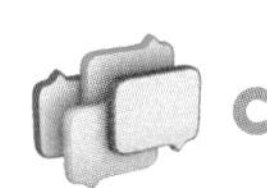

C Joaquín Sabina dijo una vez que siempre había querido ser Peter Pan y que a base de irresponsabilidad lo estaba consiguiendo.

1 ☐ El hablante transmite las palabras interpretándolas.

2 ☐ El hablante transmite las palabras objetivamente.

3 ☐ El hablante reproduce literalmente las palabras.

| 1.1. | Lee el cuadro y elige cuál de las frases anteriores corresponde a la explicación dada. Señala qué elementos lingüísticos te han ayudado a hacer la elección.

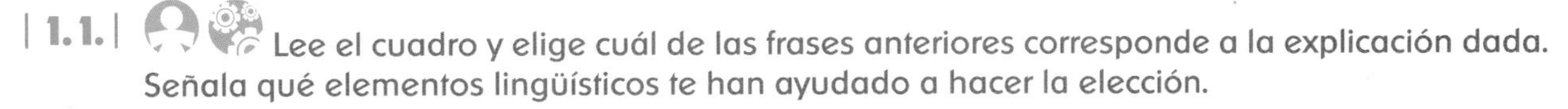

- El hecho de transmitir palabras ajenas implica una **interpretación** por parte de aquel que va a transmitirlas: el hablante tiene una tendencia natural a introducir su parecer en esas palabras ajenas que transmite, de ahí que a la hora de hablar del discurso referido entremos en el ámbito de la **subjetividad**.
- Además de las transformaciones gramaticales que hay que aplicar, el hablante tiene en cuenta inconscientemente otros elementos de la comunicación como **quién** es el interlocutor al que transmite la información, si se encuentra o no en un **ámbito** formal, si la transmisión es **escrita** u **oral**, si esa información que va a transmitir le afecta o no personalmente, etc.
- Además hay que tener en cuenta que:
  - En el discurso referido **desaparecen elementos expresivos** que, muchos de ellos, deben ser interpretados a la hora de trasladarlos al discurso referido. Normalmente, forman parte de la expresión de sentimientos e indican sorpresa o admiración: *¡¿Ah, sí?! ¿Y eso?*
  - También hay **elementos introductorios** del acto de habla como: *pues ya ves, claro, a ver, ¡huy!, de verdad, bueno, resulta que…* que tienen su función en el mismo momento del discurso, pero que pierden su valor al ser referido y no deben aparecer en el discurso.
  - En las interacciones se expresan sentimientos que se recogen en el discurso referido mediante **verbos que aglutinan el significado** del mensaje (verbos aglutinadores):
    – *"¿Ah? ¿Sí? ¡Qué buena noticia!".* → *Lucía se alegró muchísimo.*

>| 2 | Escucha estos diálogos ocurridos ayer y marca qué discurso referido te parece el adecuado. Explica las razones de tu elección.
|26|

Diálogo 1

○ a. Samuel le dijo a Nicolás que Esther y Jorge habían cortado y Nicolás se sorprendió muchísimo porque creía que se querían un montón. También le preguntó las razones de la ruptura. Samuel le dijo que eran cosas que pasaban.

○ b. Samuel le dijo a Nicolás que Esther y Jorge habían cortado. Y... Nicolás se quedó muy sorprendido.

CONTINÚA

Diálogo 2

- ○ a. Rocío le reprochó a Alberto que siempre se olvidara la cartera en casa y Alberto, que se molestó por el reproche, se defendió diciendo que, de todas formas, ella siempre quería pagar.
- ○ b. Rocío le dijo a Alberto que siempre hacía lo mismo, que se olvidaba la cartera en casa y Alberto le dijo que bueno, que le dejara en paz y que al final ella siempre quería pagar y que ya estaba.

Diálogo 3

- ○ a. El novio se impacientó y le dijo que si se iban, pero a ella le pareció un poco pronto.
- ○ b. El novio le preguntó si se iban ya y ella le preguntó que si en ese momento y le dijo que eran solamente las seis.

| 2.1. | Analizad la transcripción de la audición anterior y completad los cuadros clasificando los elementos en su lugar correspondiente.

1 Dos amigos que se encuentran en un bar y hablan de un amigo común; hay un tercero que les está escuchando:

Samuel *Oye, Nicolás, sabes lo de Esther y Jorge, ¿no?*

Nicolás *No, ¿qué pasa?*

Samuel *Pues que han cortado.*

Nicolás *¡Ah, sí!? ¿Y eso? Si se querían un montón.*

Samuel *Pues, ya ves... Nicolás, cosas que pasan...*

2 Una pareja en un bar a la hora de pagar:

Rocío *Yo es que alucino, ¡siempre haces lo mismo, te olvidas la cartera en casa!*

Alberto *¡Bueno, tía! ¡Déjame en paz!; además, si al final tú siempre quieres pagar, ¿no? Pues ya está.*

3 Unos novios en una tienda:

Novio *Oye, ¿nos vamos ya? Es que...*

Novia *¿Ahora? Jobar, son solamente las seis.*

Elementos introductorios del acto de habla	Elementos expresivos

| 2.2. | Volved a leer los textos de la actividad 2 y haced una relación de todos los verbos aglutinadores que encontréis.

Verbos aglutinadores →

Grupo cooperativo

> 3 | 27 | Sin querer, has escuchado una conversación un tanto comprometida. Te pedimos que a partir de lo que has oído nos cuentes qué impresión tienes de la vida amorosa de Juan.

3.1. Como vemos, es difícil ser objetivo a la hora de contar lo que hemos oído o leído, y si entramos dentro del ámbito de las relaciones personales, mucho más. En este terreno, en muchas ocasiones, se debe tener mucho tacto. Si llegan a nuestros oídos informaciones delicadas, entramos en un dilema: ¿sois de los que aplican la expresión de "no tener pelos en la lengua" o la de "en boca cerrada no entran moscas"? Seguimos con la conversación que hemos oído, imaginad que sois...

A> *La madre/el padre de Sofía* *¿Se lo cuentas o no se lo cuentas a tu hija? ¿Por qué?*

B> *El mejor amigo/a de Sofía* *¿Se lo cuentas o no? ¿Por qué?*

C> *Una ex de Juan y no conoces a Sofía* *¿Se lo cuentas o no? ¿Por qué?*

D> *La jefa de Juan, conoces a Sofía de un par de veces* *¿Se lo cuentas o no? ¿Por qué?*

3.2. De los casos en los que hayáis decidido contárselo, elegid uno. Tenéis la opción de escribir a Sofía un anónimo en el que referiréis la conversación que habéis escuchado, o contársela cara a cara, pero haciendo un pequeño guion por escrito para preparar una situación tan delicada.

....

....

....

....

EL DONJUANISMO

> 1 | Lee la siguiente descripción, y con ayuda del texto, define en una frase al típico donjuán.

Los donjuanes cotidianos se asemejan mucho al de la ficción; son individuos que necesitan seducir todo el tiempo, que aparentemente se enamoran del sujeto amado, pero una vez que lo han conseguido lo abandonan. Ignoran la felicidad, la virtud y la decencia. Consideran válida cualquier arma para conquistar, son los que dicen: en la guerra y en el amor todo vale, ya que los sentimientos hacia la otra persona no son tenidos en cuenta. Solo les interesa el instante de placer, y el triunfo permanente sobre la mujer que someten y el marido o novio que logran engañar. **El escritor mexicano Carlos Fuentes, en su libro *Terra Nostra*, pone en boca de don Juan esta frase:** "Porque ninguna mujer me interesa si no tiene un amante, marido, confesor o Dios al cual pertenezca y si al amarla no mancillo el honor de otro hombre". ■

Un donjuán es... ....

| 1.1. | ¿Qué opináis de la actitud de Juan, el chico del epígrafe anterior? ¿Es un donjuán? ¿Por qué? ¿Crees que solo existen los donjuanes o también hay un donjuanismo femenino? Justificad vuestra respuesta.

>| 2 | **Fíjate en la frase resaltada del texto. ¿Qué función tiene? Elige la opción correcta.**

1. ☐ Reproducir en estilo directo una frase de Carlos Fuentes.
2. ☐ Apoyar la opinión del autor del artículo mediante una cita de autoridad.
3. ☐ Reproducir textualmente el parlamento de un personaje de la novela de Carlos Fuentes.

| 2.1. | Completad el cuadro con las palabras que faltan.

- apuntó
- el parecer
- declaraciones
- convendría
- afirma
- como
- según

Citar

- Cuando se quiere citar a alguien, es decir, nombrar a alguien o repetir palabras de alguien en apoyo o como confirmación de una cosa que se dice, por escrito o de forma oral, se pueden utilizar las siguientes estructuras:

• ***X hace notar*** | *en uno de sus libros* / *en su artículo Y* / *en sus* [1]...................... *al periódico Y* | *que:* + "cita"

• [2]...................... | [3]...................... / *dice/decía* | X: + "cita"

• ***Digno/a de mención es*** | *la opinión* / [4]...................... / *la teoría* | *de X al respecto cuando dice:* + "cita"

• ***No viene mal*** / • [5]...................... | *recordar lo que* | *dijo* / [6]...................... / *sostuvo* | *X:* + "cita"

• ***X sobre Y dice lo siguiente:*** + "cita"

• [7]...................... **X**, + "cita"

• ***X declaró en su momento que:*** + "cita"

| 2.2. | De todos estos elementos, decidid cuáles son propios de la lengua escrita o de una lengua cuidada, propia de discursos o de intervenciones en público y cuáles de la lengua hablada, de situaciones conversacionales informales. Algunas son ambivalentes.

Lengua escrita	*Lengua hablada*

>| 3 |  Lee este artículo y subraya el sinónimo más cercano a cada palabra según el texto.

1 Especie
- a. grupo
- b. categoría
- c. asunto

2 Encandilar
- a. alucinar
- b. seducir
- c. ilusionar

3 Trivial
- a. común
- b. sabido
- c. insignificante

4 Mimados
- a. consentidos
- b. halagados
- c. acariciados

5 Afán
- a. esfuerzo
- b. pretensión
- c. ambición

Así son los donjuanes de hoy

Sentimentalmente inmaduros, egocéntricos, infieles, pero tan seductores y halagadores que te harán sentir como la reina de los mares. Te abandonarán a la primera de cambio, así que plantéatelo: ¿merece la pena caer en sus redes?

El mito de don Juan no muere. Rudos o tiernos, románticos o narcisos, evidentes o no, sigue habiendo donjuanes. Son una especie mutante que sobrevive adaptándose a los tiempos; y lo hacen, eso sí, con mucho arte.

¿Qué rasgos son los que permanecen a través del tiempo y definen a un verdadero donjuán? Son simpáticos e irresistibles. En general, no ocultan sus sentimientos, como hace la mayoría de los hombres, y esa aparente sinceridad resulta irresistible. Pero su único objetivo es seducir y en cuanto lo consiguen, pierden el interés. Saben adular y encandilan a las mujeres, manipulan los sentimientos y precisamente lo que los convierte en auténticos seductores es el hecho de que las mujeres no se den ni cuenta de ello. Necesitan desear intensamente a

una mujer y no conciben el amor cotidiano, lo consideran trivial.

Lo que les apasiona es vencer obstáculos como conquistar a la novia de su mejor amigo, a la íntima amiga de su mujer. Da igual, el caso es transgredir las normas. Utilizan muy bien el arte de la palabra. Saben que las palabras convencen, que el azar ayuda a los atrevidos; por eso son elocuentes y valientes ante las situaciones difíciles. Agudizan el ingenio como nadie. No soportan las lágrimas ni los reproches de una mujer despechada. Evitan el compromiso. Son individuos emocionalmente inmaduros, excesivamente mimados por sus madres. Incapaces de formar una pareja estable, minusvaloran a la mujer. Su afán no es amar, sino sentir. En sus conquistas buscan protección y reafirmación porque, en el fondo, son temerosos y fóbicos. Las mujeres caen rendidas a sus pies, pero también es cierto que son hombres que desilusionan rápido. ■

| 3.1. |  A continuación, tienes unas citas de autoridad. Léelas y reescribe el texto anterior incluyéndolas en el lugar que te parezca más apropiado. Recuerda la información del cuadro de reflexión de 2.1. Trabaja con tu compañero.

Cuando estás exponiendo un texto monográfico o una tesis y tomas algún concepto de un autor reconocido que te sirve para avalar lo que estás afirmando en tu exposición, estás utilizando una **cita de autoridad**.

1 *"Don Juan sigue y seguirá existiendo, por mucho que nuestra alma se haya hecho más compleja y el mundo que nos rodea muestre un gesto distinto".*
Ortega y Gasset, filósofo y pensador

"El objetivo de los donjuanes es conquistar más que amar".
María Chévez, psicoanalista

"Don Juan busca la saciedad. Si abandona a una mujer bella no es, de modo alguno, porque no la desee ya. Una mujer bella es siempre deseable. Pero es que desea a otra, y eso no es lo mismo".
Albert Camus, escritor

4 *"El Don Juan es eso: un hombre que entra en un salón lleno de mujeres y, sin que ni ellas ni nosotros sepamos por qué, porque aparentemente no difiere gran cosa de los demás hombres, y sin que él mismo haga nada por conseguirlo, intranquiliza con solo su presencia a una, a dos o más de aquellas mujeres y las incita al amor".*
Ramón Pérez de Ayala, escritor

5 *"Don Juan sigue viviendo hoy de muchos modos. Algunos rasgos se pueden ver en el maltratador, por ejemplo, y en algunos personajes de alta cuna que aparecen en las revistas del corazón o en programas de televisión. Es gente que ha tenido siempre lo que deseaba, pero a la que le falta la excitación que produce el peligro".*
Fran Perea, actor

6 *"El miedo al compromiso continúa, es algo inherente al donjuanismo. En pareja les es muy complicado mantener una relación de igualdad con el otro, y o bien ejercen el rol de niño, haciendo recaer las normas y el control sobre su pareja, o bien son hiperprotectores".*
Raúl Padilla, terapeuta de pareja

>| 4 | El Centro de Investigaciones Sociológicas ha publicado un trabajo sobre el comportamiento amatorio de los españoles en el que la fidelidad fue considerada el segundo factor determinante a la hora de mantener una relación estable. ¿Te consideras un donjuán o "doñajuana"? Hazle este test a tus compañeros de grupo y decide qué perfil tienen. Deben justificar sus respuestas.

1. ¿Consideras que en la pareja lo más importante es la fidelidad?
   ....
2. ¿Consideras que el amor de verdad requiere fidelidad?
   ....
3. ¿Consideras que el amor eterno y de verdad debe mantenerse a lo largo de toda la convivencia?
   ....
4. ¿Consideras que en una relación de pareja no pasa nada por echar una cana al aire?
   ....
5. ¿Consideras que hay que ser fiel y proclamarlo pero que es muy difícil garantizarlo?
   ....
6. ¿Consideras que para sentirse bien debes ligar y cuanto más mejor?
   ....

7. ¿Sientes envida de los/las donjuanes/"doñajuanas"?
   ....
8. ¿Haces una lista de tus conquistas y se las cuentas a tus amigos o amigas?
   ....
9. ¿Si sientes que no ligas, se produce en ti una gran frustración?
   ....
10. ¿Aunque tienes pareja, se te pasa constantemente por la cabeza ligar?
   ....
11. ¿Con cuál de estos refranes te identificas?
   - ○ *Amor fuerte, dura hasta la muerte.*
   - ○ *Más vale un día de amores, que estudiar un año entre doctores.*
   - ○ *De los amores el nuevo, y de los vinos el viejo.*

¡A POR TODAS!

>| 1 | En los textos anteriores, ha aparecido en varias ocasiones el verbo *conquistar* como sinónimo de *enamorar*. Lee las siguientes citas en las que se incluye el verbo *conquistar* en otras acepciones. Si no entiendes alguna palabra, puedes consultar el diccionario.

Citas:

1. **Aristóteles:** *"Considero más valiente al que conquista sus deseos que al que conquista a sus enemigos, ya que la victoria más dura es la victoria sobre uno mismo".*

2. **Marco Aurelio Almazán:** *"El matrimonio es como la historia de los países coloniales; primero, viene la conquista y luego, se sueña con la independencia".*

3. **Nelson Mandela:** *"No es valiente el que no tiene miedo, sino el que sabe conquistarlo".*

4. **Johannes Gutenberg:** *"La imprenta es un ejército de veintiséis soldados de plomo con el que se puede conquistar el mundo".*

5. **Madame de Staël:** *"La conquista es un azar que depende quizás más de los errores de los vencidos que del genio del vencedor".*

6. **BUDA:** *"Toda conquista engendra odio, puesto que el vencido vive en la miseria. Aquel que se queda en paz, habiendo abandonado cualquier idea de victoria o de derrota, permanece feliz".*

7. **Abdelkébir Khatibi:** *"Puesto que el poder es un compartir continuo, su conquista exige un arte de desapropiación".*

| 1.1. | El profesor os va a asignar una de estas citas a cada uno de vosotros. Argumentadla con vuestras opiniones.

>| 2 | Elabora ahora una definición del verbo *conquistar* con todas sus posibles acepciones, dependiendo de los contextos en los que lo utilices. Compara tu definición con la de tu compañero y sacad una común.

Conquistar:

| 2.1. | ¿Cómo habéis llegado a la definición? ¿Qué recursos habéis empleado? Buscad los ejemplos en vuestra definición.

1. Hemos empleado sinónimos. Ejemplo: ....
2. Hemos usado antónimos. Ejemplo: ....
3. Hemos pensado en los diferentes contextos en los que se puede usar y hemos hecho una generalización. Ejemplo: ....
4. Hemos usado ejemplos para definir. Ejemplo: ....
5. Otras: ....
   Ejemplo: ....

> 3 Fíjate en la definición que ofrece el *Diccionario de uso* de María Moliner, y compara con las definiciones que habéis dado vosotros.

Conquistar 1 tr. Adquirir o conseguir ↘algo con esfuerzo: 'Ha conquistado una buena posición económica a fuerza de trabajo'. **2** Hacerse dueño en la guerra de una ↘plaza, posición o territorio enemigo: 'Conquistaron todo el país en menos de dos meses'. ≃Adueñarse, apoderarse, tomar. **3** Hacerse querer de ↘alguien, embelesar o enamorar a alguien o atraerse la simpatía de alguien: 'Conquista a todos con su simpatía'. ≃Atraer. ⊙Inspirar simpatía, cariño, amor, etc., en ↘alguien. Muy frec. con un pron. reflex. Atraerse, ganarse, granjearse. **4** (inf.) Convencer con palabras amables, caricias, lisonjas, etc., a ↘alguien para que haga cierta cosa: 'Por fin le han conquistado para que vaya con ellos'.

3.1. Como todos los diccionarios, el de María Moliner utiliza una serie de marcas textuales que permiten interpretar las definiciones en profundidad. ¿Puedes completar la tabla de símbolos de este diccionario? Escribe las explicaciones que tienes debajo en su símbolo correspondiente, ayudándote de la definición de *conquistar*.

1. [...] *encierra un elemento opcional.* ....
2. ▯ *introduce notas de uso y conjugación.* ....
3. VERSALITA *destaca la palabra bajo la cual está definida una expresión idiomática.* ....
4. ≃ ....
5. ↘ ....
6. ⊙ ....
7. ' ' ....

a. indica la palabra que representa el objeto directo del verbo que se define.
b. separa subacepciones, es decir, matices distintos de la palabra.
c. introduce sinónimos.
d. se emplea delante y detrás de las palabras o expresiones usadas como ejemplos.

3.2. Comentad cuáles de estos símbolos os parecen más prácticos, necesarios, etc.

> 4 Señala con tu compañero las opiniones que creas acertadas para, después, corregir las que creas erróneas.

El conocimiento de una palabra es un proceso un tanto complejo. Para afirmar que conocemos una palabra debemos:

1. ☐ conocer todos los significados;
2. ☐ tener claros los contextos en los que se puede usar de una forma adecuada;
3. ☐ saber cómo funciona gramaticalmente;
4. ☐ saber pronunciarla;
5. ☐ saber escribirla correctamente;
6. ☐ saber reconocerla cuando la oímos aisladamente o con otras palabras vía oral o vía escrita;
7. ☐ traerla rápido a la mente cuando la necesitamos al hablar o escribir;
8. ☐ poder encontrar instantáneamente su equivalente en nuestra lengua.

4.1. Volved a leer la definición de *conquistar* y después, intentad sustituir este verbo por los sinónimos que creais adecuados.

1. El Real Madrid **conquistó** el título de Liga en la última temporada.
2. Es un donjuán, **conquista** a todas las chicas que se le cruzan en el camino.
3. Le ha costado mucho, pero por fin **ha conquistado** la confianza de su jefe.
4. Los rebeldes **conquistaron** la capital en un día, no tuvieron apenas resistencia.
5. Mira, *tía*, no me intentes **conquistar** con tus palabritas que te conozco, por mucho que me digas, no te pienso dejar mi *buga* y punto.

Buga: coche (coloquial); Tía: chica (coloquial).

4.2. Vamos, ahora, a evaluar las estrategias que usas para mejorar y ampliar el léxico. Después de marcar en el cuadro, compara tus respuestas con las de tu compañero. Elaborad una lista de las estrategias que tenéis en común y consideráis más útiles.

1. ☐ Apuntas la palabra y al lado su traducción.
2. ☐ Apuntas la palabra y tratas de copiar su definición con tus propias palabras.
3. ☐ Apuntas la palabra y vas al diccionario para copiar su definición.
4. ☐ Apuntas las palabras en el cuaderno de clase según van surgiendo.
5. ☐ Apuntas las palabras en fichas, por una cara la palabra y por otra la definición con un ejemplo.
6. ☐ Intentas hacer una frase donde incluyes la palabra, así la retienes mejor.
7. ☐ Intentas memorizar la palabra pensando en otra en tu lengua que fonéticamente se le parece.
8. ☐ La apuntas con sus sinónimos y antónimos.
9. ☐ Organizas las palabras que vas aprendiendo en grupos o familias (según el significado, categoría gramatical, etc.).
10. ☐ Te inventas una historia con ella y otras nuevas.
11. ☐ Tomas nota sobre su uso.
12. ☐ Otras: ....

HERNÁN CORTÉS, OTRO CONQUISTADOR

Cultura

1 Aquí tenéis las semblanzas de tres personajes históricos. ¿Cuál de ellas créeis que pertenece a Hernán Cortés? ¿De quiénes son las otras dos?

☐ **Semblanza 1**

Nació en Génova (Italia) en 1451. Desde muy pequeño sintió afición por la vida marina y, afincado en Portugal, concibió el proyecto de buscar una ruta marítima hacia la China y la India navegando hacia el oeste. En España consiguió el respaldo y el dinero suficiente para emprender su aventura. El 12 de octubre de 1492 llegó a la isla de Guanahaní, a la que bautizó con el nombre de San Salvador.

☐ **Semblanza 2**

Nació en la isla de Córcega en 1769. Siguió la carrera militar con tal éxito que en 1799 dio un golpe de estado y en 1804 se proclamó emperador. Invadió muchos países y obtuvo grandes victorias pero también fracasos como las campañas realizadas en Rusia y España. Murió solo y encarcelado.

☐ **Semblanza 3**

Nació en 1485 en Medellín (España). En 1504, abandonó sus estudios para embarcarse en Sevilla rumbo al Nuevo Mundo. En 1519 conquistó Yucatán y fundó la ciudad de Veracruz. En 1521, después de luchas encarnizadas contra los aztecas y miles de muertos, capturó al último emperador azteca, Cuauhtémoc.

>| 2 | Fijaos en este fresco del pintor Diego Rivera. ¿Qué representa? Haced una descripción detallada de la imagen. Tomad notas.

Describir una imagen

Recuerda: Para describir una imagen (un cuadro, una fotografía, un dibujo...) puedes seguir los siguientes pasos:

Paso 1

- Comienza con una frase que refleje tu primera impresión.
- Descompón la imagen en planos y descríbelos: primer plano, medio plano, fondo; describe también los colores empleados.
- Describe qué hacen las personas, cómo van vestidas, cómo son sus rasgos...

Paso 2

- Describe la escena que se desarrolla: tema, dónde están, qué hacen, qué época se refleja...

Paso 3

- Interpreta la intención del autor.
- Haz una valoración personal de la imagen.

| 2.1. | Haced una puesta en común de vuestras descripciones. Y, ahora, pensad: ¿qué relación creéis que hay entre este mural de Diego Rivera y la figura de Hernán Cortés?

| 2.2. | Con las notas que has tomado y las impresiones que has intercambiado en la puesta en común anterior, escribe un texto (220-250 palabras) describiendo el mural y dando tu valoración personal del mismo.

>| 3 | Lee la siguiente noticia. ¿Estás de acuerdo con el grupo Ciudadanos Anónimos o con el alcalde de Medellín? ¿Crees que el ataque tiene razón de ser más de 500 años después? ¿Por qué?

Atacan la estatua de Hernán Cortés en Medellín (Badajoz)

La ciudad de Medellín está indignada. Este miércoles, la estatua de Hernán Cortés, conquistador de México y ciudadano ilustre de la localidad de Badajoz, ha aparecido manchada de pintura roja. El ataque lo ha reivindicado un grupo llamado Ciudadanos Anónimos que lo justifica por ser un insulto a México.

En unos panfletos tirados a pie de la escultura, dicho grupo critica que el conquistador pise la cabeza de un indio. Sin embargo, el alcalde de Medellín, Antonio Parral, ha condenado el "acto vandálico" y ha criticado su "falta de conocimiento y de documentación histórica" porque el artista no personifica ni representa la cabeza decapitada de un nativo, sino que se trata de dioses o ídolos de la cultura azteca. "No sé si es una ofensa cultural", ha reconocido en declaraciones a ELMUNDO.es, pero "no tiene afán de ofensa" sino de "homenaje a un hijo de esta villa".

Ciudadanos Anónimos califica la escultura como "la glorificación cruel y arrogante del genocidio y un insulto al pueblo de México" y, en un comunicado remitido a Efe, exigen la sustitución de "esta representación fascista de Hernán Cortés por otra, como, por ejemplo, un monumento a todos los caídos en estas invasiones, en la que también se trate con dignidad al pueblo vencido en aquella agresión". ■

Adaptado de http://www.elmundo.es

> | 4 | Como ves, la figura de Hernán Cortés es muy controvertida, incluso en la actualidad. En el siguiente artículo, el escritor mexicano Carlos Fuentes da su opinión sobre esta cuestión. Léelo y contesta las preguntas.

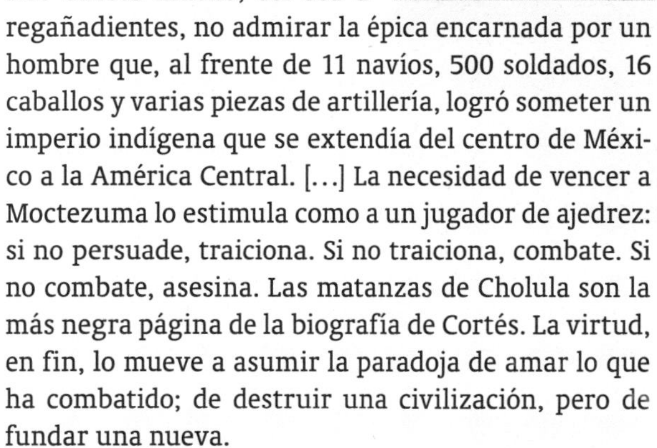

Los mexicanos no hemos escatimado homenajes a nuestra cultura colonial. Los misioneros Gante, Motolinia y Bartolomé de las Casas; los escritores Bernardo de Balbuena y sor Juana Inés de la Cruz; incluso los virreyes de la Nueva España, que cuentan con barrio propio en la Loma de Chapultepec, certifican que México es consciente del proceso histórico y cultural que entre 1519 y 1810 forjó eso que podemos llamar "la nacionalidad" mexicana.

El gran ausente es el conquistador Hernán Cortés. Un palacio en Cuernavaca, un busto y una calle secretos marcan un paso que se diría invisible si no estuviese estigmatizado por las huellas de la sangre, el crimen y la destrucción.

A pesar de todo ello, Hernán Cortés sigue siendo un personaje vivo: la censura no logra matarlo y, acaso, el odio lo vivifica. Cortés es parte de nuestro trauma nacional. Lo execramos porque venció a los indios, destruyó una cultura y demostró sobradamente la violenta crueldad de su carácter. Pero, en el fondo, nos identificamos –criollos y mestizos– con la sociedad indohispana fundada por él. Voy más allá: los mexicanos modernos veneramos a los indios en los museos, donde no nos pueden hacer daño.

Pero al indio de carne y hueso lo despreciamos con crueldad más severa, por engañosa, que la batalla abierta librada por Cortés contra el imperio de Moctezuma. [...]

Nos cuesta mucho, así sea a regañadientes, no admirar la épica encarnada por un hombre que, al frente de 11 navíos, 500 soldados, 16 caballos y varias piezas de artillería, logró someter un imperio indígena que se extendía del centro de México a la América Central. [...] La necesidad de vencer a Moctezuma lo estimula como a un jugador de ajedrez: si no persuade, traiciona. Si no traiciona, combate. Si no combate, asesina. Las matanzas de Cholula son la más negra página de la biografía de Cortés. La virtud, en fin, lo mueve a asumir la paradoja de amar lo que ha combatido; de destruir una civilización, pero de fundar una nueva.

La conquista de México fue una catástrofe. Pero una catástrofe solo es catastrófica, advierte María Zambrano, si de ella no nace nada que la redima. De la conquista de México nacimos todos nosotros, ya no aztecas, ya no españoles, sino indo-hispano-americanos, mestizos. Hablamos castellano. Adaptamos, sincréticamente, la religión católica a nuestro universo sagrado. Nos apropiamos, a través de España, de las costumbres helénicas, latinas, musulmanas y hebreas de la cuenca del Mediterráneo. Somos los que somos porque Hernán Cortés, para bien y para mal, hizo lo que hizo. ■

Adaptado de *Letra Internacional*, 67

1 ¿Crees que la postura que adopta Carlos Fuentes frente a la figura de Hernán Cortés y su relación con México pretende ser objetiva o, por el contrario, es subjetiva? Apoya tu opinión con el texto.

....

....

....

2 En el artículo hay cierto mensaje de autocrítica acerca de la sociedad actual de México. Señálalo en el texto.

....

....

....

3 ¿Cómo definirías su opinión sobre la conquista de México? ¿Es negativa o positiva? Argumenta tu respuesta.

....

....

....

9 DE ENSUEÑO

Contenidos funcionales

- Expresar lo que se considera posible o probable.
- Expresar lo que se considera posible pero lejano.
- Evocar situaciones ficticias.
- Expresar deseos irreales y sensaciones.
- Expresar deseos imposibles o de difícil cumplimiento.

Contenidos gramaticales

- Futuro imperfecto como indicador de probabilidad en el presente.
- Futuro perfecto como indicador de probabilidad en el pasado relacionado con el presente.
- Condicional simple/pretérito imperfecto de indicativo para expresar deseos utópicos, con valor de presente o futuro.
- Condicional simple como indicador de probabilidad en el pasado.
- Expresiones para formular hipótesis.
- Expresiones para formular deseos.

Tipos de texto y léxico

- Texto narrativo: biografía y perfil.
- Texto conversacional: test, entrevista, radio.
- Texto digital: foro sobre el insomnio.
- Campo léxico relacionado con el mundo onírico.
- Acepciones de la palabra *sueño* y su campo léxico.

El componente estratégico

- Pautas para escribir una biografía.
- Reflexión sobre el aprendizaje de la gramática inductiva/deductiva.

Contenidos culturales

- El surrealismo.
- Salvador Dalí.
- Freud.

DIME QUÉ SUEÑAS Y TE DIRÉ CÓMO ERES

1 Lee las siguientes palabras. Todas tienen relación con la palabra *sueño*. Discute con tu compañero por qué.

- onírico
- utopía
- aspiraciones
- cansancio
- hipnosis
- insomnio
- narcolepsia
- pesadilla
- sonambulismo
- surrealismo

2 ¿Qué está pasando? Fijaos en esta imagen y anotad todas las palabras que os sugiera. ¿Tiene relación con alguna de las palabras de la actividad 1?

2.1. ¿A qué campo de la medicina remiten las palabras que habéis anotado?

|2.2.| Lee el texto y comprueba tus hipótesis anteriores.

El psicoanálisis es, a la vez, un conjunto de teorías psicológicas, un método de investigación y un método psicoterapéutico creados por Sigmund Freud.

La primera preocupación de Freud, dentro del campo del psiquismo humano, fue el estudio de la histeria, a través del cual llegó a la conclusión de que los síntomas histéricos dependían de conflictos psíquicos internos reprimidos y el tratamiento de los mismos debía centrarse en que el paciente reprodujera los sucesos traumáticos que habían ocasionado tales conflictos. La técnica utilizada en principio para ello fue la hipnosis.

Más tarde introduce otra técnica de tratamiento: la asociación libre. En las asociaciones libres el paciente expresa sin censuras todo aquello que le viene a la conciencia de forma espontánea.

Posteriormente, incorpora la interpretación de los sueños en el tratamiento psicoanalítico, ya que entiende que el sueño expresa, de forma latente y a través de un lenguaje de símbolos, el conflicto origen del trastorno psíquico. La interpretación de los sueños es una ardua tarea en la que el terapeuta ha de vencer las "resistencias" que llevan al paciente a censurar su trauma, como forma de defensa.

Otro aspecto a tener en cuenta en la terapia psicoanalítica es el análisis de la transferencia, entendida como la actualización de sentimientos, deseos y emociones primitivas e infantiles que el paciente tuvo hacia sus progenitores o figuras más representativas y que ahora pone en el terapeuta. Su análisis permitirá al paciente comprender a qué obedecen dichos sentimientos, deseos y emociones, y reinterpretarlos sin que ocasionen angustia.

Adaptado de http://www.biografiasyvidas.com/monografia/freud/psicoanalisis.htm

>|3| Vamos a realizar una prueba psicoanalítica. Hazle el siguiente test a tu compañero y anota sus respuestas. Después él te lo hará a ti.

1 Te encuentras caminando por el bosque, pero estás solo, ¿con quién te gustaría ir o estar en el bosque?

2 Sigues caminando por el bosque y de pronto ves un animal, ¿qué animal es?, ¿es muy grande?

3 ¿Cómo interactúas con el animal?, es decir, ¿qué pasa entre el animal y tú?

4 Sigues caminando por el bosque y te vas internando cada vez más, hasta que descubres que llegas a un lugar despejado y plano. En ese claro hay una casa, es la casa de tus sueños. ¿Qué tamaño tiene esa casa?

5 ¿La casa tiene reja o algo que la proteja?

6 Después de pensarlo, decides entrar. Exploras la casa, llegas al comedor y enfrente encuentras una mesa para comer. Describe qué ves sobre y alrededor de la mesa.

7 Sales de la casa por la puerta trasera y te das cuenta de que hay una taza tirada en el suelo. ¿De qué material está hecha esa taza? ¿Qué haces con ella?

Adaptado de http://www.ciao.es/Prueba_psicoanalista__Opinion_1188244

| 3.1. | ¿Qué crees que significan, psicológicamente, los siguientes elementos del test? Discute con tu compañero, argumentando tus suposiciones, para llegar a una solución común. Utilizad las siguientes estructuras para expresar hipótesis.

Expresar probabilidad

***Es probable que / Es posible que / Puede que / Puede incluso que* + subjuntivo**

Con estas expresiones, ordenadas de mayor a menor grado de probabilidad, el hablante introduce una hipótesis sobre algo que ha pensado y valorado. La expresión *puede incluso que* expresa una probabilidad que para el hablante es remota pero que aun así se plantea.

1. La persona con la que caminas por el bosque ....
2. El tamaño del animal que ves y la relación que mantienes con él ....
3. El tamaño de la casa de tus sueños ....
4. La reja en la casa ....
5. Los objetos o personas que hay sobre y alrededor de la mesa ....
6. El material de la taza y lo que haces con ella ....

| 3.2. | Comprobad vuestras hipótesis de la actividad anterior. ¿Habéis acertado?

1. La persona con la que te gustaría estar caminando es la persona más importante en tu vida.
2. El tamaño del animal representa la percepción que tienes sobre el tamaño de tus problemas. El grado de interacción que tienes con el animal representa cómo manejas tus problemas, es decir, cómo eres de pasivo o de activo ante un problema.
3. El tamaño de la casa de tus sueños representa tu ambición en la vida.
4. La ausencia de reja en la casa indica que eres una persona muy abierta. La gente para ti es bienvenida a cualquier hora y en todo momento. Por otro lado, la presencia de una reja en la casa indica una personalidad más cerrada.
5. Si en la mesa no has visto comida, gente o flores, entonces no eres una persona feliz.
6. La durabilidad del material del que está hecha la taza representa la forma en que percibes la durabilidad de la relación que mantienes con la persona de la respuesta 1. Lo que hayas decidido hacer con la taza representa tu actitud hacia esa persona.

| 3.3. | Escribe un perfil de la personalidad de tu compañero teniendo en cuenta sus respuestas al test y la interpretación de los elementos del mismo que aparecen en 3.2. Lee antes este cuadro de información.

Hacer un perfil

El perfil es cercano a la biografía, está basado en la combinación de fuentes documentales y testimoniales con datos obtenidos de la persona entrevistada para hacer de él un retrato escrito. Se revelan aspectos íntimos del entrevistado.

....
....
....
....
....
....

| 3.4. | Lee el perfil de personalidad que te ha hecho tu compañero, ¿estás de acuerdo? Si no es así, discútelo.

>| 4 | ¿Crees que estos test son útiles? ¿Tienen base científica y son fiables? ¿Por qué?

SOÑAR DESPIERTO

>| 1 | Algunos personajes famosos han contestado a esta pregunta: "¿Cuál es el gran sueño de su vida que le gustaría cumplir?". Lee sus respuestas y relaciónalas con la persona adecuada. Fíjate en su profesión para hacer la relación. Compara tus resultados con tu compañero. Si no coinciden, justifica tu respuesta.

¿Cuál es el gran sueño de su vida que le gustaría cumplir?

A. Sara Baras, bailaora de flamenco

B. José Antonio Marina, filósofo

C. Antonia San Juan, actriz

D. José María Mendiluce, escritor

E. Luis Cuenca, actor

[ ] 1 **Me habría encantado** ser un *latin lover*, pero no lo he conseguido, ¡y mira que lo he intentado! Unas veces por raro y otras por feo... **Ojalá** una bella mujer me **llevara** de viaje a Venecia a pasar unos días y luego, otra, a París. **Me imagino acompañando** a una mujer maravillosa de hotel en hotel, disfrutando. Creo que **sería** imposible cansarse de llevar esa vida...

[ ] 2 **Quería** ser coreógrafo, inventor de ballets. El baile era para mí la gran experiencia estética. **¡Ojalá lo hubiera conseguido!** Al final, llegué a la conclusión de que pensar era bailar con las ideas. Me emocionaba unificar la belleza, la verdad y la bondad. Lo he intentado y creo que lo he conseguido con mis ensayos. ¡**Ojalá** me lo **reconocieran** algún día!

[ ] 3 Mi sueño es saber todas las lenguas que existen para relacionarme con cualquier persona. **Podría** trabajar en todo el mundo sin que se notara el acento extranjero y sin necesidad de doblajes. **Llegaría** al público y **reflejaría** perfectamente los sentimientos. **Estaría** en todos los teatros y **conocería** gente de muchos países. En realidad, nos perdemos muchas cosas por no manejar otros idiomas. ¡Vamos que, ahora mismo, si pudiera, **me iba** a aprender lenguas a lo largo y ancho de este mundo!

[ ] 4 El gran sueño de mi vida es bailar encima del mar, taconear en el agua. **Me dejaría** llevar por el ruido de las olas. Como escenario **elegiría** una de esas playas del sur, Caños de Meca, por ejemplo. **Me imagino bailando** sobre el mar, vestida de blanco para fundirme con la espuma de las olas.

[ ] 5 **Querría** vivir rodeado de amor. Resulta difícil vivir con odio, **me gustaría que** el círculo de amor **existiera** y que aumentara poco a poco. Para esto, **habría** que consolidar el amor con una persona y, teniendo este punto de partida, salpicar a los demás para intentar abandonar insatisfacciones.

| 1.1. | ¿Alguno de ellos ha cumplido su sueño? ¿Qué tipo de deseo expresan las frases resaltadas?

| 1.2. | Vuelve a analizar esas frases y completa el siguiente cuadro de reflexión.

La expresión del deseo imposible o de difícil cumplimiento

- Con el [1]........................., el hablante sitúa unos deseos y sus consecuencias en un plano irreal. Tales deseos y sus consecuencias son imposibles o de cumplimiento problemático por diversas circunstancias: pertenecen al pasado o/y son utópicos. Cronológicamente, la forma simple remite al presente o futuro o, en algunos casos, puede ser atemporal:
  –
  –
  –
- Existen otros recursos para expresar deseos imposibles o irrealizables con valor de presente o futuro como: *ojalá, me gustaría que* + imperfecto de subjuntivo o la estructura *Me/Te/Le...* + *imagino* + gerundio:
  –
  –
  –
  –
- Cuando el hablante sitúa un deseo en el pasado está transmitiendo al mismo tiempo la imposibilidad de su realización, pues cuando se destaca un deseo que se tuvo hace un tiempo, es generalmente para dar a entender que no se cumplió:
  –
  –
  –
- El deseo expresado por el [2]......................... de indicativo con valor de presente es también irrealizable, pero de modo más leve, en el sentido de que su "no realización" deriva más de las circunstancias del momento presente y no tanto de la dificultad del deseo en sí mismo expresado:
  –

| 1.3. | Imagina que tuvieras que contestar a la misma pregunta: ¿Cuál es el gran sueño de tu vida que te gustaría cumplir? Escribe un texto similar a los que has leído explicando, también, algún deseo incumplido.

Cultura

2 No solo de grandes sueños vive el hombre. Aquí tienes un ejemplo de sueño sencillo, que sustenta la esperanza del protagonista. Es un fragmento adaptado de la novela *Un tranvía en SP* del escritor vasco Unai Elorriaga. Fíjate en la primera frase y ordena los párrafos de manera que tengan coherencia textual.

Un tranvía en SP (iniciales de Shisha Pangma, la montaña cuyo nombre fascina a Lucas, protagonista de la novela, y que se convierte en un tema recurrente en el relato) obtuvo el Premio Nacional de Narrativa 2002.

Pasos que debéis seguir cuando os deis cuenta de que no respiro o de que respiro muy poco:

A ☐ Es casi seguro que, si me muero, se celebre un funeral. Iríais a la iglesia en calzoncillos. Lo que sí me gustaría pediros es que llevaseis diferentes tipos de calzoncillos, aunque solo sea por aportar colorido. Sería conveniente, sin embargo, que también os pusieseis una chaqueta. Y una bufanda, si es invierno o si os duele la garganta.

B ☐ Después de la misa jugaríais un partido de fútbol en la playa.

C ☐ Comprobar si estoy realmente muerto: entraríais a mi habitación de uno en uno, cada cinco minutos, y comprobaríais, nada más entrar, si estoy muerto de verdad. Sería conveniente, a la par que hermoso, que, una vez en la habitación, hicieseis un esfuerzo por quedaros dentro, porque en menos de hora y media nos íbamos a juntar allí más de quince personas, con un agobio en continuo ascenso, pero felices de estar juntos y felices de que nadie hubiera dicho no puedo ir, el trabajo, ya sabes.

D ☐ Al entrar en la iglesia podríais contemplar tres fenómenos: la sorpresa de mis hermanos, la rabia de mi padre y los suspiros de mis tías solteras.

E ☐ Compraríais una tortuga, vistosa y de ojos verdes. Os iríais turnando y la tendríais cada uno una semana en casa, y le daríais de comer espinacas y vainas. Y me maldeciríais sistemáticamente, cada vez que la tortuga dejara huellas de color oscuro en vuestras alfombras. Pasados dos o tres años, podríais venderle la tortuga a algún conocido, en el caso de que no le hayáis cogido cariño para entonces. Y le pondríais de nombre Eulalia o Ambrosio.

F ☐ Después de esta comprobación podrían pasar dos cosas:
Que no esté muerto: tendríais derecho a enfadaros entonces –no mucho, para no despertar sospechas en la familia–, por haber perdido más de una hora en balde. Me diríais alguna barbaridad al oído y os empezaríais a ir a casa o a ir a la calle.

G ☐ Que esté muerto: en ese caso, pasaréis al punto dos con ilusión.

Extraído y adaptado de *Un tranvía en SP*, de Unai Elorriaga

2.1. En la novela dos hermanos de avanzada edad intentan cumplir los últimos sueños que les quedan. A través de las situaciones que os proponemos, cread vuestros propios "pequeños" sueños de difícil cumplimiento.

Despertarte un lunes muy temprano por la mañana:
El desayuno estaría preparado, habría pan de cereales y mermeladas de muchos tipos. Saldría a la calle pero no iría a trabajar porque, justo en el parque de al lado de mi casa, habría un concierto de U2 que sería gratuito... Me imagino escuchando plácidamente la música, sentado tranquilamente en el parque, con un café en la mano...

1. Ir a trabajar: ....
2. Conocer a un/a chico/a muy agradable: ....
3. Comprar un billete de lotería: ....
4. Llamar por teléfono a un/a amigo/a: ....
5. ....

UTOPÍA

1 La palabra *sueño* en español tiene varias acepciones. Según el significado que transmite va asociada a diferentes verbos y expresiones. Clasificad estos verbos y expresiones en la acepción correspondiente, sin consultar el diccionario.

- A Estado del que duerme.
- B Tendencia fisiológica a quedarse dormido.
- C Conjunto de sucesos o escenas mientras se duerme.
- D Cosa en cuya realización se piensa con ilusión o deseo.
- E Preocuparse por algo.

1. en sueños .... ☐
2. caérsele a uno las pestañas .... ☐
3. entrar sueño .... ☐
4. tener sueño .... ☐
5. descabezar un sueño .... ☐
6. sueño dorado .... ☐
7. echarse un sueño .... ☐
8. tener alguien un sueño que no ve .... ☐
9. abrigar el sueño .... ☐
10. dormir a pierna suelta .... ☐
11. pegársele a uno las sábanas .... ☐
12. pasar la noche en blanco .... ☐
13. coger el sueño .... ☐
14. caerse de sueño .... ☐
15. frustrarse .... ☐
16. cerrársele a uno los ojos .... ☐
17. apoderarse .... ☐
18. soñar .... ☐
19. dormir de un tirón .... ☐
20. tener una pesadilla .... ☐
21. quedarse Roque .... ☐
22. cumplirse un sueño .... ☐
23. conciliar el sueño .... ☐
24. realizarse un sueño .... ☐
25. tener un sueño .... ☐
26. quitar el sueño .... ☐
27. no pegar ojo .... ☐

1.1. [28] Ahora, escucha, comprueba tu clasificación y completa lo que te falte.

1.2. Elige la opción más adecuada de entre las anteriores según el contexto.

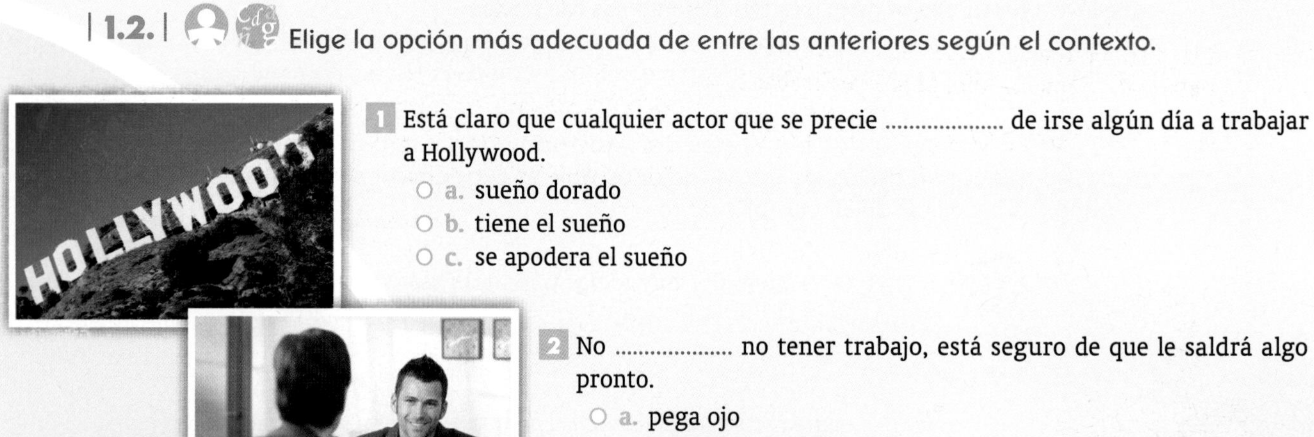

1. Está claro que cualquier actor que se precie .... de irse algún día a trabajar a Hollywood.
   - ○ a. sueño dorado
   - ○ b. tiene el sueño
   - ○ c. se apodera el sueño

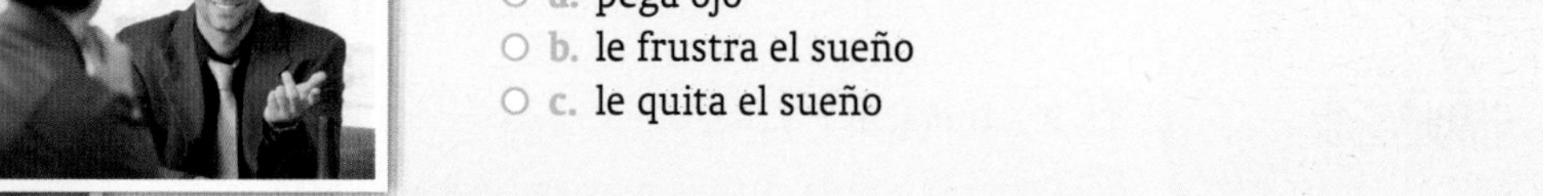

2. No .... no tener trabajo, está seguro de que le saldrá algo pronto.
   - ○ a. pega ojo
   - ○ b. le frustra el sueño
   - ○ c. le quita el sueño

3. La conferencia era tan aburrida y soporífera que ....
   - ○ a. se quedó Roque
   - ○ b. tenía un sueño que no veía
   - ○ c. pasó la noche en blanco

CONTINÚA
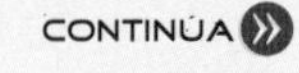

4. Llego tarde, lo siento, es que ....
   - a. se me han caído las pestañas
   - b. he dormido de un tirón.
   - c. se me han pegado las sábanas

5. Mi padre no tiene problemas en .... a cualquier hora y en cualquier sitio. ¡Qué facilidad y qué suerte la suya!
   - a. caerse de sueño
   - b. tener sueño
   - c. conciliar el sueño

6. .... de ser madre y ahora está loca de alegría.
   - a. Se echó un sueño
   - b. Cogió el sueño
   - c. Realizó su sueño

7. ¡Por Dios! ¡No puedo más! Tengo que dormir. Se me ....
   - a. caen las pestañas
   - b. cumple un sueño
   - c. pegan las sábanas

>| 2 | Algunos verbos adquieren sentidos especiales si se combinan con la palabra *sueño*. Busca en el diccionario otras acepciones de estos verbos cuando no van asociados a la palabra *sueño*. Escribe una frase contextualizando estas otras acepciones.

1. Apoderarse: ....
2. Conciliar: ....
3. Pegar: ....
4. Caerse: ....
5. Abrigar: ....
6. Quitar: ....

>| 3 | A continuación, tenéis dos definiciones de la palabra *utopía*. Compáralas y señala si hay alguna diferencia entre ellas.

Utopía ("Ser una utopía") f. Idea o plan muy halagüeño o muy bueno, pero irrealizable.

Diccionario de uso de María Moliner

Utopía o **utopia** (Del gr. ου, no, τοπος, lugar: lugar que no existe) f. Plan, proyecto, doctrina o sistema optimista que aparece como irrealizable en el momento de su formulación.

Diccionario de la lengua española, RAE

| 3.1. | Lee este texto.

"La utopía significa el sueño colectivo y si este sueño no existe, la gente se desmigaja, se encierra en células y se vuelve más egoísta y depredadora. Y aparece el miedo y la insolidaridad. Estás más indefenso, eres menos generoso, más cobarde y, por tanto, más vulnerable. Sin utopías vives a merced de lo que el poder decida imponer en cada momento. Estás en sus manos..."

Joan Manuel Serrat http://dwardmac.pitzer.edu/dward/anarchy/latamanarchism.html

| 3.2. | A partir de este texto y de las definiciones de utopía del diccionario, comentad con qué definición de utopía os quedáis y por qué, cuáles son vuestras utopías, si las tenéis, y si creéis que son necesarias para la sociedad.

DUERMEVELA

1 ¿Qué tal duermes? Pregúntale brevemente a tu compañero sobre la calidad de su sueño (horas que duerme, si prefiere madrugar o trasnochar, si tiene pesadillas, si es sonámbulo, si le gusta dormir con luz o con la persiana hasta abajo...). ¿Qué problemas conoces relacionados con el sueño?

2 Te presentamos un foro en el que diversos anónimos afectados por sufrir alteraciones de sueño narran sus experiencias. Lee el problema que describe uno de los afectados y la respuesta que le dan. Luego, intervén tú en el foro, escribiendo una respuesta.

Anochece de día. Foro del sueño

http://www.anochece.blog.net

ANOCHECE DE DÍA

Un blog para no pasarte la noche en vela

Foro > Alteraciones del sueño

Ojos abiertos dice...

Hace semanas que no soy capaz de dormir más de dos horas seguidas. Me levanto cansadísimo, casi siempre con dolor de cabeza y no consigo concentrarme, hasta el punto de que olvido las cosas más simples. Lo peor es que estoy intratable; paso de un estado anímico a otro sin motivo y mi familia empieza a estar preocupada por esta situación. Seguro que no soy la única persona que ha sufrido algo así, aunque igual no hay nadie que haya pasado a este estado de una manera tan repentina... Me paso el día atontado y seguramente esto está afectando a mis resultados en el trabajo y quizá es por eso por lo que cada vez me siento más nervioso. El pez que se muerde la cola, ¿no? Probablemente me preocupa en demasía molestar a mi mujer con mis ronquidos y desvelos, y tal vez eso me impide dormir a pierna suelta. A lo mejor pierdo el trabajo o me deja mi mujer, ¿me ayudáis?

Sueños sin fronteras responde...

¿Has ido a ver a un especialista? Posiblemente es algo puntual y relacionado con algún tipo de situación vital que te está robando el sueño. Ya te imagino: te acuestas temiendo repetir la misma situación de la noche anterior en la que darías vueltas en la cama sin poder conciliar el sueño. Por la mañana habrás estado arrastrándote por la vida... Debe de ser horrible. ¿No será apnea? Tus síntomas se acercan bastante a ese síndrome. Ve al médico, él te ayudará mejor que ningún comentario. Estoy seguro de que es algo pasajero, ya verás. ¡Ánimo!

.... responde...

....

....

....

....

....

Adaptado de http://foros.euroresidentes.com/viewforum.php?f=4

2.1. Ahora, comentad las respuestas que le habéis dado a "Ojos abiertos". ¿Cuál es la que creéis que le podría ayudar más? ¿Soléis participar en los foros? ¿En cuáles? ¿Por qué y para qué han sido creados los foros? ¿Se utilizan bien? ¿Las intervenciones son fiables? ¿Qué funciones debería cumplir un foro?

>| 3 | El cuadro que te proporcionamos contiene información sobre algunas expresiones de hipótesis que aparecen en los dos textos anteriores. Léelo, reflexiona y busca en los textos las frases en donde aparecen estas expresiones. Explica por el contexto cuál es la intención del hablante y el grado de probabilidad que transmite.

La expresión de la hipótesis según la intención del hablante y su grado de probabilidad

- ***A lo mejor, igual*** **+ indicativo**
  - El hablante introduce una hipótesis nueva que se le ocurre en el momento de su formulación. El grado de probabilidad es bajo, a veces, remoto:

  –

  –

- ***Quizá, tal vez*** (formal), ***posiblemente, probablemente, seguramente*** **+ indicativo o subjuntivo**
  - El hablante introduce una información que ha pensado y valorado, pero que resulta nueva para el receptor del mensaje. El significado de cada exponente y el modo verbal elegido determina el grado de probabilidad: así, *seguramente* es el exponente que expresa un mayor grado de probabilidad por su propio significado. Del mismo modo, el uso del indicativo indica más probabilidad que el uso del subjuntivo:

  –

  –

  –

  –

  –

- ***Seguro que, estar seguro de que*** **+ indicativo**
  - El hablante introduce informaciones de las que no tiene seguridad absoluta, pero que le parecen muy probables. *Estar seguro de que* reafirma un dato que ha sido mencionado anteriormente y que le parece muy probable:

  –

  –

- ***Deber de, tener que*** **+ infinitivo**
  - Con estos exponentes el hablante expresa el máximo grado de probabilidad de que un hecho se produzca:

  –

| 3.1. | Vuelve a leer la respuesta que da "Sueños sin fronteras" y encuentra tres frases en las que se expresa hipótesis sin utilizar ningún exponente. ¿Con qué elemento lingüístico se expresa hipótesis en cada caso? Escribe la frase y al lado el nombre del tiempo verbal que se ha utilizado.

1 ➜ ....

2 ➜ ....

3 ➜ ....

| 3.2. | Ahora relaciona los nombres que has escrito con su valor temporal.

1 Hipótesis probable o posible referida al presente o futuro.

2 Hipótesis probable o posible referida a una acción pasada en relación al presente o futuro.

3 Hipótesis probable o posible referida al pasado.

>| 4 | |29| En el programa de radio *La salud es lo primero*, una experta contesta a problemas médicos que plantean los oyentes. Escucha y marca cuál es el problema que relata Marina, justificando la respuesta. Luego elige la imagen que mejor corresponde a la audición.

1 ☐ El hijo de Marina bebe alcohol y, por esta razón, no puede dormir.

2 ☐ El hijo de Marina sufre insomnio y, por esta razón, durante el día se queda dormido.

3 ☐ El hijo de Marina bebe alcohol y, por esta razón, durante el día se queda dormido.

4 ☐ El hijo de Marina tiene episodios repentinos en los que se queda dormido.

A B C D

| 4.1. | Marina también ha contado su problema en el foro porque sigue preocupadísima. Esto es lo que una participante le ha contestado. El texto no está muy claro porque han desaparecido algunas expresiones. Ponlas en el lugar correspondiente, prestando especial atención al contexto, al modo verbal y a la intención del hablante.

- puede incluso que
- posiblemente
- puede ser que
- a lo mejor
- seguro que
- supongamos que

Marina, no sabes cuánto te entiendo... (1) ______ no es lo mismo que lo que yo tengo pero, la verdad es que suena bastante parecido. Por lo que dices (2) ______ tu hijo tenga narcolepsia. A mí me la diagnosticaron hace unos años y no es tan grave como parece. (3) ______ la tenga..., tranquila que hay maneras de vivir con ella. Además de los síntomas que comentas, (4) ______ se despierta a menudo por la noche, tiene un sueño ligero, y está cansado ya desde por la mañana. Te aviso de que, si es narcolepsia, (5) ______ sufra parálisis del sueño, es decir, que no pueda moverse durante unos minutos, o que tenga alucinaciones hipnagógicas (pesadillas). No te quiero preocupar, no tiene por qué pasar. (6) ______ con algunas pruebas, un especialista te sacará de toda duda. Un abrazo.

| 4.2. | |29| Cuando Marina cuenta su problema en el programa de radio, en un momento de su discurso evoca una situación ficticia usando una expresión de hipótesis, ¿cuál es? También has utilizado otra similar al completar el texto del foro de la actividad anterior. Vuelve a escuchar el audio y anótalas en los espacios en blanco del cuadro siguiente. Antes, lee la explicación.

Pongamos que/ .... / .... + indicativo o subjuntivo

El hablante evoca una situación ficticia para que el receptor contemple todas las posibilidades de una situación. Se usa con frecuencia cuando se quiere convencer al interlocutor.

>| 5 | ¿Has conseguido completar el cuadro anterior? ¿Cómo lo has hecho? Trabaja con tu compañero.

1 ☐ Por intuición.
2 ☐ Por el significado del contexto.
3 ☐ Por las reglas gramaticales.
4 ☐ Por reconocimiento de la palabra.
5 ☐ Por memorización.
6 ☐ Por deducción.
7 ☐ Por el uso de la lengua.
8 ☐ Otros: ....

¿Qué te resulta más fácil?

1 ☐ Partir de los ejemplos para llegar a las reglas.
2 ☐ Partir de las reglas para llegar a los ejemplos.

| 5.1. | Compartid vuestras opiniones anteriores con el resto de la clase y estableced entre todos cuáles son las mejores estrategias para aprender gramática.

>| 6 | ¿Cuáles creéis que son las causas del insomnio? ¿Qué remedios daríais a las personas que lo padecen? Hablad sobre el tema, haced un borrador y, una vez de acuerdo, escribid vuestras hipótesis y recomendaciones para evitar el insomnio.

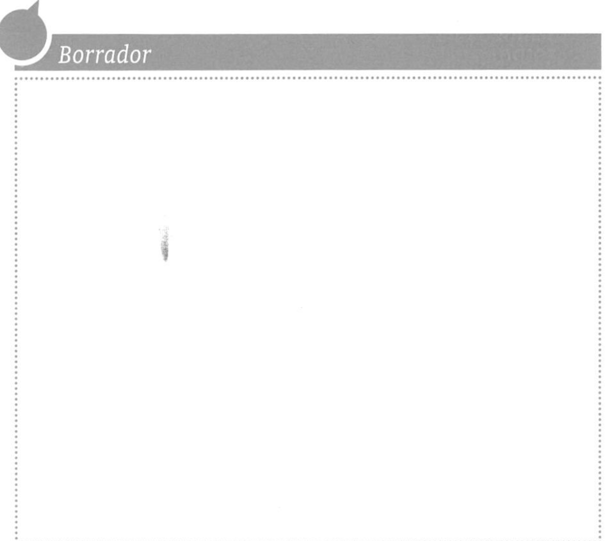

| 6.1. | |30| Escucha el final del programa *La salud es lo primero* dedicado a los trastornos del sueño y toma nota de las recomendaciones que sugiere la doctora Sánchez.

| 6.2. | Comparad las recomendaciones de la doctora y el tratamiento que propone con vuestro texto de la actividad 6. ¿Habéis coincidido? ¿Creéis que habéis dado alguna respuesta?

>| 7 | ¿Sois sonámbulos o conocéis a alguien que lo sea? ¿Cómo actuaríais delante de una persona sonámbula?

EL SURREALISMO

Cultura

>| 1 | A partir de los estudios de Sigmund Freud, se desarrolló un movimiento artístico, el surrealismo, basado en el automatismo puro. Lee esta introducción al movimiento y, después, di los nombres de los artistas surrealistas que conozcas.

El surrealismo comienza en 1924 en París con la publicación del *Manifiesto surrealista* de André Breton, quien estimaba que la situación histórica de posguerra exigía un arte nuevo que indagara en lo más profundo del ser humano para comprender al hombre en su totalidad.

Siendo conocedor de Freud, pensó en la posibilidad que ofrecía el psicoanálisis como método de creación artística. Para los surrealistas la obra nace del automatismo puro, es decir, cualquier forma de expresión en la que la mente no ejerza ningún tipo de control. Intentan plasmar por medio de formas abstractas o figurativas simbólicas las imágenes de la realidad más profunda del ser humano, el subconsciente y el mundo de los sueños. ■

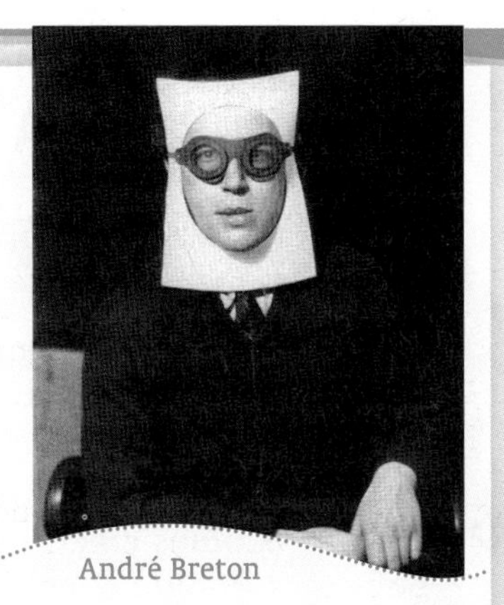
André Breton

>| 2 | Uno de los representantes más significativos del movimiento surrealista es Salvador Dalí. ¿Qué sabéis de él y de su obra? Compartid vuestros conocimientos y anotad todo lo que se comente sobre su vida.

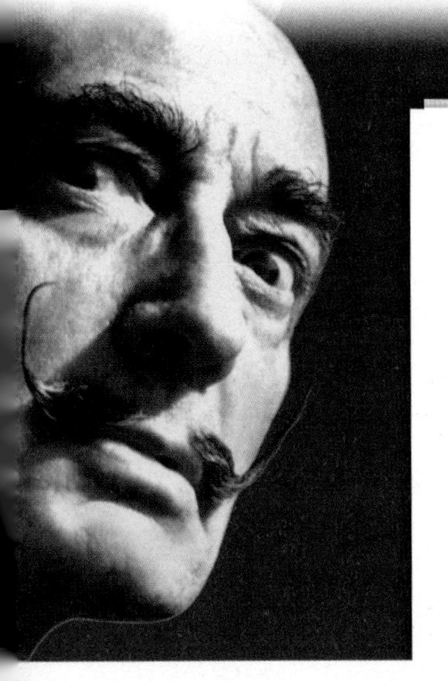

| 2.1. |  Aquí tienes una pequeña semblanza de este pintor. Elige la opción más adecuada teniendo en cuenta el carácter biográfico del texto. Antes, lee la siguiente información.

La biografía

En un texto biográfico es importante el orden, la claridad, la propiedad y la corrección. Siempre debe usarse un lenguaje culto, formal y preciso. La intención comunicativa es transmitir la vida de un personaje, por lo que deberá tener objetividad y estilo impersonal. El léxico será formal, denotativo (es decir, informativo, objetivo) y con tecnicismos relacionados con la profesión del biografiado.

CONTINUA »

Nació el 11 de mayo de 1904 en Figueres, Girona (España), en el (1) seno/interior de una familia (2) rica/acomodada. Comenzó a pintar con 10 años y en 1921 (3) lo admitieron/fue admitido en la Escuela de Bellas Artes de San Fernando de Madrid. En esta ciudad se instaló en la Residencia de Estudiantes, donde conoció a sus dos grandes amigos: el director de cine Luis Buñuel y el escritor Federico García Lorca.

En 1930 (4) se fue/se trasladó a París y allí (5) conoció/se puso en contacto con el (6) movimiento/arte surrealista. Durante este periodo sus obras se inspiran en las teorías psicoanalíticas de Freud. Es en París donde conoce a Helena Diakonova (Gala), hija de un abogado ruso y compañera del poeta surrealista Paul Eluard. Pocos meses después de conocerse, se van a vivir juntos. Desde aquel momento, Gala será para Dalí amante, amiga, (7) musa/inspiración y modelo.

Coincidiendo con el inicio de la Segunda Guerra Mundial, Salvador Dalí y Gala se establecieron durante unos años en los Estados Unidos, donde su pintura tuvo mucho éxito.

Durante los años cincuenta y sesenta, la religión, la historia y la ciencia ocuparon, cada vez más, (8) el tema/la temática de buena parte de sus obras. Durante estos años pintó obras muy conocidas, como *Cristo de San Juan de la Cruz, Galatea de las esferas, La última cena...*

Durante los años setenta Salvador Dalí creó e inauguró el Teatro-Museo Dalí en Figueres, donde está (9) expuesta/puesta una gran colección de su obra, desde (10) los inicios/el principio y sus creaciones dentro del surrealismo hasta las obras de los últimos años de su vida.

Murió en Figueres, a los 84 años de edad. Su cadáver fue embalsamado y enterrado en una tumba bajo la cúpula geodésica que domina su museo en Figueres. ■

| 2.2. | Añade a esta biografía todos los datos de la actividad 2 que no estén en ella. Utiliza el léxico y el estilo adecuados.

>| 3 | |31| **Escucha la interpretación de la génesis que del cuadro *La persistencia de la memoria* hace el propio autor Salvador Dalí. Identifica las palabras del autor con los objetos del cuadro.**

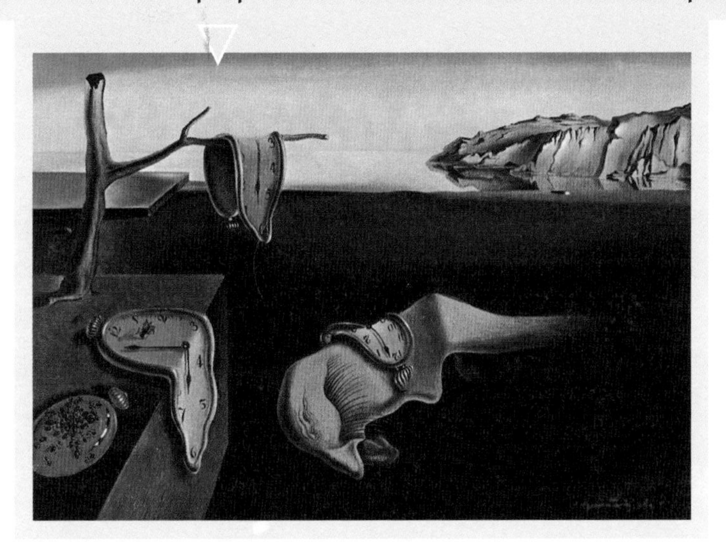

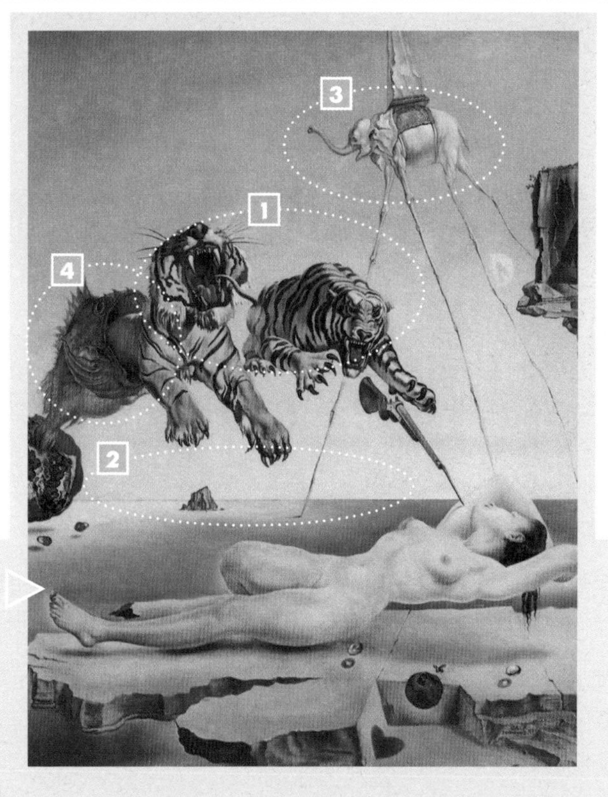

| 3.1. | Dalí dijo que sus cuadros eran como fotografías pintadas a mano de los sueños. Expresa hipótesis sobre el posible significado de los elementos marcados del cuadro *Sueño causado por el vuelo de una abeja alrededor de una granada un segundo antes del despertar* de Salvador Dalí.

1 Los tigres: ....

2 El mar en calma: ....

3 El elefante: ....

4 El pez: ....

10 ÉTICA Y DINERO

Contenidos funcionales
- Expresión general de la condición.
- Condición con valor de advertencia o consejo y amenaza.
- Condición mínima imprescindible para que se produzca algo.
- Condición suficiente con la que basta para que se produzca algo.
- Condición que se presenta como impedimento único de que algo se produzca.
- Condición que implica una previsión de lo que puede ocurrir.
- Condición que expresa un intercambio de acciones.

Contenidos gramaticales
- Oraciones condicionales con *si*, *de* + infinitivo, gerundio.
- Conectores condicionales complejos: *siempre que*, *siempre y cuando*, *solo si*...

Tipos de texto y léxico
- Los géneros periodísticos: la columna de opinión.
- Conclusiones de una encuesta.
- Entrevista.
- La oferta de trabajo.
- La carta de presentación y el currículum vítae.
- La entrevista de trabajo.
- Léxico relacionado con el dinero y la economía.
- Léxico relacionado con el mundo de la solidaridad.
- Léxico relacionado con las capacitaciones académicas y profesionales.

El componente estratégico
- Comprensión lectora: las técnicas de *skimming* y *scanning*.

Contenidos culturales
- La banca ética: Triodos Bank.
- Muhammad Yunus y los microcréditos.
- La Agencia Española de Cooperación Internacional para el Desarrollo (AECID).
- ONG y voluntariado.

EL DINERO NO DA LA FELICIDAD, PERO AYUDA

1 George Gurdjieff, filósofo de origen armenio nacido en 1872, afirmó: "No hay nada que delate mejor la verdadera índole de las personas que su actitud hacia el dinero". ¿Estáis de acuerdo?

2 Vamos a leer un texto periodístico que habla precisamente sobre este tema. Estos son algunos de los géneros periodísticos que puedes encontrar en un periódico y sus características. Relacionadlos.

A artículo	E reportaje
B editorial	F entrevista
C noticia	G columna
D crónica	

CONTINUA

1 E Es el género periodístico por excelencia. Consiste en el relato de un suceso reciente y nuevo, que afecta a la sociedad y que la gente quiere conocer.

2 G Sección fija que aparece regularmente, con un autor permanente, nombre fijo y un estilo uniforme. Ofrece la opinión o punto de vista del autor sobre un tema de actualidad o meras disquisiciones sobre el mismo.

3 A Trabajo de información que reúne en su desarrollo todos los géneros periodísticos. Se estructura alrededor de un tema del que se proporcionan antecedentes, comparaciones, derivaciones y consecuencias. Frecuentemente se acompaña con fotografías e ilustraciones y se enriquece con noticias, opiniones y comentarios.

4 C Relato detallado de un acontecimiento, que se caracteriza porque lo que cuenta al principio es el final, es decir, empieza por el desenlace y luego sigue con los acontecimientos de acuerdo a como fueron desarrollándose temporalmente.

5 D Es un artículo que generalmente no va firmado, por medio del cual, la dirección de un periódico expresa su opinión sobre algún aspecto de interés general.

6 F Serie de preguntas que hace un periodista a una persona muy significativa cuyas respuestas aportan datos de interés para una colectividad.

7 B Texto reflexivo, interpretativo y que asienta una opinión individual sobre un acontecimiento.

2.1. Fíjate en el formato del siguiente texto, el tipo de letra que usa y todas sus características formales. Lee el texto rápidamente para hacerte una idea del tema que trata. Tienes un minuto. Luego, resúmelo en una línea y di a qué género periodístico pertenece. Justifica tu respuesta.

1 El texto reflexiona sobre... ....

....

2 El texto es un/una... ....

porque... ....

....

Seré breve

por **Quim Monzó**

Desde tiempo inmemorial, la autodenominada sabiduría popular nos ha explicado que, con dinero, puedes conseguir muchas cosas, pero una seguro que no: la felicidad. No es una afirmación descabellada: es científicamente demostrable que el dinero, en efecto, no da la felicidad. Pero como aun siendo cierta, si una cosa se repite en exceso acaba por hartar, una oleada revisionista intentó distanciarse de esa afirmación bonachona y la convirtió en "el dinero no da la felicidad, pero ayuda". Eso estaba mejor. Algo habíamos ganado. Ese "pero ayuda" no solo le daba un matiz que la enriquecía, sino que el resultado final era más cierto que el precedente. La pasta, en efecto, no da la felicidad, pero ayuda a vivir y a menudo te evita problemas.

La sentencia recuerda la letra de aquel vals de Rodolfo Sciammarella: "Tres cosas hay en la vida: / salud, dinero y amor. / El que tenga esas tres cosas / que le dé gracias a Dios. / Pues, con ellas, uno vive / libre de preocupación. / Por eso quiero que aprendan / el refrán de esta canción. / El que tenga un amor / que lo cuide, que lo cuide. / La salud y la platita / que no las tire, que no las tire".

Muchas canciones nos recuerdan que el dinero ayuda a que vayan bien las cosas. Una de *El último de la fila*, por ejemplo. Tras su etapa como *Los burros*, el primer elepé del dúo llevaba por título el de una de sus canciones: *Cuando la pobreza entra por la puerta, el amor salta por la ventana*, una frase tan explícita que podemos ahorrarnos los comentarios. O utilizar a tal fin los versos de Andrés Calamaro, que, hace ya bastantes años, incluía en un disco una canción que explica que el amor no sirve de sustento: "No se puede vivir del amor. / No se puede vivir del amor, / le dijo un soldado romano a Dios. / No se puede vivir del amor. / No se puede comer el amor. / Las deudas no se pueden pagar con amor. / Una casa no se puede comprar con amor. / Nunca es tarde para pedir perdón".

Así pues, puede parecer que el mundo ha entendido que el dinero, aun sin conseguirte la dicha, es útil: al menos tal como están las cosas y hasta que el planeta sea una gran ONG con flores en el cabello. Pues resulta que no es así. Este verano, la prensa ha informado del caso de un abuelo siciliano, del pueblo de Mirabella Imbaccari que, estando al cuidado de su nieto, dio en explicarle, de nuevo, que el dinero no da la felicidad. Vale que no conociese la canción de *El último de la fila*, vale que no conociese la de Andrés Calamaro, pero el vals de Sciammarella sí que debía conocerlo. Pues no le hizo caso. Las frases textuales que *Il Nuovo* pone en boca del abuelo en sus alegatos al nieto son las siguientes: "En la vida, el dinero no es importante. Amarse los unos a los otros es mucho más importante". De forma que, una vez captado el mensaje, el niño se fue –tris tras– hasta la chaqueta de su padre (el hijo del abuelo filántropo), tomó la cartera, cogió los billetes que había (más de mil quinientos euros), se situó junto a una ventana, los fue rasgando y, una vez rasgados todos, tiró los pedacitos a la calle. ■

Magazine de *La Vanguardia*

2.2. Ahora, lee el texto de nuevo y di si las siguientes afirmaciones son verdaderas o falsas. Corrige las afirmaciones falsas apoyándote en el texto. Esta vez no tienes límite de tiempo.

	Verdadero	Falso
1 Según el autor, el dinero nunca da la felicidad.	○	○
2 Según el autor, el dinero es un apoyo importante para la vida.	○	○
3 El autor habla de un grupo musical que dedica todo un álbum a la relación entre el dinero y la felicidad.	○	○
4 Andrés Calamaro muestra una idea muy romántica del amor.	○	○
5 La noticia a la que hace referencia el autor ocurrió en Sicilia (Italia).	○	○
6 El abuelo incitó al niño a destruir el dinero que tenía su padre.	○	○

2.3. Reflexiona sobre las actividades que acabas de realizar y contesta a estas preguntas.

1 ¿Has leído el artículo de la misma manera para resolver las diferentes actividades? ¿Cómo lo has hecho en cada caso?

....

2 ¿Cuál has resuelto en menos tiempo? ¿Por qué?

....

3 ¿En cuál has tenido que prestar más atención a los detalles del texto? ¿Por qué?

....

2.4. Teniendo en cuenta tus respuestas anteriores y la información del siguiente cuadro, decide qué tipo de lectura has hecho en cada una de las actividades anteriores. Trabaja con tu compañero.

Tipos de lectura

- El acercamiento a un texto está en íntima relación con el objetivo de la lectura: no se lee igual si se lee por gusto que si es para hacer una prueba o para buscar una información específica. Según esta idea, existen varias estrategias de lectura:
  - Lectura **globalizada** o *skimming*: sirve para hacer una **lectura rápida y eficiente**. Se tiene una comprensión global del asunto a través del texto, el formato (medio en el que aparece –periódico, libro de texto...–, tipografía, ilustraciones, gráficos, mapas, titulares, etc.) y el conocimiento del mundo y del tema tratado por parte del lector.
  - Lectura **focalizada** o *scanning*: sirve para hacer una **lectura detallada** en busca de **datos específicos**. En esta estrategia también se utilizan los dibujos, las palabras clave del texto y la numeración, si la hay.

2.5. ¿Qué piensa Quim Monzó sobre la importancia del dinero? ¿Lo dice abiertamente o se puede leer entre líneas? Justificad vuestra respuesta.

> | 3 | Escucha ahora los resultados de un estudio mundial sobre si el dinero da la felicidad y contesta las preguntas. ¿Encuentras alguna diferencia con el texto de Quim Monzó?

|32|

1. ¿Cuál es la conclusión de este estudio?

2. ¿Cuáles son los dos aspectos más importantes para el ser humano, más que el dinero?

3. ¿En qué consistieron los tres cuestionarios que llevaron a cabo?

4. ¿Cuáles son las conclusiones del estudio del Instituto Coca-Cola?

> | 4 | En España se ha preguntado también por el aspecto más importante para ser feliz en la vida. ¿Cuál creéis que ha sido el resultado? Colocad los conceptos al lado de los resultados del gráfico, según vuestra opinión.

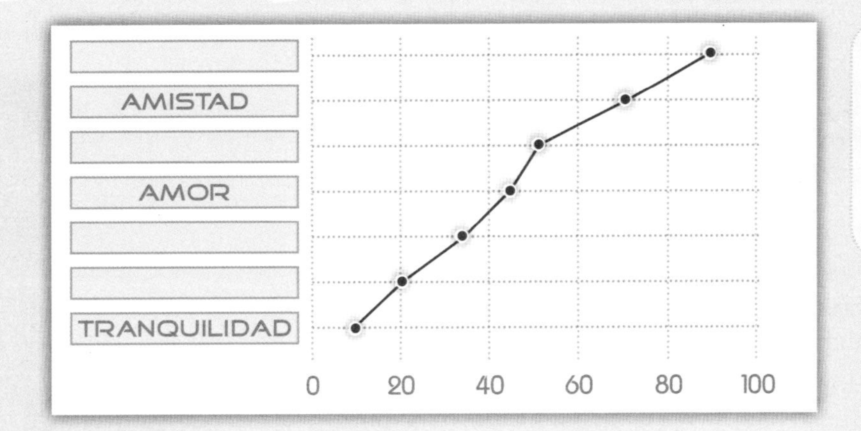

- Trabajo
- Familia
- Dinero
- Salud

| 4.1. | Leed las respuestas que han dado algunas personas sobre el tema anterior. ¿Con cuál de ellas os identificáis más?

- ○ a. Si tuviera un buen trabajo, se me acabarían muchos de los problemas que tengo.
- ○ b. Si tuviera una cuenta bancaria bien cubierta, sería otra persona.
- ○ c. Si tienes una vida en pareja lograda, entonces eres feliz.
- ○ d. Si contara con una salud de hierro, podría hacer de todo para alcanzar la felicidad.
- ○ e. Si hubiera tenido un grupo de verdaderos amigos, muchos de mis problemas actuales se hubieran solucionado.
- ○ f. Si tienes una familia unida, las cosas siempre son más fáciles.
- ○ g. Si ayudo a la gente, me siento útil para los demás y eso me proporciona bienestar.

|4.2.| Todas las oraciones anteriores son oraciones condicionales. Reflexionad sobre lo que quiere comunicar el hablante cuando utiliza este tipo de oraciones. Elegid la definición que os parezca más adecuada.

1 ☐ En las oraciones condicionales el hablante pone en relación dos hechos para indicar que uno de ellos (el de la oración subordinada) es la causa del otro (el de la oración principal).

Ejemplo: ....

2 ☐ En las oraciones condicionales el hablante pone en relación dos hechos de modo que el cumplimiento de uno de ellos (el de la oración principal) depende del cumplimiento del otro (el de la oración subordinada).

Ejemplo: ....

3 ☐ En las oraciones condicionales el hablante pone en relación dos hechos para indicar que uno (el de la oración subordinada) es la consecuencia del otro (el de la oración principal).

Ejemplo: ....

|4.3.| ¿Cómo se llaman los dos tipos de oraciones descritas en la actividad 4.2. que no son oraciones condicionales? Poned un ejemplo de cada una de ellas.

|4.4.| De acuerdo con las conversaciones que habéis mantenido en las actividades anteriores, ¿con cuál de estas actitudes identificarías a tus compañeros de grupo? ¿Y ellos a ti? Discutid vuestras opiniones, si no estáis de acuerdo.

1 ☐ Lo que menos valora en la vida es el dinero. Es muy espiritual, los bienes materiales para él/ella no son importantes pero sí conceptos como la amistad, el amor y la familia, que considera vitales en su existencia.

2 ☐ El dinero es el motor de su vida. No puede entender a las personas que viven sin dinero. Sin dinero, se consideraría una persona fracasada en la vida.

3 ☐ Cree firmemente que el dinero no da la felicidad, pero ayuda a encontrarla y es un elemento imprescindible para vivir con dignidad.

BANCA ÉTICA

|1| ¿Qué relación encontráis entre la imagen y el título de este epígrafe?

|1.1.| Poned en común vuestras ideas y elaborad una definición del concepto de *banca ética*. Escribidla en la pizarra.

| 1.2. | Leed esta definición de banca ética y comparadla con la vuestra. ¿En qué se parecen? ¿En qué se diferencian?

La banca ética es un estilo de banca destinado a invertir en proyectos cuya esencia sea la sostenibilidad, el compromiso social y la mejora del medioambiente y sus recursos. Entre otros valores, aboga por: la cooperación al desarrollo, la colaboración con ONG, el progreso social, el consumo sostenible, la calidad de vida, las energías renovables, los microcréditos y el cuidado medioambiental.

En http://dorsuminews.com/wp-content/uploads/2009/07/concurso-banca-etica.jpg

| 1.3. | Lee estas definiciones y elige, del texto anterior, la palabra a la que se refieren. Sigue el ejemplo.

1 *Sostenibilidad* Característica o estado según el cual pueden satisfacerse las necesidades de la población actual y local sin comprometer la capacidad de generaciones futuras o de poblaciones de otras regiones de satisfacer sus necesidades.

2 ______ Energía que se obtiene de fuentes naturales virtualmente inagotables, unas por la inmensa cantidad de energía que contienen, y otras porque son capaces de regenerarse por medios naturales.

3 ______ Actuación realizada por organismos públicos y privados, entre países de diferente nivel de renta, con el propósito de promover el progreso económico y social de los países del Sur de modo que sea más equilibrado en relación con el Norte y resulte sostenible.

4 ______ Colaboración de los ciudadanos ante las exigencias éticas de un mundo justo.

5 ______ Forma de utilizar bienes y servicios para cubrir las necesidades básicas, aportando una mejor calidad de vida, pero reduciendo el consumo de recursos naturales y materiales tóxicos, y disminuyendo asimismo las emisiones de desechos y contaminantes en todo el ciclo de vida del servicio o producto.

6 ______ Este concepto alude al bienestar en todas las facetas del hombre, atendiendo a la creación de condiciones para satisfacer sus necesidades materiales (comida y cobijo), psicológicas (seguridad y afecto), sociales (trabajo, derechos y responsabilidades) y ecológicas (calidad del aire, del agua).

>| 2 | |33| **Escucha esta entrevista que le hicieron a Joan Antoni Melé Cartañà, subdirector general de Triodos Bank, banca ética, en España y ordena estas afirmaciones según aparezcan en la entrevista.**

Triodos Bank

1 ☐ La banca convencional dedica una parte de sus beneficios para obra social pero esto es caridad, no banca social. Se debería cambiar el concepto desde la base.

2 ☐ Los directivos de Triodos Bank no reciben un dinero extra cuando un proyecto sale bien. Su satisfacción es de índole no económica.

3 ☐ La economía debería ser el órgano encargado de distribuir la riqueza equitativamente en todo el mundo.

4 ☐ Para salir de la crisis hemos de hacer una reflexión profunda y generalizada y reconocer que todos somos responsables en mayor o menor medida de la misma.

5 ☐ En la banca ética el beneficio económico ocupa el tercer puesto en el orden de prioridades: primero está la persona y, en segundo lugar, el planeta.

6 ☐ Los proyectos culturales, sociales y medioambientales no son rentables en el sentido tradicional del término, pero sí dan para que todos ganen un poco con ellos.

|2.1.| Fíjate en las siguientes frases: algunas han sido extraídas de la entrevista anterior. Utilízalas para completar el cuadro de reflexión.

– *Si lo pensamos así, nos estamos equivocando.*
–*Si a Amina le hubieran dado un microcrédito, habría podido mejorar su calidad de vida.*
–*Si hacemos bien la economía, no tendremos que hacer obra social después.*
–*Si fuera rico, crearía una banca ética.*
–*Si tienes dinero, se te abren todas las puertas.*

Clases de oraciones condicionales según su grado de probabilidad

- **Condicionales reales.** La condición no es una hipótesis sino un hecho o un comportamiento que permite deducir fácilmente lo que sucederá en el futuro. Se construyen en indicativo (presente o pasados):
  – ______
  – ______
  – *Si te lo dijo, era porque te apreciaba mucho.*

- **Condicionales posibles.** Su grado de probabilidad depende del tiempo verbal con el que se combinen.
  - **Probable:** *Si* + indicativo (excepto condicional y futuro) + indicativo:
    – *Si gano suficiente dinero este verano, haré un viaje por toda Europa.*
    – ______
  - **Poco probable:** *Si* + imperfecto de subjuntivo + condicional:
    – *Si ganara suficiente dinero este verano, haría un viaje por toda Europa.*

- **Condicionales imposibles.** Siempre se construyen en subjuntivo. Son aquellas condiciones que no pueden producirse, bien porque el tiempo de cumplir esa condición ha pasado (pluscuamperfecto de subjuntivo), o porque la realidad no se puede cambiar (imperfecto de subjuntivo):
  – ______
  – ______

>|3| Intentad contestar a estas preguntas sobre los microcréditos, recurriendo a vuestros propios conocimientos.

1. ¿Qué es un microcrédito?
2. ¿Quién fue su impulsor?
3. ¿En qué época comenzaron a darse?
4. ¿Qué objetivo tienen?

|3.1.| Lee la información y rectifica las respuestas anteriores, si es necesario.

Los microcréditos son pequeños préstamos realizados a personas pobres, especialmente mujeres, que no pueden acceder a los préstamos que otorga un banco tradicional. Los microcréditos posibilitan, especialmente en países en vías de desarrollo, que muchas personas sin recursos puedan financiar proyectos laborales por su cuenta que les reviertan unos ingresos. El concepto del microcrédito nació como propuesta del catedrático de Economía Dr. Muhammad Yunus, quien comenzó su lucha contra la pobreza en 1974 durante la hambruna que padeció la población de su tierra natal, Bangladesh, uno de los países más pobres del planeta. Yunus descubrió que cada pequeño préstamo podía producir un cambio sustancial en las

CONTINÚA

posibilidades de alguien sin otros recursos para sobrevivir. El primer préstamo que dio fueron 27 dólares de su propio bolsillo para una mujer que hacía muebles de bambú. Sin embargo, los bancos tradicionales no estaban interesados en hacer este tipo de préstamos porque consideraban que había un alto riesgo de no conseguir la devolución del dinero prestado. Por este motivo, en 1976, Yunus fundó el Banco Grameen para hacer préstamos a los más necesitados en Bangladesh. Este banco de pobres ha beneficiado a siete millones y medio de personas, propietarias ellas mismas del banco, en su gran mayoría mujeres, que reunidas en grupos de cinco o más, solidarias y responsables, consiguen reembolsar 9 de cada 10 de sus pequeños préstamos en contra de lo esperado. Muhammad Yunus ha obtenido reconocimiento internacional a través de diferentes premios, entre ellos, el Nobel de la Paz en 2006. ■

Adaptado de http://es.wikipedia.org/

3.2. Estos son algunos testimonios reales de mujeres que han podido acceder a una vida digna gracias a un microcrédito. Completa los textos con la oración condicional adecuada según las indicaciones que se dan entre paréntesis.

A "Antes de recibir el préstamo, ganaba unos tres euros al día, con los que vivíamos cinco personas. Ahora, he podido duplicar la cantidad de medicamentos que compraba para vender en mi pequeña farmacia, tengo más clientes y por fin mi trabajo está ayudando a que mis cuatro hermanos pequeños puedan estudiar. Al fin mi esfuerzo está teniendo una recompensa. (Expresa una condición imposible en el pasado) (1) Si no (recibir) ______ ese dinero, no (poder) ______ mejorar mi vida de esta forma".

B La Sra. Teodora es madre soltera y tiene cuatro hijos. Se dedica a la producción y venta de chipás (tortas de harina de maíz) desde hace más de 10 años. La producción la realiza en su domicilio y la cocción la hace en el horno que le cede su vecino de forma gratuita, ya que los ingresos que ella genera no son suficientes para construir y mantener un horno propio. Antes de recibir el crédito solía decir: "(Expresa una condición que se cree poco probable) (2) Si (tener) ______ suficiente dinero, (poder) ______ comprar los productos que necesito al contado, (ser) ______ más baratos y (ganar) ______ más. Un día un vecino me dijo que le habían dado un crédito fácil de pagar y fácil de conseguir. Y lo pedí: con él compré al contado, más cantidad y más barato, para hacer chipá por una semana y esto me dejó más ganancias. Pagué bien mi primer crédito y ahora he pedido uno más grande. (Expresa una condición posible) (3) Si las cosas (seguir) ______ así, dentro de poco (poder) ______ comprar mi propio horno y tener una producción mayor".

C Julieth tiene 26 años, es viuda, no sabe leer ni escribir y tiene el virus VIH. Trabajaba para otra persona picando piedras para poder alimentar a sus cuatro hijos. (Expresa un hecho constatable y real referido al pasado) (4) Si (conseguir) ______ picar unos cuatro cubos, (poder) ______ ganar 0,43 euros al día. "Todavía sigo picando piedras pero gracias al préstamo ahora no tengo que trabajar para nadie. Pude comprar herramientas y semanalmente compro cubos de piedras que pico y vendo directamente a las empresas de construcción. Ahora, hay días que llego a ganar algo más de 3 euros".

D "Mi situación estos últimos años ha sido muy difícil. Mi marido falleció y quedé a cargo de mis cuatro hijos y de mis padres ancianos. (Expresa una condición que es imposible porque el tiempo ya ha pasado) (5) Si él no (morir) ______, yo (poder) ______ cuidarlos a todos sin ningún problema, porque vendíamos chatarra en el patio trasero de la casa y el negocio funcionaba bien. Pero cuando murió, me quitaron el negocio y no tenía de qué vivir. Gracias al crédito, pude empezar a vender carbón con la ayuda de mi hijo. Desde que obtuve el segundo crédito he logrado duplicar las ganancias. Nuestra situación está mejorando. Ahora trabajo más horas pero puedo comprar más comida para mi familia. (Expresa una condición que cree posible) (6) Si (conseguir) ______ el tercer crédito, (poder) ______ pagar el colegio de mis hijos".

Adaptado de http://www.fundacionmagdala.org/index.php/es/component/content/article/83-testimonios y http://www.microfinanzas.org.py/index.php

|3.3.| ¿Qué habría sido de estas mujeres si no hubieran recibido estos microcréditos? Habla con tu compañero e imaginad cómo habría sido su futuro.

|3.4.| ¿Qué os parece la iniciativa de Yunus? ¿Creéis que es útil? ¿Por qué?

|3.5.| Escribe un texto de unas 200 palabras en el que expliques qué condiciones deberían darse, en tu opinión, para conseguir un reparto justo de la riqueza en el mundo.

TRABAJO SOLIDARIO

>|1| El dinero, como hemos visto, no da la felicidad pero, sin embargo, contar con un trabajo desarrolla nuestra autonomía y ayuda a conseguir esa felicidad. ¿Hay trabajos que te proporcionan mayor satisfacción que otros?

>|2| Es posible que te hayas planteado en más de una ocasión la posibilidad de ser voluntario de alguna Organización No Gubernamental (ONG) o de ayuda humanitaria. Son muchas las organizaciones, nacionales e internacionales, que ofrecen empleo para trabajar como cooperante o voluntario remunerado. ¿Cuáles son las características que crees que debe tener un cooperante? Señálalas con tu compañero, según vuestra opinión.

- [ ] Fuerte motivación humanitaria.
- [ ] Carácter abierto.
- [ ] Conocer idiomas.
- [ ] Buena formación en el sector.
- [ ] Titulación universitaria.
- [ ] Ser joven y soltero/a.
- [ ] Ambición económica.
- [ ] Capacidad para adaptarse en condiciones adversas a diferentes circunstancias.

|2.1.| La Agencia Española de Cooperación Internacional para el Desarrollo (AECID) es uno de los principales organismos españoles de ayuda humanitaria. Lee el texto y comprueba las respuestas anteriores.

La Agencia Española de Cooperación Internacional para el Desarrollo (AECID), se creó en noviembre de 1988 como órgano de gestión de la política española de cooperación internacional para el desarrollo. Tiene como objetivo la lucha contra la pobreza y el desarrollo humano sostenible. Es un organismo que depende del Ministerio de Asuntos Exteriores y que tiene suscritos diferentes acuerdos con instituciones internacionales para financiar plazas de jóvenes profesionales y expertos que se integren en misiones de ayuda. Entre los programas en los que participa, destaca el de los voluntarios de Naciones Unidas. Depende de las Naciones Unidas, aunque en España es la Agencia la que coordina la selección de los voluntarios en función del acuerdo al que se llegue con la dirección del programa en Ginebra (Suiza).

CONTINÚA

Tiene como objetivo fomentar la incorporación de profesionales voluntarios españoles a los proyectos de cooperación para el desarrollo de las agencias especializadas, organismos y fondos especiales de Naciones Unidas. No existe límite de edad y solo se piden dos requisitos: estar en posesión de un título universitario superior y tener, al menos, dos años de experiencia profesional; o bien una titulación universitaria de grado medio y una experiencia profesional de cinco años. Es necesario también acreditar unas condiciones de salud para vivir y trabajar en situaciones difíciles y en diferentes países. Los contratos son de un año, prorrogables a dos. Los salarios oscilan entre los 1000 dólares mensuales para las personas sin familiares a su cargo, hasta 2000 para aquellas que se desplacen con familiares a su cargo (se permite hasta un máximo de dos hijos menores de edad). ■

Más información: www.aecid.es

| 2.2. | ¿En qué caso cambiarías tu actual trabajo por uno de estos? ¿Elegirías un trabajo por el salario o por la motivación personal? ¿Consideras que es más importante el trabajo que la remuneración?

>| 3 | Lee la siguiente oferta de trabajo que ha presentado AECID. Tu profesor te va a dar tres cartas de presentación que se han enviado a esta oferta. Decide con tu compañero cuál es la persona más adecuada para el puesto.

OFERTA DE EMPLEO COOPERANTE EN SENEGAL

Ref. Responsable de Programas de Cooperación

Funciones:
- Gestión, coordinación y asesoramiento técnico de la ejecución de actuaciones de cooperación en una escuela de la ciudad de Fatick.
- Elaboración de informes y memorias del centro.
- Coordinación con los profesores y resto de actores de la cooperación.

Requisitos:
- Tener entre 18 y 35 años de edad.
- Estar en condiciones de acreditar la titulación de licenciado, arquitecto o ingeniero.
- Experiencia en cooperación y conocimiento de idiomas.
- Se valorarán los conocimientos sobre cooperación, interés por el proyecto, la actitud frente a la cooperación, la motivación que le mueve y su disposición a aprender y a colaborar con la ONG solicitante.
- Experiencia en la elaboración e implementación de los procesos de gestión, administración, secretaría de un centro educativo.
- Disponibilidad para permanecer de uno a cuatro años en el proyecto en Senegal.

Contratación:
- Procedimiento de selección y entrevista personal.
- Curso de Formación sobre Cooperación Internacional.
- Contrato por obra-servicio en el plazo del Convenio.

Solicitudes:
- Enviar Carta de presentación y motivaciones, junto al CV por correo a: Ref. **Responsable de Programas de Cooperación**. Registro General de la AECID, Avenida Reyes Católicos, 4. 28040 Madrid (España).

☐ Javier

☐ Irene

☐ Ana

| 3.1. | Repasa las cartas y señala los puntos fuertes de cada candidato. Coméntalo con tu compañero.

|3.2.| Escribe una carta de presentación, respondiendo al anuncio anterior. Sigue la estructura que te proponemos y elige la opción que más se adecúe a tu forma de expresarte, en cada una de las partes de la carta.

Datos del emisor

(nombre y apellidos, dirección, teléfono, código postal, etc.)

Datos del receptor

(nombre y apellidos del destinatario, el cargo, la denominación y dirección completa de la empresa)

Saludo (Estimado Sr. Pérez:; Estimada Sra. García:; Estimado/a Sr./Sra.:)

Introducción (el motivo de la carta)

- [ ] Me es grato manifestarle mi alto interés por el puesto de cooperante que ofrece AECID y que he tenido la oportunidad de conocer a través de su página web.
- [ ] Le remito mi currículum vítae en respuesta al anuncio publicado en www.aecid.es con referencia "Cooperante en Senegal", demandando una persona para incorporarse al equipo de ayuda humanitaria.
- [ ] Me pongo en contacto con usted para hacerle llegar mi currículum vítae por si necesita cubrir, ahora o en el futuro, un puesto como cooperante.
- [ ] Le envío esta carta con la intención de que me tengan en cuenta para futuros procesos de selección en su empresa que he tenido la oportunidad de conocer en su página web.

Núcleo (tratar los elementos de la función a desarrollar y del perfil buscado, destacando los puntos fuertes: formación, experiencia, competencias personales...)

- [ ] En su anuncio hacen hincapié en los conocimientos de organización de grupos. Como podrán ver en mi currículum vítae, he realizado un curso de cooperación por la Unesco, y lo he puesto en práctica en mi última experiencia profesional.
- [ ] El Máster en Recursos Humanos que estoy finalizando me ha proporcionado las herramientas necesarias para desempeñar el puesto que ofertan en su anuncio.
- [ ] Como podrá comprobar en el currículum adjunto, confío en que mi experiencia profesional en la coordinación de proyectos, me permitan cumplir los objetivos del puesto.

Conclusión

- [ ] Por todo ello, me agradaría mantener una entrevista con usted a su mejor conveniencia y poderle ampliar personalmente la información que le remito. Para ello podrá localizarme en el número de teléfono 656 897 023 o a través del correo electrónico (joaquinm@hotmail.com).
- [ ] Por las razones citadas, desearía que tomaran en cuenta esta solicitud para participar en las pruebas de selección en el puesto de Profesor de inglés. Podrá contactar conmigo en el 656 897 023 o por correo electrónico (joaquinm@hotmail.com).

Despedida

- [ ] Esperando sus noticias, le agradezco su atención y aprovecho la ocasión para saludarle atentamente.
- [ ] En la confianza de recibir su pronta respuesta, le envío un cordial saludo.
- [ ] En espera de su respuesta, le saludo atentamente.

Firma
Fecha

> 4 Escribe tu currículum vítae para enviarlo a la oferta de trabajo anterior. Sigue el modelo que te presentamos a continuación. Luego, entrégaselo a tu profesor junto con la carta de presentación que has escrito antes.

Inés Martínez Girón
C/ Vicente Ferrer, 8, 2.ºA
Madrid, 28004
España

Móvil: 624543009
inesm26@hotmail.com

Perfil	Profesional con sólida experiencia internacional y formación en desarrollo y participación social. Demostrada capacidad de liderazgo de equipos de administración y gestión de proyectos. Capacitada para la adaptación y superación de acciones y situaciones complejas. Probada experiencia en actividades de educación y formación de educadores.
Experiencia	
2007-Actualmente	**Educadora** en la Consejería de Asuntos Sociales, Área del Menor y la Familia de Ayuntamiento de Madrid.
Abril 2005 a abril 2007	**Cooperante** del Proyecto Horizonte en Bolivia. Responsable de la creación de la Escuela-Taller Horizonte.
Enero 2005 a abril de 2005	**Voluntaria** en la Asociación de Inmigrantes de Madrid. Profesora adjunta en la formación y ayuda al inmigrante.
Enero de 2003 a diciembre de 2004	**Programa de las Naciones Unidas para el Desarrollo (Perú).** Beca de Ayuda a Organismos Internacionales de Naciones Unidas, Comunidad de Madrid.
Información académica	
Noviembre de 2002	Diplomada en Educación Social. Universidad Complutense de Madrid.
Septiembre 2005	Licenciada en Pedagogía, especialidad Pedagogía Social. Universidad a Distancia (UNED).
Diciembre de 2007	Máster en Cooperación Internacional Descentralizada: Paz y Desarrollo. Universidad Complutense de Madrid.
Otros estudios	• IV Seminario Internacional de Unicef sobre la Protección de la Infancia. UNICEF Madrid. 14-22 de mayo de 2003. • La Inmigración en la Unión Europea: Situación y Perspectivas. Consejo Vasco del Movimiento Europeo. Madrid, 4 y 5 de febrero de 2009.
Idiomas	Español (nativo), inglés (nivel C1) y francés (nivel B1).

5 | 34 | Javier, un cooperante español, acude a una entrevista para el puesto. Escucha parte de su entrevista de trabajo y completa las siguientes frases con los conectores condicionales que utiliza.

1. .... tienen que llevar a cabo un proyecto, buscan la financiación en entidades locales y lo implementan en las diferentes áreas.
2. Me habría quedado más tiempo .... me hubieran sustituido aquí en Valencia.
3. .... no contar con todos los recursos para ayudarles, éramos los cooperantes los que salíamos a la calle en busca de ayuda gubernamental.
4. Me decía: ".......................... no trabajes ayudando a los demás, no te sentirás recompensado".
5. .... pueda profundizar en esta área, continuaré haciéndolo.
6. Acciones solidarias como esta deben llevarse a cabo .... haya beneficios para una comunidad necesitada.
7. .... mi ayuda y mis conocimientos sirvieran para llevar la sonrisa y la ilusión a los niños de esa escuela, me sentiría satisfecho.
8. .... no me llamaran, aunque me hace realmente ilusión, pues continuaría desempeñando mi labor en este campo.
9. Una vez terminado el proceso de selección, nos pondríamos en contacto con usted, ... hubiera sido seleccionado para el puesto.
10. Contaríamos con la completa disposición del candidato para el puesto, ... llame para rechazarlo.

5.1. En la actividad anterior has anotado conectores condicionales que aportan matices diferenciales con *si*, en cuanto a la intención del hablante. Lee el cuadro y complétalo con esos conectores y los ejemplos adecuados de la actividad 5.

Los conectores condicionales

- Para expresar la condición de manera **general**, además de [1] ...., que es el conector más utilizado, se pueden usar *de* + infinitivo, y el gerundio:
  -
  -
  - *Avisándome con tiempo, tendrás los libros antes del comienzo del curso.*
  - *Si* puede expresar una condición restringida si va acompañado de algunos adverbios: *solo si, únicamente si, excepto si:*
    - *Podrás sacar dinero solo si activas la tarjeta.*
  - Recuerda que *si* puede construirse con indicativo (excepto condicional y futuro) o subjuntivo (excepto presente de subjuntivo).
- Para expresar una condición mínima **imprescindible** para que se produzca algo, se usa: *a condición de que,* [2] ...., *con tal de que,* [3] ...., [4] ...., [5] ....:
  - *Volveremos a ser amigos a condición de que pida perdón a todos.*
  -
  -
  -
  -

CONTINÚA »

Los conectores condicionales (cont.)

- Para expresar una condición que se siente como **la única que puede impedir el incumplimiento del suceso** expresado por la oración principal se usa: *a no ser que, salvo que,* [6] ...., *excepto que.* La oración principal suele ir en forma negativa:
  - *Salvo que me llamen con tiempo, no podré estar a las seis.*
  - *No te contrataría nunca, a menos que cambiaras radicalmente.*
  -
- [7] ...., expresa una condición que **implica una previsión de lo que pueda ocurrir**:
  -
- [8] .... expresa una condición que es un **intercambio de acciones**:
  -
  - Todos estos grupos de conectores complejos se construyen siempre con subjuntivo. El uso del imperfecto de subjuntivo indica que el grado de probabilidad de que se produzca la condición es pequeño o nulo y con el pluscuamperfecto de subjuntivo es una condición pasada e imposible:
    - *Te dejaría el coche siempre y cuando me prometieras que lo ibas a cuidar.*
    - *Te habría dejado el coche siempre y cuando me hubieras prometido que lo ibas a cuidar.*
- [9] .... es un conector que expresa una condición con valor de **advertencia**, **consejo** o **amenaza**:
  -
  - Este conector se construyen con presente o pretérito perfecto de subjuntivo.

5.2. Completa y relaciona otras frases que ha dicho Javier en su entrevista.

1. .... haber sabido antes las necesidades de la gente, ... *
2. Podrás llevar a cabo cualquier proyecto.. *
3. .... me llamen para una urgencia, ... *
4. Me ofrecieron un contrato fijo .... *
5. El trabajo se hace más llevadero .... *
6. .... no creas en lo que estás haciendo, ... *
7. .... me seleccionarais, ... *
8. .... tuviera que definirme, . *

- * a. tu ayuda no servirá para nada.
- * b. no me gustaría regresar antes de terminar mi cooperación.
- * c. mi punto fuerte es la experiencia en la ayuda humanitaria.
- * d. .... sientas el apoyo de tus compañeros.
- * e. hubiera pedido ayuda al gobierno español.
- * f. os enviaría informes mensuales sobre el proceso de trabajo.
- * g. .... me quedara en ese país.
- * h. .... si tienes ganas de cambiar el mundo.

> 6 Representa con tu compañero una entrevista de trabajo. Tu profesor te va a entregar un currículum y su correspondiente carta de presentación. Tienes que entrevistar al compañero que ha presentado ese currículum. Ten en cuenta los siguientes aspectos:

- ¿Por qué quiere optar a ese puesto de trabajo?
- ¿Qué es para él lo más importante en un empleo?
- ¿Cuáles son sus puntos débiles y sus puntos fuertes?
- ¿Qué balance hace de sus trabajos anteriores y a nivel personal tras el tiempo que ha trabajado?
- ¿Cuál ha sido su mejor y su peor experiencia?
- ¿Qué haría si tuviera que tomar una decisión difícil? ¿Y qué no?
- ¿Por qué deberías contratarle a él y no a otro candidato?

11 LA COSMOGONÍA

Contenidos funcionales
- Expresar la causa como una justificación y con un matiz enfático.
- Expresar la causa de manera formal e informal.
- Expresar la causa con connotaciones positivas y negativas.
- Expresar finalidad de manera formal e informal.
- Expresar la finalidad de un movimiento.
- Preguntar por la finalidad con matices negativos o expresando reproche.
- Evitar un suceso posible que se entiende como amenaza.
- Comparar cualidades, acontecimientos o acciones realizadas, cantidad de objetos diferentes.

Contenidos gramaticales
- Las oraciones causales.
- Las oraciones finales.
- Contraste causa/finalidad.
- Usos de *por* y *para*.

Tipos de texto y léxico
- Texto divulgativo.
- Leyendas sobre el origen del mundo.
- Texto narrativo.
- Lenguaje científico.
- Lenguaje literario.
- Léxico relacionado con mitos y leyendas.
- Expresiones idiomáticas con *por* y *para*.

El componente estratégico
- Leer con un propósito concreto. Técnica de *skimming*.
- Estrategias de compensación léxica.
- Evaluar y evaluarse en la expresión oral.
- Pautas para hablar en público.
- Deducir expresiones idiomáticas por el contexto y el aprendizaje contrastivo con L1.

Contenidos culturales
- Leyendas de España e Hispanoamérica.
- Culturas precolombinas.
- El Machu Picchu.
- La Biblia. El Génesis.
- La Teoría del Big Bang.
- Patrimonio Inmaterial de la Humanidad: el flamenco.

LAS CULTURAS PRECOLOMBINAS

Cultura

1 Fijaos en el mapa de América del Sur y América Central de la página siguiente. ¿Cuál es la temática de este mapa? ¿Podéis aportar alguna información?

1.1. |35| Escucha y sitúa en el mapa las culturas precolombinas que faltan. Luego, comprueba tu respuesta con tus compañeros.

2 Fíjate en las siguientes construcciones. ¿Cuál de ellas crees que es el Machu Picchu? ¿Lo conoces? ¿Qué sabes de él? ¿Reconoces el lugar de las otras fotografías? Trabaja con tu compañero.

A

B

C

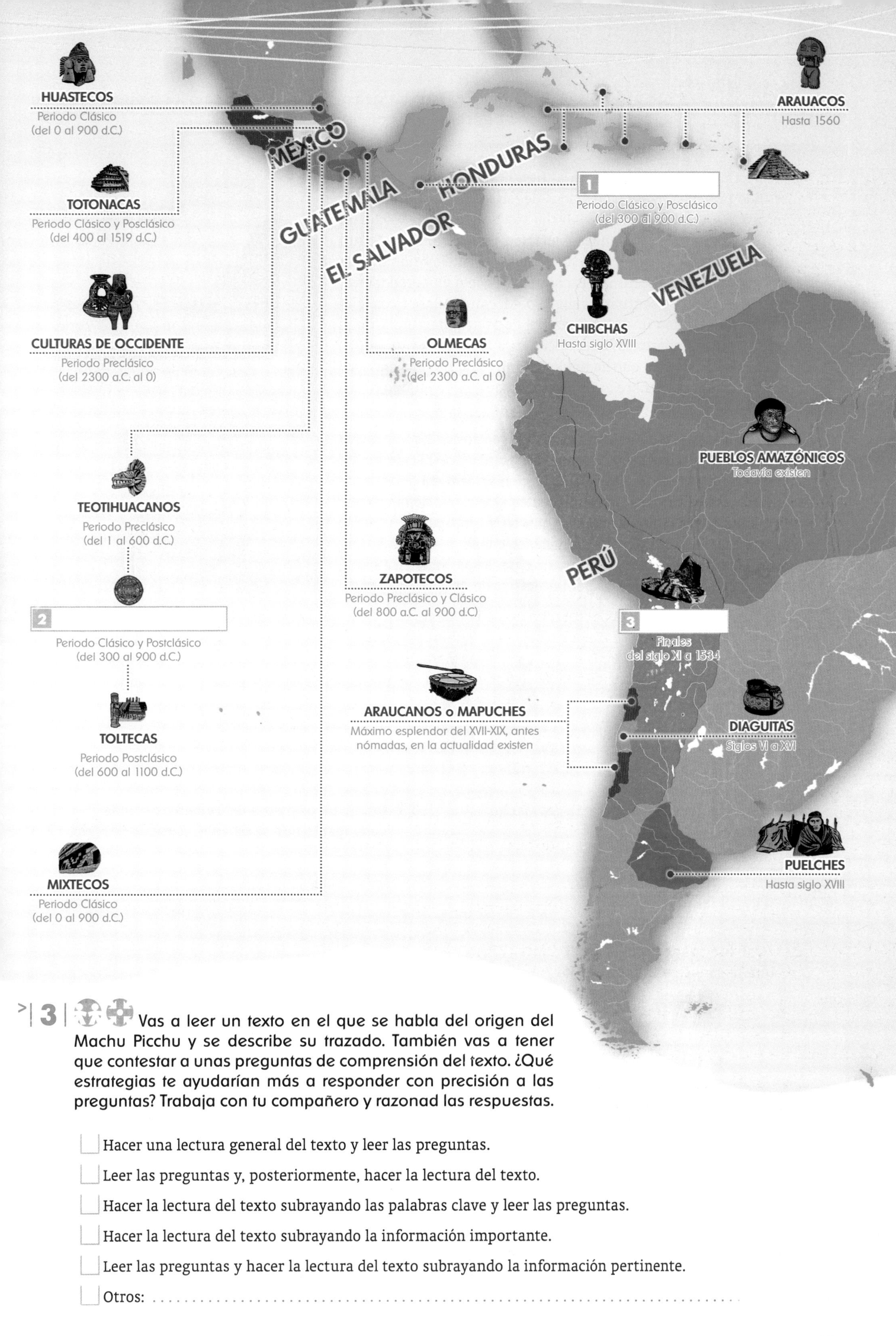

> 3 Vas a leer un texto en el que se habla del origen del Machu Picchu y se describe su trazado. También vas a tener que contestar a unas preguntas de comprensión del texto. ¿Qué estrategias te ayudarían más a responder con precisión a las preguntas? Trabaja con tu compañero y razonad las respuestas.

- [ ] Hacer una lectura general del texto y leer las preguntas.
- [ ] Leer las preguntas y, posteriormente, hacer la lectura del texto.
- [ ] Hacer la lectura del texto subrayando las palabras clave y leer las preguntas.
- [ ] Hacer la lectura del texto subrayando la información importante.
- [ ] Leer las preguntas y hacer la lectura del texto subrayando la información pertinente.
- [ ] Otros: ....

|3.1.| Lee el texto, comprueba tus hipótesis de la actividad 2 y contesta las preguntas. Aplica la estrategia o estrategias que has señalado anteriormente.

Machu Picchu es el nombre de un antiguo poblado inca de piedra construido principalmente a mediados del siglo XV en el promontorio rocoso que une las montañas Machu Picchu y Huayna Picchu en la vertiente oriental de los Andes Centrales, al sur del Perú. Según documentos de mediados del siglo XVI, Machu Picchu habría sido una de las residencias de descanso de Pachacútec (primer emperador inca, 1438-1470) además de santuario religioso. Machu Picchu es considerada al mismo tiempo una obra maestra de la arquitectura y de la ingeniería. Sus peculiares características arquitectónicas y paisajísticas, y el velo de misterio que ha tejido a su alrededor buena parte de la literatura publicada sobre el sitio, lo han convertido en uno de los destinos turísticos más populares del planeta.

El área edificada en Machu Picchu es de 530 metros de largo por 200 de ancho e incluye al menos 172 recintos. El complejo está claramente dividido en dos grandes zonas: la zona agrícola, formada por conjuntos de terrazas de cultivo, que se encuentra al sur; y la zona urbana, que es, por supuesto, aquella donde vivieron sus ocupantes y donde se desarrollaron las principales actividades civiles y religiosas. Ambas zonas están separadas por un muro, un foso y una escalinata, elementos que corren paralelos por la cuesta este de la montaña.

Machu Picchu está en la lista del Patrimonio de la Humanidad de la Unesco desde 1983, como parte de todo un conjunto cultural y ecológico conocido bajo la denominación *Santuario histórico de Machu Picchu*. El 7 de julio de 2007 Machu Picchu fue declarada una de las nuevas Maravillas del Mundo en una ceremonia realizada en Lisboa, Portugal, después de la participación de cien millones de votantes del mundo entero. ■

Adaptado de http://es.wikipedia.org/wiki/Machu_Picchu#Descripci.C3.B3n_de_Machu_Picchu

1 **Escribe la localización exacta del Machu Picchu.**

....

....

....

2 **¿Qué funciones cumplía este recinto? ¿Por qué se conoce esta información?**

....

....

....

3 **¿Cumple alguna función en la actualidad? Justifica tu respuesta.**

....

....

....

4 **Dibuja un esquema del recinto, según la descripción que se da en el segundo párrafo.**

5 **¿Qué títulos de reconocimiento tiene el Machu Picchu? Enuméralos y señala las fechas en las que se los concedieron.**

....

....

....

|3.2.| Ahora comentad qué información confirma vuestras respuestas de la actividad 2 y qué información nueva os ha aportado la lectura del texto.

EL ORIGEN DEL MUNDO

>| 1 |  Como todas las civilizaciones antiguas, los incas también se sirvieron de una leyenda para explicar el origen del mundo. A continuación, tenéis algunos párrafos de esta leyenda inca. Vuestro texto está desordenado e incompleto. Seguid estas instrucciones para reconstruir el texto y ordenarlo.

1. Lee tus párrafos con atención y busca en el diccionario las palabras que no entiendas.
2. Resume en una línea el contenido de cada párrafo.
3. Intercambia oralmente los resúmenes de tus párrafos con los de tu compañero.
4. Con la información que te ha dado tu compañero, ordena la historia completa.
5. Compara con tu compañero y, si el resultado es diferente, justifica el orden que tú has establecido.

ALUMNO A

Y así fue. Una mañana, al llegar a un bello valle rodeado de montañas majestuosas, el bastón de oro se hundió dulcemente en el suelo. Era ahí donde había que construir Cuzco, el "ombligo" del mundo, la capital del Imperio del Sol.

☐ ________________

Inti, el dios Sol, con el propósito de civilizar a estos seres, les pidió a sus hijos, Ayar Manco y Mama Ocllo, que descendieran sobre la tierra para construir un gran imperio. El dios Sol les entregó un bastón de oro y les dijo que cuando llegaran a la tierra, se dirigieran hacia el norte y que cada vez que se detuvieran, plantaran el bastón de oro en el suelo. Allí donde se hundiera sin el menor esfuerzo, deberían construir la capital del imperio. Ellos enseñarían a los hombres las reglas de la vida civilizada y a venerar a su dios creador, el Sol.

☐ ________________

Los hombres se presentaron ante los dioses y Ayar Manco, dirigiéndose a ellos, les dijo:

- Trabajad para mí, que seréis recompensados.

☐ ________________

Ayar Manco cambió su nombre por el de Manco Capac ('jefe poderoso') y, en compañía de su hermana Mama Ocllo, se sentó en el trono del nuevo Imperio del Sol. A partir de este día, todos los emperadores incas, descendientes de Manco Capac, gobernaron su imperio con su hermana convertida en esposa.

☐ ________________

Mama Ocllo contestó:

- Nuestro padre es demasiado inteligente como para haberse equivocado. Puesto que ya hemos iniciado el camino, sigamos buscando. Pronto encontraremos el lugar señalado.

☐ ________________

ALUMNO B

En las tierras que se encuentran al norte del lago Titicaca, unos hombres vivían como bestias feroces porque no tenían religión, ni justicia, ni ciudades. A causa de esta situación, no sabían cultivar la tierra y vivían desnudos. Se refugiaban en cavernas y se alimentaban de plantas, de bayas salvajes y de carne cruda.

☐ ________________

Con ánimo de llegar lo antes posible, Ayar Manco y Mama Ocllo se pusieron en marcha hacia el norte inmediatamente. Sin embargo, los días pasaban sin que el bastón de oro se hundiera en el suelo. Ayar Manco perdió la paciencia y exclamó:

- ¿Para qué nos molestamos si en estas tierras no se hunde el bastón?

☐ ________________

Los hombres aceptaron y él comenzó a enseñarles a cultivar la tierra, a cazar, a construir casas, mientras Mama Ocllo enseñaba a las mujeres a tejer la lana de las llamas para fabricar vestimentas, a cocinar y a ocuparse de la casa.

☐ ________________

A la mañana siguiente, Ayar Manco y Mama Ocllo aparecieron entre las aguas del lago Titicaca. Gracias a la riqueza de sus vestimentas y al brillo de sus joyas, llamaron la atención de los hombres, que, rápidamente, se dieron cuenta de que eran dioses. Como tenían miedo, los hombres los siguieron a escondidas.

☐ ________________

Adaptado de http://www.historiacultural.com/2010/01/leyenda-hermanos-ayar-mito-inca.html

>| 2 | El siguiente cuadro recoge algunos conectores que sirven para la expresión de causa y finalidad. Todos aparecen en el texto que has leído. Localízalos y subraya en rojo las frases que expresan causa y en azul las que expresan finalidad. Antes, lee la información que te proporcionamos.

Expresión de la causa y de la finalidad

- **Expresión de la causa:** El hablante expresa la causa, el motivo o justificación por el que realiza o transmite algo. Introduce una información **previa**, anterior al suceso de la oración principal.
- **Expresión de la finalidad:** El hablante expresa el propósito de la actividad o idea que quiere realizar o transmitir. La información es **posterior** al suceso de la oración principal.

Conectores que indican la causa

- *porque*
- *a causa de*
- *gracias a*
- *como*
- *puesto que*
- *que*

Conectores que indican la finalidad

- *con el propósito de*
- *para*
- *con ánimo de*
- *¿Para qué...?*

>| 3 | A continuación, tienes unas explicaciones sobre las diferencias de uso de los principales conectores para expresar la causa. Complétalo con las frases que has subrayado en rojo.

La expresión de la causa

- ***Porque***
  - Introduce una expresión de causa que contiene una información nueva y que el hablante presenta como una justificación. Normalmente va detrás de la oración principal:

    – ____________________
  - También podemos encontrar *porque* como oración causal antepuesta a la oración principal. En este caso el hablante transmite una información conocida como justificación o explicación, añadiéndole un matiz enfático:

    – ***¡Porque** tiene un expediente magnífico le han concedido la beca, no por ninguna recomendación!*
- ***Que***
  - El hablante utiliza este conector cuando quiere justificar una petición u orden:

    – ____________________
- ***Como***
  - Introduce una expresión de causa que se basa en una información conocida y que representa la **opinión** del hablante. Va delante de la oración principal:

    – ____________________
- ***Debido a (que), a causa de (que)***
  - El hablante da una información conocida que sirve de causa de la oración principal. Suelen usarse en contextos **formales**:

    – ____________________
- ***Por culpa de, gracias a***
  - Con estos conectores causales el hablante introduce hechos con **connotaciones** negativas y positivas, respectivamente, para la realización de la oración principal:

    – ____________________

CONTINÚA

La expresión de la causa (cont.)

- Estos conectores pueden aparecen antepuestos o pospuestos a la oración principal:
  – *No hemos podido ir de excursión por culpa de la lluvia./Por culpa de la lluvia no hemos podido ir de excursión.*

✕ ***Puesto que, en vista de que* y *ya que***

- El hablante introduce una información conocida que favorece la realización de la oración principal. Estos conectores suelen aparecer antepuestos:
  –

- Fíjate en que todos estos conectores se construyen con sustantivo o indicativo. Solo cuando se quiere indicar que la información que se transmite no es la causa real de la oración principal se usa la construcción ***no porque/no es que* + subjuntivo**:
  – *Estoy callada* ***no porque esté*** *enfadada, sino porque me duele la garganta.*
  – ***No es que no pueda*** *ir, es que no quiero.*

3.1. Expresad la causa por la que se pueden realizar o no las acciones que estas situaciones proponen. Para la elección de un conector u otro, pensad qué quiere transmitir el hablante. Justificad vuestra elección utilizando las explicaciones del cuadro anterior.

1. Te han enviado una invitación de boda. No puedes asistir. Escribe una nota.
....

2. Tu hermano te ha entretenido y has perdido el autobús.
....

3. Tu profesora de español te ha ayudado mucho. Has aprobado el examen DELE.
....

4. Un/a amigo/a te ha dicho que el metro se ha estropeado. Decides ir a pie.
....

5. Quieres cerrar la ventana porque tienes frío. Se lo dices a tu compañero/a.
....

6. Todos creen que no te vas de vacaciones porque no tienes dinero. La verdad es que no te vas de vacaciones porque te ha salido un trabajo temporal donde te pagan muy bien. Acláralo.
....

7. Tu amigo/a cree que Lucía ha conseguido un buen trabajo porque es muy guapa. Tú crees que es porque habla cinco idiomas. Contradice su opinión. Reproduce el diálogo que mantienes con él/ella.
● ....
● ....

8. Llegas a casa con tu amigo y tu hermana Luisa está durmiendo. No puedes hacer ruido.
....

>| 4 | Vamos a ocuparnos ahora de la expresión de la finalidad. Sigue el mismo procedimiento que en la actividad 3.1. y completa el cuadro con las frases que has subrayado en azul.

La expresión de finalidad

Para (que)

- El hablante expresa el propósito o la finalidad de la acción principal sin añadir matices:
  – ____________________

Para preguntar por la finalidad de una acción se utiliza la interrogativa ***¿Para qué...?*** Este tipo de preguntas son, en determinadas frases, retóricas, pero pueden tener una connotación negativa o expresar una lamentación o queja del hablante:

– *¿**Para qué** nos molestamos si en estas tierras no se hunde el bastón?*

A (que)

- El hablante indica la finalidad de un movimiento:
  – *Vengo **a que** me expliques estos problemas de matemáticas, no los entiendo.*

Con vistas a (que), con el fin/objeto/propósito de (que), a fin de (que), con ánimo de (que)

- El hablante indica la intencionalidad de la acción principal de manera formal:
  – ____________________
  – ____________________

No sea/vaya a ser que

- El hablante expresa la finalidad de la acción con temor, y la ve como una amenaza:
  – *Anda, llévate el paraguas **no vaya a ser que** llueva y te empapes.*

Contrariamente a las causales, las finales son posteriores a la oración principal y como los fines no tienen una existencia real cuando se transmiten, las frases van con subjuntivo. Recuerda que todos estos conectores (excepto *no sea/vaya a ser que*, que siempre va con subjuntivo) se construyen con infinitivo cuando el sujeto de la oración principal y el de la oración subordinada coinciden, y con subjuntivo cuando los sujetos son diferentes.

| 4.1. | El siguiente texto es un fragmento adaptado de la Biblia en el que se narra la historia de Adán y Eva. Complétalo con los conectores finales que faltan teniendo en cuenta la intencionalidad que se indica entre paréntesis.

Refiere la Biblia que Adán fue creado por Dios proveniente del polvo, a su misma semejanza, (indica la intencionalidad de la acción principal de manera formal) **(1)** ____________ *gobernara la Tierra. Como estaba muy solo, de una costilla tomada de Adán, Jehová Dios creó a una mujer, Eva,* (expresa el propósito/finalidad sin añadir matices) **(2)** ____________ *le hiciera compañía.* (Indica la intencionalidad de la acción principal de manera formal) **(3)** ____________ *poblar la Tierra, Adán y Eva recibieron de Dios el mandamiento de multiplicarse. Dios puso a Adán y a su esposa Eva en el huerto del Edén, dándoles el mandamiento de no comer del árbol de la ciencia del bien y del mal:*

CONTINÚA »

—Podéis tomar de este lugar todo lo que queráis. Solo tenéis que respetar una prohibición: no comer los frutos de este árbol (expresa el propósito/finalidad) **(4)** ________ no morir.

Sin embargo, según la tradición, una astuta serpiente engañó a Eva:

—(Pregunta por la finalidad de un movimiento) **(5)** ________ has venido? –preguntó Eva con desconfianza.

—*No te asustes, ¿has visto qué fruto más apetecible?*

—*Sí, pero no lo probaré,* (expresa la finalidad de la acción con temor) **(6)** ________ *muera.*

—*¿Quién te ha dicho eso?*

—*Jehová.*

—*No seas tonta. En realidad, si comes de este fruto obtendrás sabiduría, igual que Dios.*

—*¿De verdad? ¿Nos ha engañado? Entonces, ¿*(expresa una lamentación/queja) **(7)** ________ *queremos estar en este lugar tan bello si somos unos ignorantes?*

Acto seguido, Eva comió del fruto prohibido, dándole también a su marido.

Jehová, muy enfadado, se dirigió a Adán y le dijo:

—*Con el sudor de tu rostro comerás el pan hasta que vuelvas a la tierra, porque de ella fuiste tomado: pues polvo eres, y al polvo volverás.* ■

>| 5 | Comparad la leyenda de los incas con este fragmento del Génesis. ¿Encontráis puntos en común? ¿Son comparables? Justificad vuestras opiniones. También podéis compararla con otras leyendas que conozcáis.

Hacer comparaciones

Recuerda que para hacer comparaciones (entre cualidades diferentes, acontecimientos o acciones realizadas, cantidades...) puedes usar los siguientes exponentes:

- *(...) tan (...) como (...)*
- *(...) tanto como (...)*
- *(...) más/menos (...) que (...)*
- *Esto no se puede comparar con (...)*
- *Es preferible (...) que (...)*
- *Entre (...) y (...) no hay comparación posible.*

>| 6 | ¿Qué estrategia o estrategias de las que tienes a continuación utilizas cuando tienes que explicar algo en español y te falta alguna palabra? Comparte tus reflexiones con tu compañero.

1 ☐ Intentas evitar esa palabra.

2 ☐ Pides ayuda a tus interlocutores.

3 ☐ Recurres a tu lengua materna o a otra lengua y utilizas la palabra en alguna de ellas, o le das pronunciación en español o la traduces de forma literal.

4 ☐ No recurres a otras lenguas conocidas y sustituyes la palabra por otra, parafraseas o reestructuras la frase.

5 ☐ La buscas rápidamente en el diccionario.

| 6.1. | ¿Cuál de las cinco estrategias anteriores creéis que es especialmente útil? ¿Tenéis alguna otra que no se haya mencionado?

Grupo cooperativo

> | 7 | En grupos pequeños, tenéis que inventar una nueva leyenda que explique el origen del mundo. Puede haber dioses, elementos sobrenaturales, catástrofes, reconstrucciones... Estas son las pautas a seguir:

- Conseguir el mayor número posible de ideas sobre el tema.
- Analizar las aportaciones realizadas y valorarlas.
- Decidir qué idea o ideas se utilizarán para desarrollar la historia.

| 7.1. | Para elaborar la leyenda vais a asignar un rol a cada miembro del grupo. De esta manera, entre todos, podréis elaborar la leyenda imaginaria.

- **Compendiador:** se encarga de resumir las principales intervenciones generadas por el grupo.
- **Registrador:** toma nota de las decisiones del grupo y elabora un esquema completo de la leyenda.
- **Narrador:** con los conceptos ya descritos y el esquema elaborado coherentemente, se encarga de narrar oralmente la leyenda inventada.
- **Corrector:** corrige los errores de las explicaciones o aportaciones de los otros miembros del equipo.

Consejos para hablar en público

1. Adecúa el discurso al registro comunicativo del público interlocutor: no es lo mismo hablar a un público infantil o joven que dirigirse a un grupo de personas adultas.
2. Antes de empezar el discurso, es conveniente captar la atención del público y mantener el contacto visual con él.
3. Sigue este esquema en tu exposición: introducción, desarrollo y conclusión.
4. Sé claro, conciso y breve: utiliza las palabras adecuadas y no te extiendas demasiado.
5. Habla claro, despacio y entona para que la exposición no resulte monótona.
6. Sonríe y muéstrate relajado y seguro de ti mismo.

| 7.2. | Valorad las distintas intervenciones de los narradores y decidid quién lo ha hecho mejor. ¿Qué leyenda os parece la más interesante? ¿Y la más original?

LA TEORÍA DEL BIG BANG

>| 1 | La ciencia tiene en la actualidad teorías que explican el origen del universo. Aquí tienes un texto científico sobre la teoría del Big Bang. Resume en una frase la idea principal de cada párrafo.

La teoría del Big Bang y el origen del universo

A El Big Bang, literalmente "gran estallido", constituye el momento en que de la "nada" emerge toda la materia, es decir, el origen del Universo. La materia, hasta ese momento, es un punto de densidad infinita, que en un momento dado "explota" generando la expansión de la materia en todas las direcciones y creando lo que conocemos como nuestro Universo.

B Inmediatamente después del momento de la "explosión", cada partícula de materia comenzó a alejarse muy rápidamente una de otra, de la misma manera que al inflar un globo, este va ocupando más espacio expandiendo su superficie. Los físicos teóricos han logrado reconstruir esta cronología de los hechos a partir de un 1/100 de segundo después del Big Bang. La materia lanzada en todas las direcciones **por** la explosión primordial está constituida exclusivamente **por** partículas elementales: electrones, positrones, mesones, bariones, neutrinos, fotones y un largo etcétera hasta más de 89 partículas conocidas hoy en día.

C En 1948, el físico ruso, nacionalizado estadounidense, George Gamow planteó que el Universo se creó en una explosión gigantesca y que los diversos elementos que hoy se observan se produjeron durante los primeros minutos después de la Gran Explosión o Big Bang, cuando la temperatura extremadamente alta y la densidad del Universo fusionaron partículas subatómicas en los elementos químicos. **Para** otros investigadores, el hidrógeno y el helio habrían sido los productos primarios del Big Bang, y los elementos más pesados se produjeron más tarde, dentro de las estrellas. Sin embargo, la teoría de Gamow proporciona una base **para** la comprensión de los primeros estadios del Universo y su posterior evolución. A causa de su elevadísima densidad, la materia existente en los primeros momentos del Universo se expandió con rapidez. Al expandirse, el helio y el hidrógeno se enfriaron y se condensaron en estrellas y en galaxias. Esto explica la expansión del Universo y la base física de la ley de Hubble.

D Según se expandía el Universo, la radiación residual del Big Bang continuó enfriándose, hasta llegar a una temperatura de unos 3ºK (-270 °C). Estos vestigios de radiación de fondo de microondas fueron detectados **por** los radioastrónomos en 1965, proporcionando así lo que la mayoría de los astrónomos considera la confirmación de la teoría del Big Bang.

E Muchos de los trabajos habituales en cosmología teórica se centran en desarrollar una mejor comprensión de los procesos que deben haber dado lugar al Big Bang. La teoría inflacionaria, formulada en la década de 1980, resuelve dificultades importantes en el planteamiento original de Gamow al incorporar avances recientes en la física de las partículas elementales. Estas teorías también han conducido a especulaciones tan osadas como la posibilidad de una infinidad de universos producidos de acuerdo con el modelo inflacionario. Sin embargo, la mayoría de los cosmólogos se preocupa más de localizar el paradero de la materia oscura, mientras que una minoría, encabezada **por** el sueco Hannes Alfvén, Premio Nobel de Física, mantiene la idea de que no solo la gravedad, sino también los fenómenos del plasma tienen la clave **para** comprender la estructura y la evolución del Universo.

| 1.1. | Este texto presenta características del lenguaje científico que lo diferencian de otros textos que has visto en este libro. Marca cuáles de las siguientes características de este tipo de lenguaje están presentes en el texto y da ejemplos.

Características	Ejemplos
1 [ ] Existencia de extranjerismos.	
2 [ ] Palabras que contienen un prefijo de origen griego o latino más una base.	
3 [ ] Palabras que contienen una raíz y un sufijo griegos o latinos.	
4 [ ] Palabras compuestas.	
5 [ ] Siglas, símbolos y fórmulas.	
6 [ ] Empleo de construcciones impersonales semánticas.	
7 [ ] Mayor abundancia de la voz pasiva.	
8 [ ] Predominio del tiempo verbal presente, generalmente con valor atemporal.	
9 [ ] Conectores argumentativos.	

Adaptado de Josefa Gómez de Enterría, "El lenguaje científico-técnico y sus aplicaciones didácticas", Carabela 44

| 1.2. | Al ser este texto científico, seguramente habéis encontrado palabras cuyo significado desconocéis. Haced una lista. ¿De cuáles de estas palabras podéis deducir su significado por el contexto y cuáles tenéis necesariamente que consultar en un diccionario?

>| 2 | **Observa las preposiciones *por* y *para* del texto, ¿recuerdas sus usos? Además de expresar causa y finalidad, estas preposiciones tienen otros significados que seguramente conoces. Para repasarlos, te ofrecemos un cuadro con sus diferentes usos. Completa, primero, los ejemplos con una de estas dos preposiciones y, luego, colócalos en el lugar correspondiente del cuadro.**

1. Los aztecas hacían sacrificios humanos .... las noches.
2. .... Vicente Aranda, el mito de Carmen está lleno de incógnitas.
3. ¿Cuántas veces .... semana tienes clases particulares de japonés?
4. Este proyecto debe estar listo .... mañana.
5. Todavía me faltan muchas tarjetas .... relacionar.
6. ¿Habéis venido .... la M-30 o .... la M-40?
7. ¿No han dejado un sobre .... mí en recepción?
8. Siento mucha pena .... él. ¡Pobrecito!
9. Ha estudiado español .... dos meses y ya es capaz de mantener una conversación.
10. Contesta el teléfono .... mí, por favor, que estoy ocupada.
11. .... llevar solo dos meses viviendo en Barcelona, te veo muy adaptado.
12. Esta teoría fue demostrada .... un científico búlgaro en 1793.
13. Antes de llegar a la escuela, camino .... el parque del Retiro.

CONTINÚA

14 Si mal no recuerdo, tú y yo nos conocimos allá .... el año 95, ¿no?

15 Algunas estaciones de metro están cerradas .... obras.

16 Estos ejercicios son .... que practiquéis el uso de las preposiciones.

17 Vamos .... la playa, ¿te animas?

18 Te pido que llegues temprano, hijo. Hazlo .... mí. Si tardas, me preocupo.

19 ¿Sabe si hay una sucursal del Banco del Mediterráneo .... aquí?

20 No tengo muchas cosas que hacer .... mañana, ¿salimos?

21 ¿Cuánto dices que has pagado .... ese cacharro?

22 Nuestro padre es demasiado inteligente como .... haberse equivocado.

Metro
Gran Vía

Por

Usos espaciales

- ☐ **a.** Expresa el tránsito a través de un sitio, o el movimiento dentro de un sitio.
- ☐ **b.** Canal físico por el que se efectúa un movimiento.
- ☐ **c.** Localización aproximada.

Usos temporales

- ☐ **d.** Sitúa de manera aproximada con respecto a un momento/fecha.
- ☐ **e.** Expresa la duración provisional cuando se usa con marcadores de cantidad de tiempo.
- ☐ **f.** Para situar algún suceso en una de las partes del día.
- ☐ **g.** Expresa que algo se repite de manera habitual.

Usos conceptuales

- ☐ **h.** Expresa la causa.
- ☐ **i.** Expresa el objeto/destinatario de algún sentimiento, actitud o estado mental.
- ☐ **j.** Expresa un pensamiento o una idea que provoca o hace surgir algo.
- ☐ **k.** Expresa el precio, dándole una connotación de intercambio.
- ☐ **l.** Expresa que dos elementos son equivalentes, que uno puede sustituir al otro.
- ☐ **m.** Presenta algo que todavía está pendiente.
- ☐ **n.** Introduce el agente en la voz pasiva.

Para

Usos espaciales

- ☐ **ñ.** Se refiere al destino final, aunque este puede cambiar sobre la marcha.

Usos temporales

- ☐ **o.** Sitúa de manera precisa con respecto a un momento/fecha.
- ☐ **p.** Expresa el último plazo antes del que tiene que realizarse algo.

Usos conceptuales

- ☐ **q.** Expresa la finalidad posterior a una acción.
- ☐ **r.** Expresa el destinatario o beneficiario posterior.
- ☐ **s.** Relativiza, matiza o limita el alcance de algo.
- ☐ **t.** Expresa la opinión.
- ☐ **u.** La estructura **adjetivo** + ***(como)*** + ***para*** introduce una comparación que, a su vez, se traduce en consecuencia.

>| 3 | Además de los usos anteriores, estas preposiciones forman parte de numerosas expresiones idiomáticas. ¿Se te ocurre alguna? Anotad en la pizarra todas las que conozcáis.

|3.1.| |36| La estrategia de deducir el significado por el contexto te puede servir también para comprender expresiones idiomáticas. Vas a escuchar diferentes frases en las que aparecen este tipo de expresiones con las preposiciones *por* y *para*. Anótalas y escribe al lado el significado.

|3.2.| Cotejad las frases que habéis anotado en la pizarra con las que han aparecido en el audio. ¿Habéis coincidido en alguna? Completad la lista de la pizarra, formulando frases que las contextualicen.

Intercultura

|3.3.| Ahora, piensa cómo se dicen en tu lengua estas expresiones. Después, da algún ejemplo a tus compañeros. No olvides que las expresiones deben estar contextualizadas.

1. ☐ Son iguales y tienen el mismo significado.
2. ☐ Son diferentes pero con el mismo significado.
3. ☐ Son iguales pero con significado diferente.
4. ☐ No hay ninguna expresión equivalente.
5. ☐ No existen.

PATRIMONIO INMATERIAL DE LA HUMANIDAD

Cultura

>| 1 | Fijaos en las siguientes imágenes, ¿a qué costumbre, tradición, manifestación artística hace referencia cada una de ellas? ¿Sabéis de qué país son originarias? ¿Creéis que su valor es comparable al del Machu Picchu o las pirámides de Egipto? ¿Es un valor tangible? Justificad vuestra respuesta.

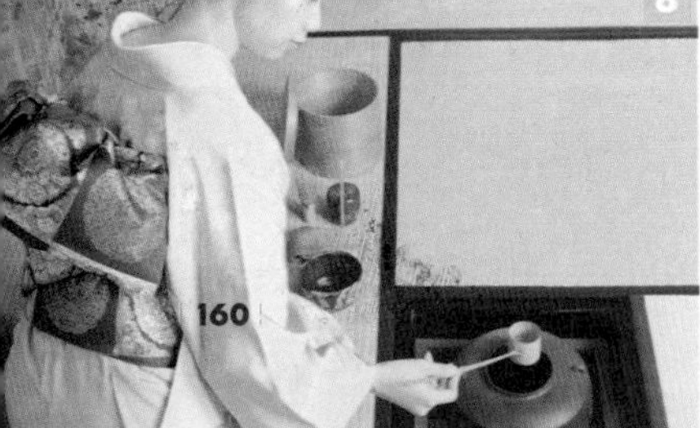

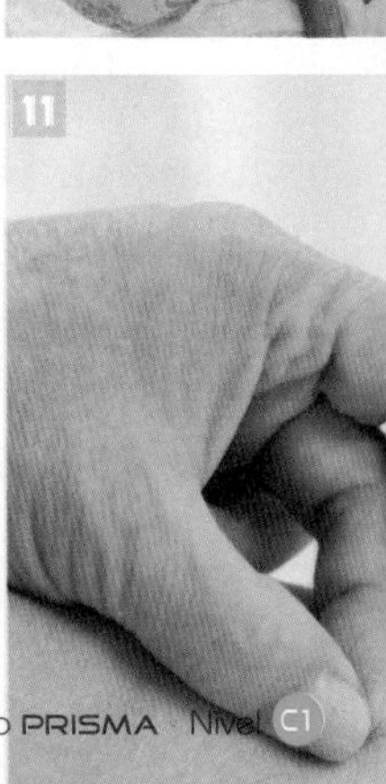

> 2 | Leed esta definición que da la Unesco sobre lo que considera Patrimonio Cultural de la Humanidad y revisad vuestras opiniones anteriores.

El patrimonio cultural no se limita a monumentos y colecciones de objetos, sino que comprende también tradiciones o expresiones vivas heredadas de nuestros antepasados y transmitidas a nuestros descendientes, como tradiciones orales, artes del espectáculo, usos sociales, rituales, actos festivos, conocimientos y prácticas relativos a la naturaleza y el universo, y saberes y técnicas vinculados a la artesanía tradicional.

Pese a su fragilidad, el patrimonio cultural inmaterial es un importante factor del mantenimiento de la diversidad cultural frente a la creciente globalización. La comprensión del patrimonio cultural inmaterial de diferentes comunidades contribuye al diálogo entre culturas y promueve el respeto hacia otros modos de vida. ■

Adaptado de http://www.unesco.org/culture/ich/index.php?lg=es&pg=00002

> 3 | 
|37|

En el año 2010, algunas manifestaciones artísticas y culturales de España fueron declaradas Patrimonio Inmaterial de la Humanidad. Escucha el audio y marca las imágenes de la actividad 1 que se mencionan.

> 4 | El siguiente texto describe brevemente qué es el flamenco. Coloca las siguientes palabras en el lugar adecuado.

× trágicos	× baile	× catalogables	× guitarra	× armonía
× alma	× alegre	× expresivo	× bailable	× serio

El flamenco es un arte que se presenta en dos variantes: música y 1 ______. En la música, el cante y la 2 ______ son los elementos fundamentales, acompañados de la percusión y las palmas que juegan un papel muy importante.

El baile es muy 3 ______ y cada parte del cuerpo ha de moverse de forma coordinada: los pies, las piernas, las caderas, el talle, los brazos, las manos, los dedos, los hombros, la cabeza...

Para aprender flamenco, como en otras manifestaciones artísticas, son necesarios dos ingredientes: 4 ______ y técnica. Se pueden contar más de cincuenta "palos" del flamenco. Cada "palo" tiene su propio ritmo, su propia 5 ______ y, en caso de que sea un palo 6 ______, su propia danza.

El flamenco jondo (=hondo) es un estilo 7 ______ que expresa sentimientos profundos y con frecuencia 8 ______. Aquí se tratan temas como el amor, el desengaño o la pena, y se baila con una expresión muy profunda e intimista. Ejemplos de flamenco jondo son la bulería, la farruca, el martinete, la minera, la petenera, la soleá y el tiento.

El flamenco festero es un arte más 9 ______. Se interpreta en las fiestas y celebraciones en Andalucía. Los temas tratados son alegres y, a veces, cómicos. Ejemplos del flamenco festero son: la sevillana, la rumba, el tanguillo y la alegría.

Naturalmente hay muchos palos y muchas interpretaciones que no son fácilmente 10 ______. En cualquier caso, lo que sí es común a todo el flamenco es que es sentimiento. ■

Adaptado de http://www.red2000.com/spain/flamenco/1index.html

| 4.1. | ¿Habéis oído cantar flamenco alguna vez? ¿Dónde creéis que se canta más? ¿Qué sentimientos os despierta el flamenco? ¿Lo consideráis un arte universal? ¿Creéis que se puede aprender a cantar flamenco?

12 ETAPAS DE LA VIDA

Contenidos funcionales

- Expresar cuándo empezó a desarrollarse una acción.
- Expresar que alguien ha empezado a hacer algo para lo que no está preparado.
- Expresar el inicio repentino de una acción subrayando si el inicio es brusco.
- Expresar una acción acabada.
- Expresar el final de un suceso reciente.
- Expresar la duración de una acción señalando si esa duración es un proceso lento, continuado o que se interrumpe.
- Expresar el resultado de una acción indicando la cantidad que se ha realizado.

Contenidos gramaticales

- Perífrasis de:

infinitivo	gerundio	participio
ponerse a	*estar*	*dar por*
comenzar a	*ir*	*llevar*
venir a	*venir*	*tener*
echar(se) a	*llevar*	
romper a	*acabar*	
dejar de		
acabar de/por		
llegar a		
meterse a		

Tipos de texto y léxico

- Texto instructivo: objetivos de la OMS; la Declaración de los Derechos del Niño.
- Texto informativo: terapias alternativas; el estrés.
- Texto periodístico: carta al director.
- Entrevista.
- Léxico relacionado con la salud (partes del cuerpo y enfermedades, instituciones, etapas de la vida...).
- Expresiones idiomáticas relacionadas con las partes del cuerpo.
- Léxico del español de América: Argentina.

El componente estratégico

- Trabajo cooperativo para realizar una tarea.
- Estrategias para la deducción de las expresiones fijas.
- Recomendaciones y estrategias para escribir una carta al director de un periódico.

Contenidos culturales

- Medicina convencional y medicina alternativa.
- Enfermedades del siglo XXI.
- La Declaración de los Derechos del Niño.
- La ONG Aldeas Infantiles SOS España.
- El cine hispano.
- El cine argentino: *El hijo de la novia* de Juan José Campanella.

LA EDAD Y LA SALUD

1 Fijaos en las siguientes fotografías y relacionadlas con el título de este epígrafe, ¿qué ideas os sugieren? ¿Qué nombre reciben en español cada una de las etapas de la vida? Escribid los nombres en el espacio correspondiente.

| 1.1. | Comentad las siguientes preguntas con vuestros compañeros de grupo. Cuando os hayáis puesto de acuerdo, escribid la respuesta.

1 ¿Qué es la OMS? ....

....

2 ¿Qué competencias tiene? ....

....

3 Definid qué es la salud, en vuestra opinión. ....

....

| 1.2. | Leed el texto y comprobad las respuestas anteriores.

En 1948 se creó la Organización Mundial de la Salud (OMS), organismo de la ONU, con el objetivo de que todos los pueblos gocen del grado máximo de salud. A través de una asamblea, compuesta por representantes de los países miembros de la OMS, se aprueban los programas y presupuestos para el siguiente bienio. Todos los países que sean miembros de las Naciones Unidas pueden pertenecer a la OMS siempre que acaten su constitución. Otros países también pueden formar parte de la organización siempre que la Asamblea de la Salud lo apruebe a través de una votación.

La constitución de la OMS define la salud como "un estado de completo bienestar físico, mental y social, y no solamente la ausencia de afecciones o enfermedades". ■

Adaptado de http://www.who.int/about/es/

Grupo cooperativo

> | 2 | Vamos a realizar un trabajo cooperativo. Dividid la clase en cuatro grupos. Cada uno va a confeccionar un cartel para la clase sobre la edad y la salud. Elegid cada grupo una de las etapas de la vida diferente y, teniendo en cuenta la definición de salud que da la OMS, contestad a la siguiente pregunta: ¿qué sería una vida saludable en la etapa de la vida que habéis elegido? Haced una relación de, al menos, cinco propuestas que hagan de este periodo de la vida una etapa saludable.

| 2.1. | Reorganizad los grupos para intercambiar ideas. Tomad nota de las propuestas de los grupos en los que no habéis participado anteriormente y discutidlas si no estáis de acuerdo.

| 2.2. | Volved a formar el grupo original y completad vuestras ideas con las sugerencias y aportaciones recibidas en la actividad 2.1. Confeccionad el cartel con las propuestas finales. Podéis ilustrarlo con imágenes. Luego, pegad el cartel en clase.

> | 3 | Después de leer todos los carteles, piensa en la etapa de la vida en la que te encuentras. ¿Crees que llevas una vida saludable? ¿Puedes hacer algo para mejorarla?

MEDICINA CONVENCIONAL Y MEDICINA ALTERNATIVA

1 Lee estas definiciones y di a qué tipo de medicina se refieren.

Sistema por el cual los médicos y otros profesionales de atención de la salud (por ejemplo, enfermeros, farmacéuticos y terapeutas) tratan los síntomas y las enfermedades por medio de medicamentos, radiación o cirugía. También se llama biomedicina, medicina alopática, medicina corriente, medicina occidental y medicina ortodoxa. En http://www.cancer.gov/diccionario/?CdrID=449752	Sistema que defiende la cura a través de los suplementos alimentarios, la megadosis de vitaminas, los preparados con hierbas, los tés especiales, la acupuntura, la terapia de masaje, la terapia con imanes, la curación espiritual y la meditación. Su eficacia no está demostrada científicamente. En http://www.cancer.gov/diccionario/?CdrID=449752

1.1. |38| Fíjate en las siguientes fotografías y escucha el audio. Identifica cada terapia con la fotografía que le corresponde y escribe el nombre en el espacio en blanco.

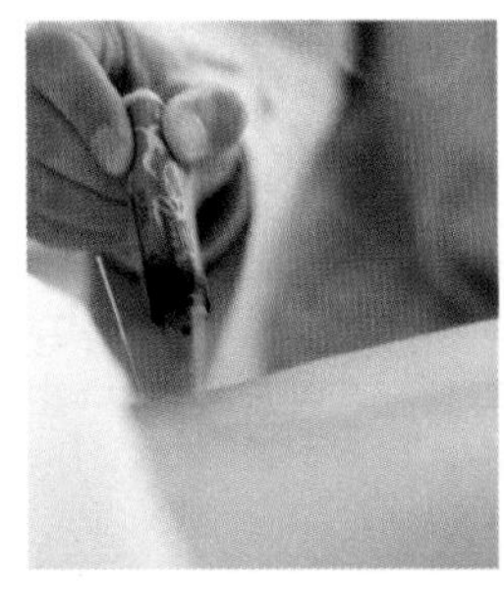
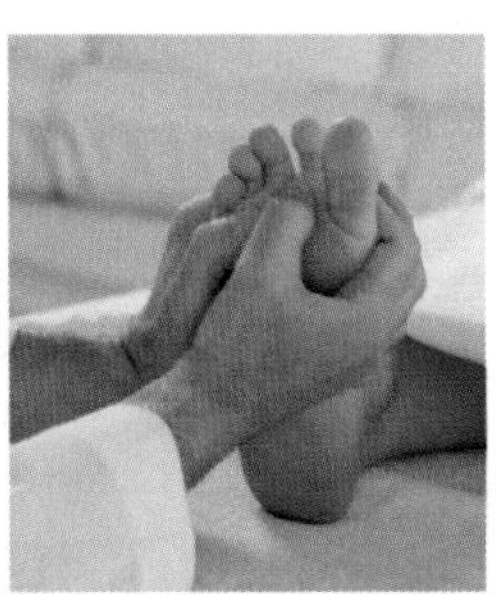

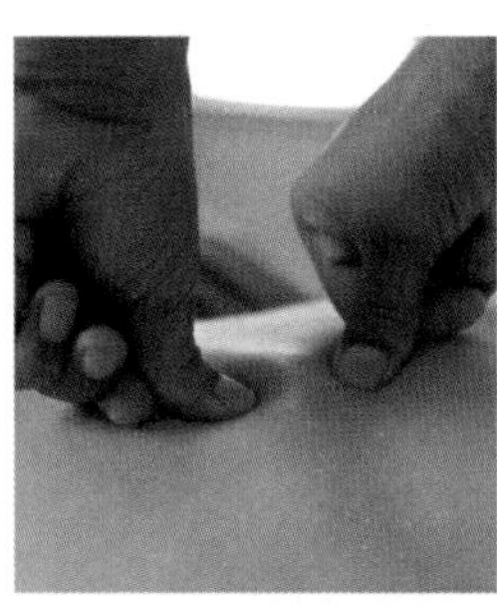

1 ______ 2 ______ 3 ______ 4 ______ 5 ______

1.2. |38| Lee las siguientes afirmaciones, vuelve a escuchar y rectifícalas si es necesario.

El shiatsu es una terapia que significa "presión de los órganos". Con el shiatsu no se puede saber qué enfermedad tiene una persona pero, una vez diagnosticada mediante procedimientos convencionales, sí es posible iniciar la curación mediante esta técnica.

______

La reflexología es una terapia química de prevención que está basada en la teoría de que existen microconexiones nerviosas y linfáticas de muchos puntos del cuerpo con los pies.

______

La moxibustión es una técnica que proviene de la acupuntura y consiste en calentar, a través de la hierba artemisa, los puntos situados a lo largo de los meridianos energéticos, en lugar de utilizar las agujas propias de la acupuntura.

______

La fitoterapia se basa en la curación de diversas enfermedades a través de las flores. Los médicos realizan mezclas de flores frescas mediante la decocción. Las flores se clasifican según los cinco elementos que corresponden a los cinco sabores: el ácido, el amargo, el dulce, el picante y el salado.

______

El qi gong produce efectos positivos en diversas enfermedades cardiológicas, así como en la hipertensión, la diabetes, la obesidad... También se ha demostrado que las personas que practican qi gong envejecen más lentamente.

______

1.3. ¿Creéis en la medicina alternativa? ¿Alguna vez os habéis sometido a terapias de este tipo? ¿Cuáles han sido los resultados?

> | 2 | En la medicina, tanto la tradicional como la alternativa, es fundamental conocer el nombre de cada una de las partes del cuerpo. Vamos a hacer una pequeña competición: completad los siguientes dibujos con las palabras adecuadas del cuadro. Comparad los resultados con la pareja de al lado y decidid qué respuesta es la correcta: la vuestra o la de ellos.

× hígado	× arteria	× costilla	× uña	× barbilla	× intestino
× riñón	× tendón	× cerebro	× articulación	× mejilla	× nervio
× columna	× frente	× esqueleto	× pestaña	× ceja	× cráneo

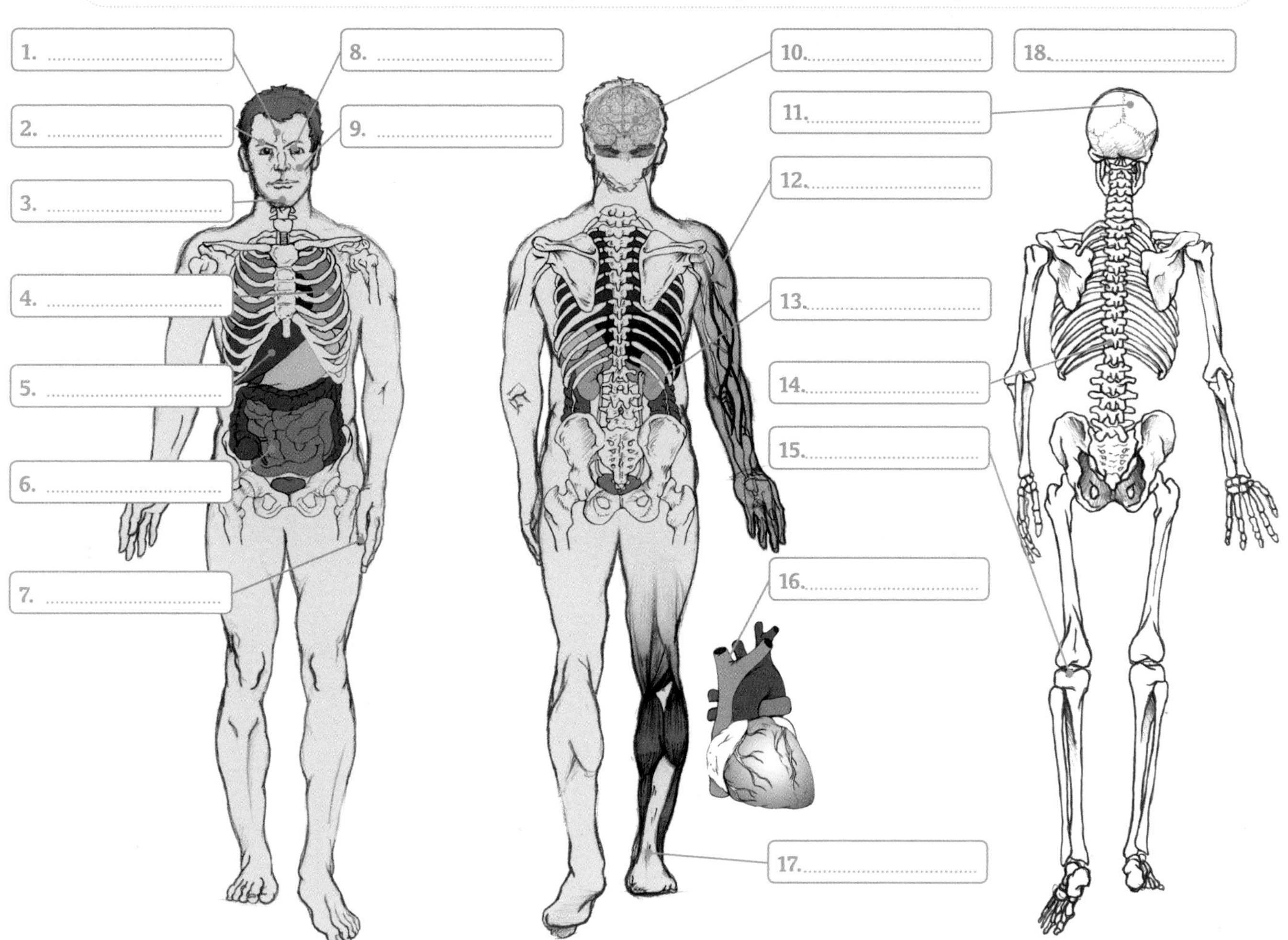

| 2.1. | Vuestro profesor os va a dar la solución a la actividad anterior. Marcad los aciertos propios, diferenciándolos de los aciertos de la pareja de al lado. ¿Quién conocía más léxico sobre el cuerpo humano?

| 2.2. | Seguimos ahondando en el campo léxico de la medicina. ¿Cómo se denominan las enfermedades asociadas a estos órganos? Fíjate en el ejemplo y rellena la primera columna.

Órgano	Enfermedad	Remedio natural
1 **hígado**	*hepática*	
2 **riñón**		
3 **hueso**		
4 **arteria**		
5 **tendón**		
6 **cerebro**		
7 **articulación**		
8 **intestino**		
9 **nervio**		
10 **corazón**		

2.3. Fijaos en los problemas de salud anteriores, ¿conocéis algún remedio natural para paliarlos? Tomad nota en la segunda columna de la actividad anterior.

2.4. Haced una puesta en común de la actividad 2.3. ¿Conocíais los remedios que han propuesto vuestros compañeros? ¿Os parece que pueden ser efectivos?

3 El lenguaje común también es rico en expresiones fijas con léxico relacionado con las partes del cuerpo. Lee las frases que te ofrecemos a continuación, agrúpalas según corresponda y, luego, di qué significan. Trabaja con tu compañero.

	cabeza	tronco	extremidades
1 Traer de cabeza.	○	○	○
2 Tener un morro que te/se lo pisas/pisa.	○	○	○
3 Ser uña y carne.	○	○	○
4 Hablar por los codos.	○	○	○
5 Buscarle tres pies al gato.	○	○	○
6 No tener ni pies ni cabeza.	○	○	○
7 Lavarse las manos.	○	○	○
8 Tener entre ceja y ceja.	○	○	○
9 Tener mucha cara.	○	○	○
10 Caérsele a alguien el alma a los pies.	○	○	○
11 Rascarse la barriga.	○	○	○
12 Meter en cintura.	○	○	○
13 De pies a cabeza.	○	○	○
14 No dar pie con bola.	○	○	○
15 Creerse algo a pies juntillas.	○	○	○
16 No tener ni un pelo de tonto.	○	○	○
17 Estar hasta la coronilla/las narices.	○	○	○
18 Tener mano izquierda.	○	○	○

3.1. ¿Has podido deducirlas todas? ¿Qué estrategias has utilizado? Márcalas en el siguiente cuadro. ¿Con qué dificultades te has encontrado? Trabaja con tu compañero.

- ☐ Buscar las palabras desconocidas en el diccionario.
- ☐ Conocer cada una de las palabras de las expresiones y encontrarles un sentido.
- ☐ Relacionarlas con expresiones de tu lengua.
- ☐ Relacionarlas con expresiones de otra lengua que conoces.
- ☐ Deducir el sentido según la parte del cuerpo a que corresponda la expresión.

Dificultades: ....

....

....

3.2. Asociad los siguientes ejemplos con alguna frase hecha de la actividad 2.

a Juan y Luis son *amigos de toda la vida*, son inseparables. ☐

b En lo que respecta a ese tema, *no quiero tener ninguna responsabilidad*. ☐

c Ha cuidado su atuendo *sin olvidar ningún detalle*. ☐

CONTINÚA »

d Últimamente, esta situación *me preocupa mucho.* ☐
e ¡A estos niños hay que *educarlos bien, se portan fatal*! ☐
f Lo que nos contó Jaime el otro día *es totalmente absurdo.* ☐
g Me encanta este grupo que tengo de conversación porque *habla muchísimo.* ☐
h No le engañaron en el reparto de la herencia porque Andrés *es muy espabilado.* ☐
i El otro día quedamos para trabajar en el libro y Roberto *no hizo absolutamente nada.* ☐
j Cuando vi el desastre de las lluvias sobre mi cosecha, *me derrumbé.* ☐
k ¡*Estamos hartos de esta situación*! ☐
l Tiene tanta confianza en ella que *se cree todo lo que le dice.* ☐
m ¡*No puedo con él, realmente no lo aguanto*! ☐
n Este puesto de trabajo exige *habilidad y diplomacia.* ☐

LA INFANCIA

>| 1 | Lee los diez principios de la Declaración de los Derechos del Niño, aprobada por la Asamblea General de las Naciones Unidas el 20 de noviembre de 1959. De ellos, marca los que te parecen fundamentales.

DECLARACIÓN DE LOS DERECHOS DEL NIÑO

Principio 1: El niño disfrutará de todos los derechos enunciados en esta Declaración sin distinción ni discriminación por cuestiones de raza, idioma, religión, origen u otra condición.

Principio 2: El niño gozará de protección para su desarrollo físico, mental y espiritual de una manera libre y digna.

Principio 3: El niño tiene derecho a un nombre y a una nacionalidad desde que nace.

Principio 4: El niño tendrá el beneficio de la seguridad médica y social que incluye la alimentación y vivienda para él y su madre en el periodo tanto prenatal como posnatal.

Principio 5: El niño con deficiencias físicas o psíquicas recibirá la educación y los cuidados especiales que su situación requiere.

Principio 6: Para el pleno desarrollo del niño, este ha de vivir al amparo y protección de sus padres en un ambiente de amor y seguridad. Si el niño es huérfano, la sociedad y las autoridades públicas están obligadas a proporcionarle la educación y el afecto necesarios para su desarrollo personal.

Principio 7: El niño tiene derecho a recibir una educación gratuita y obligatoria. La educación y orientación del niño incumben, en primer lugar, a sus padres y, después, a las autoridades públicas competentes. Asimismo, el niño debe disfrutar de juegos y recreos que garanticen una educación completa.

Principio 8: El niño, bajo cualquier circunstancia, será de los primeros en recibir protección y socorro.

Principio 9: El niño debe ser protegido de cualquier forma o tipo de explotación que impida su pleno desarrollo físico, mental y moral. En ningún caso se permitirá que el niño trabaje antes de una edad mínima adecuada.

Principio 10: El niño ha de estar protegido contra la discriminación de toda índole y tiene que ser educado en la comprensión y tolerancia entre los pueblos.

| 1.1. | ¿Qué principios has elegido? ¿Coincides con tus compañeros? Si no es así, justifica tu elección.

| 1.2. | En grupos de tres, analizad la situación de la infancia en vuestro país bajo el prisma de los principios que acabáis de leer. ¿Qué principios se cumplen y cuáles no?

| 1.3. | Proponed medidas que sirvan para subsanar estas deficiencias. Una vez de acuerdo, redactad una "carta al director" que enviaréis a todos los periódicos importantes para que sea difundida. El objetivo es que consigáis que se publique. Para ello, tened en cuenta estas recomendaciones.

Recomendaciones para escribir a la sección de Cartas al director de un periódico

1. **Sinceridad**: el contenido del mensaje debe ajustarse a la realidad. La verdad convence.
2. **Brevedad:** la carta no debe exceder la extensión que recomienda el editor (suelen ser unas 20 líneas, aproximadamente 250 palabras). Tienes más probabilidad de que tu carta sea seleccionada cuanto más breve sea. Concentra al máximo tus argumentos.
3. **Originalidad:** expresa tus ideas con tus propias palabras. Es un error enviar cartas modelo a los periódicos; difícilmente las publicarán.
4. **Interés:** un objetivo muy importante de enviar una carta es que se lea completamente. Has de hacerla interesante para el lector desde las primeras líneas.
5. **Precisión:** no exageres en tus argumentos ni los intentes desvirtuar para conseguir un mayor impacto. Utiliza un lenguaje directo y sencillo. Intenta expresar lo máximo posible con el menor número de palabras.

Consideraciones prácticas:

- incluye tu nombre, dirección, teléfono y DNI en la carta. No olvides firmarla;
- no olvides repasar la ortografía y gramática de la carta antes de enviarla;
- dirígete al director del medio al que escribes. Se empieza siempre la carta con "Sr. Director:".

Adaptado de http://www.hazteoir.org/

| 1.4. | ¿Qué carta de las que se han escrito publicaríais en un periódico? Para elegirla, tened en cuenta los criterios anteriores.

>| 2 | Fijaos en los logotipos de las siguientes ONG (Organización No Gubernamental). ¿Cuáles de ellas se dedican a trabajar por la infancia?

1 ☐ 

2 ☐

3 ☐

4 ☐

5 ☐

GREENPEACE

6 ☐

7 ☐

8 ☐

2.1. Felipe Casado lleva trabajando en Aldeas Infantiles SOS España desde el año 1991. Lee el artículo que aparece en la revista *Aldeas* donde nos cuenta su experiencia.

Comencé a colaborar en Aldeas Infantiles SOS España en el año 1991. La labor de esta organización fue iniciada por Hermann Gmeiner en Austria, allá por el año 1949. La iniciativa nació para dar respuesta a una situación peculiar de desamparo en la infancia como consecuencia de la II Guerra Mundial.

Desde mi actual responsabilidad como director del Departamento de Infancia y Juventud, me honra la tarea de velar por el bienestar de los menores que la Organización **tiene acogidos** y acompañar su camino hasta su emancipación. Es mi compromiso con la infancia vulnerable, con los que son fruto de la injusticia social. Viajo con frecuencia a las aldeas infantiles, visito los hogares donde viven los niños y hablo con ellos y sus educadores, pretendo hacerme eco de sus preocupaciones, de sus deseos; conocer sus necesidades y hablar de su futuro. Estar lo suficientemente cerca de ellos para poder escuchar su voz, y lo suficientemente alejado para que esa voz tenga resonancia. Compartir lo cotidiano como una herramienta pedagógica que haga posible olvidar los resentimientos. **He ido aprendiendo** con ellos que cada vida es única, irrepetible, merecedora de ser vivida y que, por mucho que sea el daño recibido, siempre es posible empezar de nuevo.

Si pudiera elegir tres palabras para expresar aquello que hago, diría: acepto, respeto y quiero.

Acepto su historia, no siempre es fácil hacerlo; respeto sus desórdenes y silencios, a pesar de no entenderlos muchas veces; y los quiero.

Creo que hoy ya no sería capaz de hacer otro "trabajo". **Me doy por satisfecho** al ver cómo crecen y esto me devuelve cada día la ilusión por seguir, enterrar las incoherencias y buscar en su inocencia el remedio a todas las injusticias vividas en sus pocos años. ■

Aldeas Infantiles SOS se configura como una obra social de carácter privado e independiente de toda orientación política o confesional.

Su labor consiste en ofrecer una familia, un hogar estable y una sólida preparación para enfrentarse a la vida de los niños en situación de desamparo, sin distinción de raza, credo o nacionalidad.

Está presente en 130 países y atiende en la actualidad a más de 200 000 niños y jóvenes que necesitan apoyo social.

2.2. Fijaos en las expresiones resaltadas del texto. ¿A qué categoría gramatical pertenece cada uno de sus elementos? ¿Sabéis cómo se llaman este tipo de estructuras?

1. Comencé a colaborar: Verbo *comenzar* (pretérito indefinido) + preposición *a* + infinitivo.
2. Tiene acogidos: ...
3. He ido aprendiendo: ...
4. Me doy por satisfecho: ...

2.3. ¿Conoces otras expresiones de este tipo? Con tu compañero escribe un ejemplo más de cada categoría.

| 2.4. | Teniendo en cuenta los resultados de la actividad anterior, completa el cuadro.

Las perífrasis verbales

- Las perífrasis verbales son expresiones compuestas por un verbo en forma personal que ha experimentado alguna alteración en su significado, seguido de un [1] ...., un [2] .... o un [3] .... que son los encargados de aportar el contenido semántico:
  - *Llevo escritas 30 páginas del artículo.*

  En el ejemplo, el verbo *escribir* es el que aporta el significado, mientras que *llevar* expresa una acción continuada y, con frecuencia, interrumpida. El resultado de la acción no es el definitivo, puesto que puede continuar.

| 2.5. | ¿Qué satisfacciones encuentra Felipe Casado en este tipo de trabajo? ¿Creéis que estas organizaciones dedicadas a la infancia resultan efectivas?

ENFERMEDADES DEL SIGLO XXI

| 1 | Fíjate en las siguientes fotos. ¿A qué enfermedad hacen referencia? ¿Tú la padeces o alguien cercano a ti? ¿Qué síntomas son típicos?

| 2 | |39| El doctor Pedro Cosmes desarrolla su profesión en el departamento de alergología del hospital español Virgen de la Vega en Plasencia (Cáceres). Marca las afirmaciones que te parecen correctas. Después, comprueba tus respuestas escuchando la entrevista.

1 ☐ El sector de población más afectado por este problema es la gente joven.
2 ☐ El número de afectados por la alergia ha ido disminuyendo en los últimos años.
3 ☐ La falta de higiene incide muy negativamente en las alergias.
4 ☐ No existen razones genéticas para padecer alergias.
5 ☐ Con nuevos fármacos se irán paliando con más efectividad los síntomas de las alergias.

| 2.1. | Vuelve a escuchar el audio y completa estas frases con las perífrasis que se utilizan.

1 Doctor, ¿cuánto tiempo .... en el hospital?
2 En este hospital once años, en total veinte años desde que ....
3 Actualmente .... tres médicos y tres enfermeras.
4 .... los antiguos procesadores.
5 Para después .... al polen, a los ácaros...
6 .... de manera alarmante.
7 El aumento .... en mayor medida en los países desarrollados.

| 2.2. | Lee el cuadro y complétalo con las perífrasis anteriores.

Tipos de perífrasis verbales

- **Perífrasis incoativas.** Indican que una acción empieza a desarrollarse.
  - [1] .... **+ infinitivo:**
    - –
  - ***Meterse a*** **+ infinitivo** indica críticamente que alguien ha empezado a hacer algo para lo que no está preparado:
    - *– Se ha metido a arreglar el coche y no tiene ni idea.*
  - ***Echar(se)/romper a*** **+ infinitivo** indica el comienzo repentino de una acción. Se restringe a algunos verbos (*reír, llorar, andar...*):
    - *– El niño, al ver que su madre se iba, se echó a llorar.*
    - *– Echó a andar y no pudimos alcanzarle.*
- **Perífrasis terminativas.** Indican una acción acabada.
  - [2] .... **+ infinitivo** indica el fin de una acción que era habitual:
    - –
  - ***Acabar de*** **+ infinitivo** indica el final reciente de un suceso:
    - *– Acabamos de llegar hace un momento.*
  - ***Acabar por*** **+ infinitivo/*Acabar, terminar*** **+ gerundio** indican la culminación de un proceso:
    - *– Fue tan insistente que al final acabé por aceptar su propuesta.*
    - –
  - ***Llegar a*** **+ infinitivo** indica el logro del suceso expresado por el infinitivo:
    - *– Con su esfuerzo, ha llegado a ser el presidente de la empresa.*
- **Perífrasis durativas.** Expresan el tiempo de desarrollo de una acción.
  - [3] .... **+ gerundio:**
    - *– Actualmente estamos trabajando tres médicos y tres enfermeras.*
  - ***Llevar*** **+ gerundio** indica que un suceso continúa desde su comienzo hasta el momento actual:
    - –
  - [4] .... **+ gerundio** indica el progreso gradual de la acción:
    - *– Va aumentando de manera alarmante.*
  - ***Venir*** **+ gerundio** indica un suceso que va sumando sus efectos sin interrupción:
    - –
  - ***Andar*** **+ gerundio** expresa una acción en desarrollo que casi siempre se valora negativamente:
    - *– Anda corriendo siempre de un lado a otro.*
- **Perífrasis aproximativa** o de duda.
  - ***Venir a*** **+ infinitivo:**
    - *– Este aparato viene a costar unos cien euros.*
- **Perífrasis acumulativas.** Indican el resultado de una acción, expresando la cantidad de lo que se ha realizado.
  - ***Llevar/Tener*** **+ participio:**
    - *– Ya lleva hechos cinco ejercicios.*
    - *– Tengo guardadas más de mil fotos de mi viaje por Grecia.*

Tengo guardadas más de mil fotos de mi viaje por Grecia.

| 2.3. | Completa las siguientes perífrasis con el verbo adecuado según el sentido de la frase.

1 .... recorridos más de diez kilómetros pero todavía me quedan diez más para llegar.

2 .... fumar cuando tenía quince años. Cuando se casó, como su mujer no fumaba, ... dejarlo. Años después, tras superar una enfermedad pulmonar .... ser uno de los mayores activistas antitabaco.

3 José Manuel .... dar clases de español y fue un fracaso porque no tenía ni idea de gramática. Después de dos meses, el director .... despidiéndolo.

4 Mi hijo .... reír a carcajadas y nos contagió la risa a todos.

5 Con dificultades, pero poco a poco .... llegando a los objetivos que nos fijó el jefe. .... decirnos ahora que, si seguimos así, nos dará una paga extra.

6 Este ordenador .... costar unos 300 euros y .... dando muy buenos resultados.

| 2.4. | Reinterpretad las siguientes frases para sustituirlas por otras que contengan una perífrasis verbal.

1 Ahora Juanjo escribe novelas. No sabe hacerlo bien.

2 Cuando estaba contando su historia, se rio y nadie sabe por qué.

3 La película ha comenzado hace un momento.

4 Carlos ya no fuma.

5 Discutieron y discutieron hasta que se enfadaron.

6 Ha conseguido el título de arquitecto gracias a su dedicación y esfuerzo.

7 Estudio español desde hace cinco años.

8 Cada vez entiendo más este tipo de problemas. Al principio me hacía un lío terrible.

9 Ser socio cuesta alrededor de cincuenta euros, pero puedes entrar todas las veces que quieras.

10 He contestado los primeros cinco correos pero aún me quedan diez más.

> | 3 | Analizad esta frase: *Esta señora anda arrastrando los pies.* ¿Es una perífrasis verbal? Justificad vuestra respuesta.

| 3.1. | Leed el cuadro, ¿habéis coincidido en vuestra interpretación?

No todas las estructuras constituidas por un verbo seguido de infinitivo, gerundio o participio son perífrasis. En la oración *Esta señora anda arrastrando los pies*, el verbo *andar* funciona co[n] plenitud semántica y el gerundio *arrastrando* lo complementa expresando la [f]orma en que anda".

|3.2.| De la lista que os damos a continuación, señalad, razonando la respuesta, cuáles de estas frases son perífrasis, cuáles no y cuáles pueden ser ambiguas de acuerdo con la información del cuadro anterior.

	Sí	No	Ambigua
1 Llevo gastados los zapatos.	☐	☐	☐
2 La gente se puso a bailar desenfrenadamente.	☐	☐	☐
3 Tengo hechas cinco actividades.	☐	☐	☐
4 Tengo hechos polvo los pies.	☐	☐	☐
5 Acabo de hablar por teléfono con el director.	☐	☐	☐
6 Ven a ver el mar desde aquí.	☐	☐	☐
7 Iba a salir cuando sonó el teléfono.	☐	☐	☐
8 Iba andando hacia su casa cuando me lo encontré.	☐	☐	☐
9 ¿Cuándo acabarás de escribir el libro?	☐	☐	☐

>|4| Leed este texto sobre otra enfermedad del siglo XXI, el estrés. Con la información que os proporciona, preparad seis preguntas para hacerle una entrevista a un experto. Podéis utilizar como modelo la entrevista que habéis oído en la actividad 2. Trabajad con vuestro compañero.

La ansiedad patológica es el desequilibrio mental más frecuente. Los psiquiatras calculan que afecta a una de cada cinco personas a lo largo de su vida. Todas las personas sufren un cierto grado de ansiedad al enfrentarse a su existencia y a sus emociones. El problema se produce cuando esa angustia supera los límites y se convierte en patología. En el pasado se creía que esta enfermedad afectaba más a la mujer que al varón, creencia que han desmentido los especialistas al comprobar que afecta a los dos sexos por igual, pero son los hombres los más reacios a reconocer el problema y acudir al médico. En la edad adulta, la ansiedad puede aparecer como generalizada o en crisis de angustia o pánico y suele venir acompañada de síntomas somáticos (trastornos digestivos, sudoración, problemas musculares...) y psicológicos (obsesiones, miedo a una muerte inminente...). El aumento de casos lo atribuyen los especialistas a factores psicosociales que favorecen el trastorno: situaciones sociales y familiares desestructuradas, ausencia de ideología, cambios de vida. En inmigrantes, la ansiedad se va conociendo como el síndrome de Ulises, que viene provocado por un cambio radical de vida en la persona y una situación económica y social precaria e incierta. ■

Adaptado de *La Vanguardia*

|4.1.| Formad nuevas parejas en las que uno de vosotros sea el entrevistador (con las preguntas confeccionadas en la actividad previa) y otro el experto entrevistado. Para contestar a las preguntas, el alumno "experto" tendrá en cuenta la información proporcionada anteriormente y su propio conocimiento del tema.

>|5| ¿Cómo es el ritmo de vida en vuestra ciudad, país...? ¿Creéis que la ansiedad se ha convertido ya en una patología habitual?

EL CINE ARGENTINO

Cultura

1 De las siguientes películas, ¿cuáles son de nacionalidad argentina? ¿Habéis visto alguna de ellas? ¿Podéis contar brevemente su argumento?

2 *El hijo de la novia* es una de las películas argentinas que ha tenido una mayor proyección internacional. Si no la has visto, lee su ficha técnica y su argumento.

EL HIJO DE LA NOVIA

Dirección: Juan José Campanella.
País: Argentina.
Año: 2001.
Duración: 124 min.
Interpretación: Ricardo Darín (Rafael Belvedere), Héctor Alterio (Nino Belvedere), Norma Aleandro (Norma Pellegrini), Eduardo Blanco (Juan Carlos), Natalia Verbeke (Naty), Gimena Nóbile (Vicky), David Masajnik (Nacho), Claudia Fontán (Sandra), Atilio Pozzobón (Francesco), Salo Pasik (Daniel), Humberto Serrano (Padre Mario), Fabián Arenillas (Sciacalli).
Guion: Juan José Campanella y Fernando Castets.
Producción general: Adrián Suar.
Música: Ángel Illaramendi.
Fotografía: Daniel Shulman.
Montaje: Camilo Antolini.
Dirección artística: Mercedes Alfonsín.
Vestuario: Cecilia Monti.
Decorados: Pablo Racioppi.

Rafael Belvedere (Ricardo Darín) no está conforme con la vida que lleva. No puede conectarse con sus cosas, con su gente, nunca tiene tiempo. No tiene ideales, vive metido a tope en el restaurante fundado por su padre (Héctor Alterio); carga con un divorcio, no se ha tomado el tiempo suficiente para ver crecer a su hija Vicky (Gimena Nóbile), no tiene amigos y prefiere eludir un mayor compromiso con su novia (Natalia Verbeke). Además, hace más de un año que no visita a su madre (Norma Aleandro) que sufre de mal de Alzheimer y está internada en un geriátrico. Rafael solo quiere que lo dejen en paz. Pero una serie de acontecimientos inesperados obligará a Rafael a replantearse su situación. Y en el camino, le ofrecerá apoyo a su padre para cumplir el viejo sueño de su madre: casarse por la iglesia. ■

http://www.labutaca.net/films/5/elhijodelanovia.htm

2.1. |40| Escucha el siguiente fragmento de la película en la que el hijo y el padre discuten sobre la enfermedad de Norma, la madre. Después de escuchar, describe la actitud de cada uno de ellos ante la enfermedad.

2.2. Lee el diálogo transcrito y subraya las palabras y expresiones que crees que pertenecen al habla de Argentina. Después, clasifícalas en alguna de estas tres columnas, comparándolas con el español peninsular. Trabaja con tu compañero.

Padre: Hace varios días que vengo pensando. A mí... Esto de mami... Estoy como estancado en casa. El día se me hace largo y... Bueh... Yo quiero empezar un ciclo nuevo.

Rafael: Muy bien. Me parece fantástico, papi. Salí, tenés que salir, encontrarte con tus amigos, traerlos acá. Date todos los gustos, pa.

Padre: Yo, a mami le di todos los gustos, ¿eh?

Rafael: Más que eso. Decía "tal vestidito me gusta" y a la noche, paganini, pumba, el vestidito estaba en casa.

Padre: Y... es que me gustaba verla contenta. Esa sonrisa que tenía. ¡Ojo! Que ella también hizo sacrificios por mí. Cosa que muy bien, que para mí eso de casarse por la iglesia es una cuestión de principios. Qué querés que le haga. Yo siempre pensé mucho en eso. Imaginate, una chica de barrio. Su sueño dorado ¿cuál es? Casarse de blanco, ¿no? Con las flores y todo el circo ese. Y por respeto a mis ideas no lo hicimos. Así, ella también hizo sacrificios por mí.

Rafael: Bueno, los dos siempre se quisieron mucho. Yo creo que vos no tenés nada de qué arrepentirte.

Padre: Mirá, Rafa. Yo tengo una platita ahorrada, no mucha. Y con mami siempre tuvimos la idea de hacer un viaje largo por Italia, visitar mi pueblo... y la verdad que ahora, con esa plata...

Rafael: ¿Y por qué no vas vos? Hacelo vos, andate a Italia, dale, ¿eh? Por lo del geriátrico no te preocupes, lo pago yo, hacete ese viaje, papá.

Padre: ¡No! Qué viaje, qué viaje. Quiero usar esa plata para casarme con Norma por la iglesia. Como regalo de cumpleaños. Mejor que un osito, ¿eh?

Rafael: ¿Y ese es tu ciclo nuevo? Tus ideales, tus principios... ¿Qué pasó? Es una locura, papi. No le podemos hacer pasar a ella por todo ese despelote.

Padre: Se va a poner contenta, es el único gusto que no le di.

Rafael: No se va a dar cuenta, papá. No se va a dar cuenta. Es así, es una enfermedad de mierda, pero es así. No se acuerdan. Dentro de poco ni se va a acordar de nosotros.

Padre: Algo se va a dar cuenta. Aunque sea un poquito, algo se va a dar cuenta. Y para mí con eso, ya...

Rafael: Te diste manija, papi. No sé, con lo del cumpleaños. Te diste manija. Pensalo en frío mañana.

Padre: Lo que te estoy pidiendo es que me ayudes, Rafa. Es una cosa que yo no puedo hacerla solo.

Rafael: Pero es que no le va a hacer bien a ella, papi. Dejale que descanse ya, dale. Andá, hacé ese viaje, hacelo. Vas a volver hecho un pibe, haceme caso.

Cambio de colocación del acento prosódico	Formas verbales y pronominales	Léxico

3 Piensa en la enfermedad del Alzheimer, reflexiona sobre la postura que adopta cada uno de los protagonistas de esta película y da tu opinión. ¿Con quién estás de acuerdo? Justifica tu postura.

C1

PREPÁRATE PARA EL DELE

- Los exámenes DELE
- Prueba 1: Comprensión de lectura y uso de la lengua
- Prueba 2: Comprensión auditiva y uso de la lengua
- Prueba 3: Destrezas integradas. Comprensión auditiva y expresión e interacción escritas
- Prueba 4: Destrezas integradas. Comprensión de lectura y expresión e interacción orales

LOS EXÁMENES DELE[1]

Los Diplomas de Español como Lengua Extranjera (DELE) son títulos oficiales, acreditativos del grado de competencia y dominio del idioma español, que otorga el Instituto Cervantes en nombre del Ministerio de Educación de España.

El diploma **DELE C1** garantiza que el progreso del estudiante en el idioma se ha producido con éxito y que posee un nivel más que avanzado de español.

Este diploma acredita la competencia lingüística suficiente para:

- Comprender una amplia variedad de textos extensos y con cierto nivel de exigencia, así como reconocer en ellos sentidos implícitos.
- Saber expresarse de forma fluida y espontánea sin muestras muy evidentes de esfuerzo para encontrar la expresión adecuada.
- Poder hacer un uso flexible y efectivo del idioma para fines sociales, académicos y profesionales.
- Y ser capaz de producir textos claros, bien estructurados y detallados sobre temas de cierta complejidad, mostrando un uso correcto de los mecanismos de organización, articulación y cohesión del texto.

El examen DELE C1 consta de cuatro pruebas, clasificadas en dos grupos (Grupo 1: Prueba 1 y 3. Grupo 2: Prueba 2 y 4):

- Prueba 1: Comprensión de lectura y uso de la lengua (90 minutos).
- Prueba 2: Comprensión auditiva y uso de la lengua (50 minutos).
- Prueba 3: Destrezas integradas. Comprensión auditiva y expresión e interacción escritas (80 minutos).
- Prueba 4: Destrezas integradas. Comprensión de lectura y expresión e interacción orales (20 minutos y 20 minutos de preparación).

A continuación, te ofrecemos un modelo de examen DELE C1 que reproduce un examen real y con el que podrás conocer su formato. Asimismo, te servirá de práctica en el caso de que desees presentarte a estos exámenes para obtener el diploma.

Te recomendamos que respetes los tiempos indicados para cada prueba.

[1] Información sobre el examen y las especificaciones de las pruebas, adaptadas de http://diplomas.cervantes.es/index.jsp

PRUEBA 1. COMPRENSIÓN DE LECTURA Y USO DE LA LENGUA

La prueba 1 consta de cinco tareas y dura 90 minutos.

Número de ítems: 40.

Las cuatro primeras tareas, realizadas a partir de textos largos de distinto carácter, consisten, respectivamente, en:

- comprender la idea general y detalles específicos del texto;
- reconstruir la estructura y establecer relaciones entre ideas del texto;
- identificar el contenido y el punto de vista del texto;
- identificar las estructuras y el léxico adecuados del texto.

La quinta tarea consiste en localizar información específica y relevante en textos breves.

Deberá contestar seleccionando la respuesta adecuada a las preguntas de opción múltiple con tres opciones de respuesta, completar párrafos con enunciados de distinta extensión, o elegir la palabra o expresión adecuadas a partir de tres opciones de respuesta.

Tarea 1

Instrucciones

>| 1 | A continuación tiene un texto en el que se describe un tipo de contrato de trabajo en prácticas. Lea el texto y conteste a las preguntas [1-6]. Seleccione la opción correcta (a, b, c).

EL CONTRATO DE TRABAJO EN PRÁCTICAS: DESCRIPCIÓN

El contrato de trabajo en prácticas tiene como finalidad la inserción profesional de los jóvenes para el ejercicio de actividades relacionadas con la formación adquirida. El contrato de trabajo en prácticas constituye la forma más utilizada por las empresas para emplear a recién titulados sin experiencia laboral. En muchos casos, al término del contrato, suelen incorporar a los jóvenes en su plantilla.

Este tipo de contratos supone la prestación de un trabajo retribuido que facilita al trabajador una práctica profesional adecuada a su nivel de estudios. Son títulos profesionales habilitantes para celebrar el contrato en prácticas los de Diplomado Universitario, Ingeniero Técnico, Arquitecto Técnico, Licenciado Universitario, Ingeniero, Arquitecto y Técnico o Técnico Superior de la Formación Profesional específica, así como los títulos oficialmente reconocidos como equivalentes que habiliten para el ejercicio profesional.

El contrato de trabajo en prácticas ha de celebrarse dentro de los cuatro años siguientes a la conclusión de los estudios que dieron lugar al título. Deberá formalizarse por escrito haciendo constar expresamente la titulación del trabajador, la duración del contrato y el puesto de trabajo a desempeñar durante las prácticas.

La duración del contrato no puede ser inferior a seis meses ni exceder de dos años; dentro de estos límites, los Convenios Colectivos de ámbito sectorial podrán determinar la duración del contrato. Si el contrato de trabajo en prácticas se hubiera concertado por tiempo inferior a dos años, se podrán acordar hasta dos prórrogas, con una duración mínima de seis meses.

El periodo de prueba no podrá ser superior a un mes para los contratos en prácticas celebrados con trabajadores que estén en posesión de título de grado medio, ni a dos meses para los contratos en prácticas celebrados con trabajadores que estén en posesión de título de grado superior, salvo lo dispuesto en Convenio Colectivo.

La retribución del trabajador será la fijada en Convenio Colectivo para los trabajadores en prácticas, sin que, en su defecto, pueda ser inferior al 60% o al 75% durante el primero o el segundo año de vigencia del contrato respectivamente, del salario fijado en Convenio para un trabajador que desempeñe el mismo o equivalente puesto de trabajo. En ningún caso el salario será inferior al Salario Mínimo Interprofesional. En el caso de trabajadores contratados a tiempo parcial, el salario se reducirá en función de la jornada pactada.

El contrato de trabajo en prácticas se extinguirá por expiración del tiempo convenido. A la terminación del contrato, el empresario deberá expedir al trabajador un certificado en el que conste la duración de las prácticas, el puesto o puestos de trabajo ocupados y las principales tareas realizadas en cada uno de ellos.

Ningún trabajador podrá estar contratado en prácticas en la misma o distinta empresa por tiempo superior a dos años en virtud de la misma titulación.

Si al término del contrato el trabajador continuase en la empresa, no podrá concertarse un nuevo periodo de prueba, computándose la duración de las prácticas a efectos de antigüedad en la empresa.

Adaptado de http://www.donempleo.com/contrato-trabajo.asp#Proyecto

Preguntas

1 Según la descripción...

- ○ a. las empresas utilizan este tipo de contrato para emplear a trabajadores jóvenes.
- ○ b. es habitual que el empleado en prácticas termine trabajando en la empresa que lo ha contratado.
- ○ c. este tipo de contrato tiene como fin que los jóvenes comiencen su vida laboral en trabajos acordes a su edad y formación, cualquiera que esta sea.

CONTINÚA

2 La retribución...

- ○ **a.** es la misma que la establecida en el Convenio Colectivo para los trabajadores que tienen el mismo puesto de trabajo.
- ○ **b.** puede ser inferior al 60% del salario fijado en Convenio para un trabajador que desempeñe el mismo o similar puesto de trabajo durante el primer año de vigencia del contrato.
- ○ **c.** es obligatoria.

3 El contrato de trabajo en prácticas...

- ○ **a.** tiene que hacerse por escrito e indicar la titulación del trabajador, la duración del contrato y el puesto de trabajo.
- ○ **b.** puede realizarse en cualquier momento de la vida profesional del trabajador, siempre que la empresa lo crea oportuno.
- ○ **c.** es un trámite obligatorio dentro de los cuatro años siguientes a la conclusión de los estudios del titulado.

4 Pueden optar al contrato de prácticas...

- ○ **a.** diplomados y licenciados, entre otros títulos universitarios.
- ○ **b.** todas las personas que posean un título aunque no esté reconocido oficialmente.
- ○ **c.** todas las personas que posean un título reconocido oficialmente.

5 La duración del contrato...

- ○ **a.** será la que estime la empresa contratante, siempre que se formalice por escrito.
- ○ **b.** es limitada.
- ○ **c.** puede ser hasta de dos años y acordar hasta dos prórrogas.

6 Al término del contrato...

- ○ **a.** el trabajador no puede continuar, en ningún caso, en la misma empresa.
- ○ **b.** si el trabajador continúa en la misma empresa, tiene que pasar un nuevo periodo de prueba.
- ○ **c.** el empresario debe darle un certificado de las prácticas realizadas.

Tarea 2

Instrucciones

>| 2 | Lea el siguiente texto del que se han extraído seis párrafos. A continuación, lea los siete fragmentos propuestos (A-G) y decida en qué lugar del texto hay que colocar cada uno de ellos. Atención, sobra un fragmento.

CASA MANTECA, TABERNA DE CÁDIZ

Quería terminar este mes dedicado a Cádiz con un lugar gastronómico. Hay muchos lugares en toda la provincia de Cádiz. Numerosas ventas por la Sierra (El Soldao, El Sacrificio...), los mostos entre Jerez y Trebujena, la Venta Vargas en San Fernando, donde cantaba el Camarón, y así llegamos a este rinconcito del barrio de La Viña, donde nació mi madre. Y aquí se respira arte por los cuatro costados, y la taberna del antiguo torero Pepe Ruiz el Manteca es un sitio muy especial, más especial sobre todo en tiempo de Carnaval. (1) ....

Pepe Ruiz el Manteca no fue un torero especialmente famoso. (2) .... Pero el Manteca es un personaje peculiar y en su taberna se reúne mucha gente de todas las calañas, incluso famosos que siguen los lugares de moda y que han convertido la taberna un poco en santuario del tipismo gaditano.

(3) .... El padre de Pepe era un montañés de Tesanillo, como tantos emigrantes norteños que vinieron al sur en busca de un particular Dorado. Era aficionado a los gallos de pelea, a jugar al toro y a escuchar a los flamencos. (4) .... Manteca inicia un largo recorrido por los pueblos de la provincia. Becerradas y tientas acompañado de otros jóvenes aficionados de Cádiz: "Esa es la profesión más difícil del mundo. Llegar a to-

CONTINUA »

rero es más difícil que llegar a Papa. Hay que tener un barril lleno de sabiduría y unas gotas de suerte". Dos cornadas acaban con su deseo de ser torero. Manteca es un personaje de carne y hueso, quizás por eso guste a la gente, no es un fantasma del toreo. (5) .... Pronto se volvió para España, lógico, qué pintaba un torero en Hamburgo... De regreso, en Cádiz, comienza el negocio de los bares, primero en la calle Sopranis, luego se encarga del almacén de su padre en la calle San Félix esquina al Corralón. La simpatía de Manteca y su diplomatura de mostrador le hace ganar fama en el barrio. (6) .... Si vienen por Cádiz, pregunten por el Manteca.

Adaptado de http://piniella2.blogspot.com/2010/11/el-manteca-taberna-de-cadiz.html#more

Fragmentos

A Lo mejor de todo Cádiz. Recuerdo cuando yo iba a la taberna del Manteca con mi gran amigo el Masa y con mi gran amigo del alma Rafaelito, lo bien que comíamos y lo bien que nos lo pasábamos. ¡Qué recuerdos!

B Manteca, el que iba a ser torero termina de emigrante en Alemania, de aquellos de maleta de cartón, para juntar un dinero y poder casarse.

C Ahora el negocio está en manos de sus hijos que siguen conservando la solera del local y aprovechándose del tirón de gaditanos, guiris, y gente de la farándula que aparece por la taberna Casa Manteca.

D Pepe Manteca nació en 1934 en el barrio de La Viña, en la calle Lubet esquina a la Palma, donde su padre tenía un almacén de ultramarinos.

E Puso su empeño en que su hijo fuera torero y lo llevó a la escuela taurina que había en la calle Mateo de Alba.

F Buen vino, buena chacina y algunas *delicatessen* más, todo sin plato, en papel de estraza. Lo normal es de pie, picoteando, entrando y saliendo de la calle cuando llegan las chirigotas y siempre que seas capaz de buscar un huequito.

G De hecho en Cádiz no es que haya mucha afición a los toros; aquí hubo una plaza de toros que desapareció y casi nadie se preocupa mucho por la llamada "fiesta nacional".

Tarea 3

Instrucciones

3 Lea el texto y conteste a las preguntas. Seleccione la opción correcta (a, b, c).

EL HUMOR COMO PROCESO DE COMUNICACIÓN TERAPÉUTICA

El humor es un antídoto contra la adversidad y contra todo aquello que degrada la vida del ser humano y afecta su alegría de vivir. Nace de la experiencia radical del ser humano: cuando siente los límites de lo individual descubre su fragilidad y vulnerabilidad. Entonces el humor enseña que es necesario aprender a reírse de uno mismo y de sus debilidades, errores, miedos e ignorancia. El humor es la humildad natural del ser humano si reconoce que en este mundo "lo sabemos todo entre todos".

Como actividad de la inteligencia, el humor es una matriz que ayuda a aceptar las limitaciones, corregir errores, abrirse a la experiencia, superar los límites que se impone la persona y los que le imponen, superar lo obvio y, lo más importante, escapar del sufrimiento. La risa y el humor son vías de escape al sufrimiento que resulta de la diferencia entre las aspiraciones humanas y la realidad que a uno le toca vivir. A través del prisma del humor, la realidad se transforma en algo cómico, irónico, ridículo o absurdo.

La risa tiene efectos positivos sobre la salud. Reírse no solo protege la salud, sino que también la mejora. La evidencia científica ha demostrado que la risa –como expresión de alegría– afecta los sistemas cardiovascular, respiratorio, inmunológico, muscular, nervioso central y endocrino. La risa afecta al cuerpo en su totalidad.

CONTINÚA

Dentro del sistema fisiológico, el efecto del humor y la risa tiene dos procesos: un estímulo sobre el cuerpo y una relajación posterior que brinda una sensación de disfrute y de alegría. El estrés provoca cambios fisiológicos adversos, mientras que la risa es su antídoto. La risa hace descender el nivel de cortisol que se produce en la sangre ante una situación de estrés.

El verdadero humor consiste en reírse de sí mismo, de lo que uno hace, dice o piensa. Este proceso se lleva a cabo a través del "autodistanciamiento". Percibir elementos humorísticos de una situación proporciona una perspectiva de autodistanciamiento en la que se logra, además, el placer de la actividad intelectual. Por eso, el humor representa una actividad creativa del ser humano, puesto que lo risible no nace de las cosas, sino de la persona misma.

Cuando la persona se ríe de sí misma realza sus sentimientos de autoestima y de control sobre el ambiente. Por consiguiente, en lugar de sentirse debilitado ante las cosas, desarrolla una actitud de reto o desafío que consiste en hacer frente a la tensión.

Aplicarse la risa a sí mismo implica crítica y capacidad de autobservación y autodistanciamiento. El ser humano puede ser irónico consigo mismo y reírse de sí mismo, de forma que no se excluye como haría con los demás, sino que se ve a sí mismo desde una perspectiva cómica, lo cual le brinda un nivel mayor de libertad.

Cuando el terapeuta se ríe con el paciente le brinda afecto, entendimiento, apoyo, diálogo y juego, y le ubica en una realidad compartida. En lugar de una estructura vertical establece una horizontal basada en la igualdad. Curiosamente, la risa obliga a la igualdad, pues al reírse con el paciente, el médico le mueve –o quiere moverle– a que evalúe algo que ha hecho, dicho o que le sucede. El humor estimula el deseo de vivir. Por eso, si un psicoterapeuta contribuye a que una persona se muera de risa, en realidad le ayuda a vivir.

Adaptado de *Psicosomática*, Dr. Luis Muñiz Hernández

Preguntas

1 Según el texto, el humor sirve para...

- ○ **a.** aceptar que el ser humano es imperfecto y tiene limitaciones.
- ○ **b.** liberarse de las tensiones del día a día, a través de la sensación de relax que produce la risa.
- ○ **c.** combatir las enfermedades, especialmente las cardiovasculares.

2 El humor...

- ○ **a.** ayuda a ver la realidad a través del prisma de lo absurdo.
- ○ **b.** ayuda, sobre todo, a mitigar los sufrimientos del ser humano.
- ○ **c.** ayuda a ver y corregir los errores que se cometen a lo largo de la vida.

3 Reírse...

- ○ **a.** es terapéutico y mejora la calidad de vida de las personas.
- ○ **b.** puede curar muchas enfermedades, en especial el estrés.
- ○ **c.** es la respuesta fisiológica del cuerpo ante situaciones de estrés.

4 El autodistanciamiento...

- ○ **a.** consiste en alejarse de una situación en la que estamos inmersos, ver los elementos humorísticos que tiene y reírnos.
- ○ **b.** nos permite contemplar con humor lo graciosas que son las cosas que nos suceden.
- ○ **c.** es una actividad fisiológica que sucede en el cerebro del ser humano.

5 Reírnos de nosotros mismos...

- ○ **a.** nos permite dominar el entorno y a los demás.
- ○ **b.** hace que nos valoremos más y que podamos manejar el ambiente en el que nos movemos.
- ○ **c.** no es fácil de conseguir, se necesita entrenamiento y, a veces, la ayuda de un terapeuta.

6 En las sesiones de terapia...

- ○ **a.** es imprescindible que el paciente se ría para que suba su autoestima y comience su curación.
- ○ **b.** si el paciente logra reírse con regularidad, tiene asegurada su curación.
- ○ **c.** el paciente puede llegar al análisis de sus problemas a través de la risa.

Tarea 4

Instrucciones

>| **4** | A continuación tiene seis textos (A-F) y ocho enunciados (1-8). Léalos y elija la letra del texto que corresponde a cada enunciado. Recuerde que hay textos que deben ser elegidos más de una vez.

A También llevada al cine, la obra que se representa en el teatro Marquina, *El método Grönholm*, muestra cómo los cuatro aspirantes a un importante puesto en una multinacional –interpretados por Carlos Hipólito, Cristina Marcos, Jorge Roelas y Eleazar Ortiz– son capaces de todo para conseguirlo, incluso de humillarse y perder su dignidad en cada una de las pruebas, olvidando quiénes y cómo son realmente. Un juego, en ocasiones absurdo aunque basado en técnicas reales de selección, donde se desnudan los sentimientos, las ambiciones y las envidias de los personajes. Una oferta de empleo donde no importa quiénes ni cómo son, sino lo que aparentan ser y hasta dónde pueden llegar para obtener el puesto.

B *La cabra* es una tragedia. Es un drama que abrasa y duele, que va directamente al centro del amor, los celos y los ideales. La obra comienza presentando a Martin, un reputado arquitecto que acaba de ganar el prestigioso premio Pritzker, y a su querida esposa Stevie. Los dos se divierten con diálogos ingeniosos, réplicas brillantes y bromas cómplices. Parecen una pareja perfecta. Pero este matrimonio perfecto, esta vida casi perfecta, empieza a romperse en pedazos. La fractura se produce cuando Martin confiesa que está locamente enamorado de Sylvia. Pero Sylvia es una cabra. De repente, todos los que forman parte del mundo de Martin empiezan a verle como un animal, como una bestia. Albee deconstruye la naturaleza humana de una manera devastadora, absurda y provocativa.

C *La degustación de Titus Andronicus*, de la Fura dels Baus, basada en La tragedia de *Tito Andrónico* de William Shakespeare, es una historia intensa, una guerra de familias con personajes que reflejan su poder y su debilidad, en algunos momentos como unos seres superiores indestructibles y en otros como míseros mortales. Son personajes expuestos a sufrimientos y horrores, observados por un público siempre activo en el montaje, siempre presente, que participa como espectador, soldado, juez y víctima. La degustación, manifestada principalmente con la inclusión de la gastronomía como parte de esta propuesta, como un símbolo más en esta obra de teatro, involucrando el paladar del público que, envuelto con los diferentes sabores, participa como un personaje más, como 'el pueblo degustador'.

D *Hoy no me puedo levantar* nos permite viajar en el tiempo hasta el Madrid de 1981, lugar al que se trasladan Mario y Colate, dos chicos de pueblo que persiguen el sueño de triunfar en el mundo de la música, y qué mejor lugar para conseguirlo que aquella ciudad en plena ebullición, donde la movida del momento permitía a cualquiera que tuviera ilusión y ganas subirse a un escenario y defender sus canciones. Y será en ese Madrid convulso y sin prejuicios (en ella se mezclan heavies, neo-románticos, personajes de crespados imposibles y vestuario histriónico) donde los dos amigos vivirán esta historia de amor y amistad que es *Hoy no me puedo levantar*, una tragicomedia en la que se enlazan de forma magistral hasta 25 temas de Mecano.

E *Alejandro y Ana. Lo que España no pudo ver del banquete de la boda de la hija del presidente* es una obra de teatro en la que cuatro actores se desdoblan en múltiples personajes: invitados, el novio, la novia, el padrino, el padre y la madre de la novia (representados por el mismo actor), testigos, parientes, cocineras, guardaespaldas, chóferes, obispos, presidentes de otros países... "No hay parodia, queremos encarnar, *ser* los personajes, ponernos en su lugar. Queremos vivir la experiencia de ser los dirigentes de un país en una celebración. Es un documental, no una obra. Queremos imaginar lo que España no pudo ver del banquete: conversaciones, bailes, chismorreos, negocios y pensamientos que atañen al presente y al futuro del país. ¿Es una comedia? ¿Es una tragedia? ¿Es un ensayo político? ¿Es un ensayo de teatro? ¿Es filosofía? No tenemos ni idea: Es lo que es".

F En el año 2036, una importante entidad bancaria del momento patrocina el homenaje de una compañía de teatro llamada Els Joglars que tuvo cierta importancia en la antigua España y que habla en español antiguo. El espectáculo es dirigido por dos artistas jóvenes que miran la vida de una forma muy diferente a la de los viejos homenajeados. Los presentadores se encuentran en el cénit de su vida mientras que los viejos, ya en el ocaso, se encuentran desligados de la sociedad del 2036 y prefieren desaparecer dignamente antes de presenciar su propia decadencia... Esta es la historia con la que la compañía de Albert Boadella celebra su 50 aniversario. Un *antihomenaje* en el que los actores de la compañía se interpretarán a ellos mismos con 25 años más. Ramón Fontserè, uno de los protagonistas, explica que Els Joglars ha llegado al límite máximo del sarcasmo aplicándolo a ellos mismos.

Enunciados

1 ☐ El público interactúa con los actores, convirtiéndose en un personaje más.

2 ☐ El dramaturgo retrata las miserias del ser humano a través de unos personajes que, en apariencia, llevan una vida perfecta.

3 ☐ Uno de los actores de la obra no cree que esta se pueda circunscribir a un género dramático en particular.

4 ☐ Es un musical que transcurre durante una época especialmente fructífera en cuanto a cultura se refiere.

5 ☐ Los personajes muestran una doble cara: por un lado parecen invulnerables y, por otro, son víctimas del sufrimiento más profundo.

6 ☐ Los personajes se enfrentan entre sí y este enfrentamiento hace aflorar sus sentimientos más rastreros.

7 ☐ Es una parodia de la propia compañía de teatro que la representa. Es decir, los actores se ríen de ellos mismos.

8 ☐ Una de las protagonistas, debido a lo peculiar de su naturaleza, hace que el personaje principal se enfrente a la sociedad que le rodea.

Tarea 5

Instrucciones

> **5** | Lea el texto y complete los huecos (1-14) con la opción correcta (a, b, c).

(...) Algunas veces me pregunté si en países como el mío, con escasos lectores y tantos pobres, analfabetos e injusticias, donde la cultura era privilegio de tan pocos, (1) .... no era un lujo solipsista. Pero estas dudas nunca (2) .... mi vocación y seguí siempre escribiendo, (3) .... en aquellos periodos en que los trabajos alimenticios absorbían casi todo mi tiempo. Creo que hice lo justo, pues, si para que la literatura florezca en una sociedad fuera requisito alcanzar primero la alta cultura, la libertad, la prosperidad y la justicia, ella no (4) .... nunca. Por el contrario, (5) .... la literatura, a las conciencias que formó, a los deseos y anhelos que inspiró, al desencanto de lo real con que volvemos del viaje a una bella fantasía, la civilización es ahora menos cruel que cuando los contadores de cuentos (6) .... humanizar la vida con sus fábulas. Seríamos peores de lo que somos sin los buenos libros que leímos, más conformistas, menos inquietos e insumisos y el espíritu crítico, motor del progreso, ni siquiera existiría. Igual que escribir, leer es protestar contra las insuficiencias de la vida. (7) .... busca en la ficción lo que no tiene, dice, sin necesidad de decirlo, sin ni siquiera saberlo, que la vida tal como es no nos basta para colmar nuestra (8) .... de absoluto, fundamento de la condición humana, y que debería ser mejor. Inventamos las ficciones para poder vivir de alguna manera las muchas vidas que quisiéramos tener cuando (9) .... disponemos de una sola.

Sin las ficciones seríamos menos conscientes de la importancia de la libertad para que la vida sea vivible y del infierno en que se convierte cuando es conculcada por un tirano, una ideología o una religión. Quienes dudan de que la literatura, además de (10) .... en el sueño de la belleza y la felicidad, nos alerta contra toda forma de opresión, pregúntense por qué todos los regímenes empeñados en controlar la conducta de los ciudadanos de la cuna a la (11) ...., la temen tanto que establecen sistemas de censura para reprimirla y vigilan con tanta suspicacia a los escritores independientes. Lo hacen porque saben el riesgo que corren dejando que la imaginación discurra por los libros, (12) .... sediciosas que se vuelven las ficciones cuando el lector (13) .... la libertad que las hace posibles y que en ellas se ejerce, con el oscurantismo y el miedo que lo acechan en el mundo real. Lo quieran o no, lo sepan o no, los fabuladores, al inventar historias, propagan la insatisfacción, mostrando que el mundo está mal hecho, que la vida de la fantasía es más rica que la de la rutina cotidiana. Esa comprobación, (14) .... echa raíces en la sensibilidad y la conciencia, vuelve a los ciudadanos más difíciles de manipular, de aceptar las mentiras de quienes quisieran hacerles creer que, entre barrotes, inquisidores y carceleros viven más seguros y mejor.

Mario Vargas Llosa, Fragmento de *Elogio de la lectura y la ficción*
Discurso Nobel - 7 diciembre de 2010
FUNDACIÓN NOBEL 2010

Opciones

	a	b	c
1	○ a. escribir	○ b. trabajar	○ c. componer
2	○ a. alimentaron	○ b. alentaron	○ c. asfixiaron
3	○ a. incluso	○ b. y	○ c. no bien
4	○ a. haya existido	○ b. hubiera existido	○ c. había existido
5	○ a. gracias a	○ b. a pesar de	○ c. en honor de
6	○ a. volvieron a	○ b. comenzaron a	○ c. terminaron por
7	○ a. Aquel	○ b. Lo que	○ c. Quien
8	○ a. alma	○ b. afán	○ c. sed
9	○ a. por poco	○ b. apenas	○ c. casi
10	○ a. lanzarnos	○ b. sumirnos	○ c. profundizar
11	○ a. tumba	○ b. boda	○ c. jubilación
12	○ a. las	○ b. lo	○ c. que
13	○ a. reflexiona	○ b. critica	○ c. coteja
14	○ a. si	○ b. nada más	○ c. en el caso de que

PRUEBA 2. COMPRENSIÓN AUDITIVA Y USO DE LA LENGUA

La Prueba 2 consta de cuatro tareas.

Duración de la prueba: 50 minutos.

Número de ítems: 30.

Las tareas consisten en comprender los puntos principales y extraer datos específicos de un texto y captar la idea esencial de lo que se dice, extrayendo información concreta y detallada.

Deberá completar oraciones con frases o palabras o tendrá que contestar seleccionando la respuesta adecuada a las preguntas de opción múltiple con tres opciones de respuesta.

Tarea 1

Instrucciones

> 1 | 41 | Usted va a escuchar una presentación en la que se tomaron las siguientes notas. Tiene un minuto para leerlas. Luego, deberá elegir para cada anotación (1-6) la palabra o fragmento de frase correspondiente entre las doce opciones que aparecen debajo (A-L). Va a escuchar la audición dos veces. Ahora dispone de un minuto para leer las anotaciones.

1. El uso sistemático de la agenda permite al alumno adquirir la costumbre de organizar y planificar el trabajo cotidiano con (1) ....

2. La agenda constituye el instrumento de comunicación por excelencia entre (2) .... que constituyen el triángulo escolar: alumno-padres-docente.

3. La agenda debe contener las tareas a realizar y su (3) ...., así como el tiempo estimado para llevarlas a cabo.

CONTINÚA »

4 Las tareas para casa tienen el objetivo de reforzar (4) .... los contenidos que día a día se aprenden en clase.

5 La información que se anota en la agenda tiene que ser precisa, (5) .... para localizar fácilmente la tarea a realizar.

6 Para gestionar la agenda eficazmente es necesario anotar las tareas y (6) .... con el calendario semanal de asignaturas y otras actividades complementarias que el alumno lleve a cabo.

Opciones

- **A** eficacia
- **B** actualizar sistemáticamente
- **C** habilidades
- **D** los tres elementos
- **E** ponerlas en relación
- **F** control
- **G** con todos los datos necesarios
- **H** unidad
- **I** prioridad
- **J** con las prestaciones necesarias
- **K** exclusividad
- **L** de forma sistemática

Tarea 2

Instrucciones

>| **2** | |42| Va a escuchar cuatro conversaciones. Escuchará cada conversación dos veces. Después debe contestar a las preguntas (1-8). Seleccione la opción correcta (a, b, c).

Preguntas

Conversación 1

1 La oferta incluye:
- ○ **a.** el acceso gratis a Internet durante un año.
- ○ **b.** las llamadas nacionales.
- ○ **c.** el acceso a los programas televisivos más vistos del año.

2 La clienta:
- ○ **a.** rechaza amablemente la oferta de la teleoperadora.
- ○ **b.** lo va a pensar aunque cree que no le interesa.
- ○ **c.** se irrita porque tiene la sensación de estar perdiendo el tiempo.

Conversación 2

3 El aspirante al puesto de trabajo:
- ○ **a.** señala que no sabe esperar y que este es su principal defecto.
- ○ **b.** quiere un puesto de trabajo con responsabilidad y una remuneración acorde.
- ○ **c.** señala su sentido de la responsabilidad como su mayor virtud.

4 La entrevistadora:
- ○ **a.** indaga sobre las razones que llevan al entrevistado a cambiar de trabajo.
- ○ **b.** rechaza al candidato amablemente y no le da muchas esperanzas.
- ○ **c.** le hace preguntas que le llevan a conocer su situación personal.

Conversación 3

5 La mujer:
- ○ **a.** llama porque sabía que su marido la iba a llamar.
- ○ **b.** llama para saber qué tal le va el día a su marido.
- ○ **c.** llama porque no puede salir a tiempo de su trabajo.

CONTINÚA »

6 El marido:

- ○ **a.** cree que podrá ir a recoger a los niños.
- ○ **b.** está seguro de que podrá ir a recoger a los niños.
- ○ **c.** cree que es mejor que su suegra recoja a los niños.

Conversación 4

7 De la situación se deduce que:

- ○ **a.** el paciente está en cama y un médico ha ido a visitarle.
- ○ **b.** el paciente está en urgencias.
- ○ **c.** el paciente está ingresado en el hospital.

8 El paciente:

- ○ **a.** no se ha medicado para bajar la fiebre.
- ○ **b.** no sabe si es alérgico o no.
- ○ **c.** va a entrar inmediatamente en la consulta.

Tarea 3

Instrucciones

>| 3 | |43| Va a escuchar una entrevista. Después debe contestar a las preguntas (1-6). Seleccione la opción correcta (a, b, c). Escuchará la entrevista dos veces.

Preguntas

1 El entrevistador cree que:

- ○ **a.** Todos los artistas tuvieron bastante éxito en el concierto Rock in Rio de Madrid.
- ○ **b.** Shakira lo hizo mejor y superó con creces al resto de artistas que estuvieron en Rock in Rio en Madrid.
- ○ **c.** los conciertos de varios artistas deben plantearse de manera competitiva.

2 Para Shakira el baile:

- ○ **a.** es una experiencia espiritual que le permite la introspección.
- ○ **b.** es una experiencia mágica, conectada con los cuentos orientales.
- ○ **c.** forma parte indisoluble de la vida de cualquiera que se dedique a la canción.

3 Shakira dice que:

- ○ **a.** siente, al bailar, que quiere dejar la canción y dedicarse a hacer otras cosas.
- ○ **b.** su forma de bailar indica que se encuentra en un momento diferente en su vida.
- ○ **c.** ha notado que baila de distinta forma pero que no sabe qué significa eso.

4 El entrevistador:

- ○ **a.** cree que Shakira tiene que hacer un disco en español para compensar al público de habla hispana.
- ○ **b.** quiere saber si Shakira va a hacer un disco en español para compensar al público de habla hispana.
- ○ **c.** quiere saber si este disco es, en cierto modo, una manera de compensar al público de habla hispana.

5 Para Shakira:

- ○ **a.** es un honor haber hecho el himno del Mundial de Fútbol de Sudáfrica.
- ○ **b.** es un honor haber colaborado con figuras del deporte español de fama internacional.
- ○ **c.** es un honor oír cantar el Waka Waka cuando un equipo de fútbol gana un partido.

6 El Mundial de Fútbol celebrado en Sudáfrica:

- ○ **a.** cuenta con la participación de Colombia en la final y de, al menos, dos equipos hispanos.
- ○ **b.** cuenta con un himno que reúne lo mejor de los ritmos de todas las culturas.
- ○ **c.** supone el reconocimiento de África y de su papel en el mundo.

Tarea 4

Instrucciones

>| 4 | 44 | Va a escuchar diez breves diálogos. Escuchará cada diálogo dos veces. Después debe contestar a las preguntas (1-10). Seleccione la opción correcta (a, b, c).

Diálogo 1

1 Pedro, desde que lo dejó Marta:

- ○ **a.** ha perdido la razón.
- ○ **b.** no va nunca por su casa.
- ○ **c.** se encuentra deprimido.

Diálogo 2

2 Manuel cree que Carlos:

- ○ **a.** lo sabe todo.
- ○ **b.** tiene mucha experiencia.
- ○ **c.** no necesita preparar nada.

Diálogo 3

3 Las interlocutoras están hablando de:

- ○ **a.** una experiencia real.
- ○ **b.** una situación futura.
- ○ **c.** una situación hipotética.

Diálogo 4

4 El profesor:

- ○ **a.** considera que los alumnos ya saben el tema.
- ○ **b.** no está seguro de si los alumnos ya saben el tema.
- ○ **c.** se salta el tema porque no lo considera importante.

Diálogo 5

5 María cree que:

- ○ **a.** van a tardar en recogerlo todo.
- ○ **b.** no van a ser capaces de recogerlo todo.
- ○ **c.** van a recogerlo todo enseguida.

Diálogo 6

6 La mujer:

- ○ **a.** supone que Santi tiene hambre porque no ha desayunado.
- ○ **b.** regaña a Santi porque no ha desayunado.
- ○ **c.** se pregunta si Santi ha desayunado o no.

Diálogo 7

7 Silvia contesta que:

- ○ **a.** ha dormido bien aunque se ha despertado de vez en cuando.
- ○ **b.** ha dormido toda la noche sin despertarse.
- ○ **c.** ha dormido bien pero ha tenido unas pesadillas terribles.

CONTINÚA »

Diálogo 8

8 Pascual:

- ○ a. no puede convocar una reunión sin saber la opinión de Paco.
- ○ b. ha decidido convocar una reunión y se lo dice a Paco.
- ○ c. Duda de si convocar o no una reunión y lo comenta con Paco.

Diálogo 9

9 Carlos necesita, en opinión de su madre:

- ○ a. disciplina.
- ○ b. comprensión.
- ○ c. ayuda.

Diálogo 10

10 A Susana le quedan para terminar:

- ○ a. cinco informes.
- ○ b. ocho informes.
- ○ c. dos informes.

PRUEBA 3. DESTREZAS INTEGRADAS: COMPRENSIÓN AUDITIVA Y EXPRESIÓN E INTERACCIÓN ESCRITAS

La Prueba 3 consta de dos tareas.

Duración de la prueba: 80 minutos.

En la primera tarea, a partir de la información de un texto oral, deberá redactar un texto argumentativo y/o expositivo de extensión larga (entre 220-250 palabras) exponiendo las ideas principales de manera clara, detallada y bien estructurada.

En la segunda tarea, a partir de la información de un texto escrito, deberá redactar un texto formal de extensión larga (entre 200 y 250 palabras) exponiendo los argumentos, las ideas principales, las secundarias y los detalles de manera clara, detallada y bien estructurada.

Tarea 1

Instrucciones

>| **1** | 45 | A continuación va a escuchar una noticia relacionada con la prensa del corazón. Escriba un artículo (entre 220 y 250 palabras) comentando la noticia y dando su opinión sobre la misma. Escuchará el audio dos veces.

Tarea 2

Instrucciones

>| **2** | Elija una de las dos opciones que se le ofrecen a continuación.
Número de palabras: entre 220 y 250 palabras.

Opción 1

Usted va a escribir una crítica sobre la última película que ha visto. Deberá:

- mencionar los datos técnicos que conozca de la película;

- hacer una sinopsis del argumento;
- hablar del trabajo de los actores y del director;
- hacer una valoración de la película positiva o negativa, argumentándola.

Opción 2

Usted está buscando trabajo y encuentra la siguiente oferta en el periódico. Escriba una carta de presentación solicitando una entrevista.

SELECCIONAMOS COMERCIALES

PARA TRABAJAR EN IMPORTANTE EMPRESA DEL SECTOR DE LAS TELECOMUNICACIONES.

Te ofrecemos la posibilidad de integrarte en un equipo joven y dinámico en un puesto que te reportará importantes beneficios económicos.

Se requiere:

- Estudios mínimos: bachillerato.
- Disponibilidad de incorporación inmediata.
- Habilidades de interlocución.
- Actitud comercial.
- Permiso de residencia en vigor.

Se valorará:

- Experiencia comercial.
- Conocimientos de inglés y/o alemán.
- Coche propio.

Se ofrece:

- Contrato laboral.
- Jornada laboral completa viernes, sábados y domingos.
- Salario de 1200 euros brutos fijos mes + importante variable.
- Formación a cargo de la empresa.
- Incorporación inmediata.

PRUEBA 4. DESTREZAS INTEGRADAS: COMPRENSIÓN DE LECTURA Y EXPRESIÓN E INTERACCIÓN ORALES

La Prueba 4 consta de tres tareas.

Duración de la prueba: 20 minutos (y 20 minutos de preparación).

En la primera tarea deberá hacer un monólogo sostenido breve a partir de un texto. En la segunda, se hará un debate formal a partir de la opinión que haya expresado en la tarea anterior. En la tarea tres, participará en una conversación formal con el entrevistador a partir de estímulos gráficos o visuales.

Tarea 1

Instrucciones

1 Debe hacer una presentación oral sobre el texto adjunto. Su exposición debe incluir los siguientes puntos:

- tema central;
- ideas principales y secundarias;
- comentario sobre las ideas principales;
- intención del autor.

Dispone de entre tres y cinco minutos. Puede consultar sus notas, pero no leerlas en la presentación.

PRÁCTICAS DE CIUDADANÍA

La nueva asignatura de Educación para la Ciudadanía y los Derechos Humanos está recibiendo alabanzas y críticas. No podía ser de otro modo. Una de las mayores controversias recuerda un debate clásico: ¿la ciudadanía realmente puede enseñarse y, en caso de una respuesta afirmativa, se puede enseñar mediante una asignatura? Veamos las posturas en litigio.

Las opiniones favorables a esta asignatura se basan en una idea clave: no nacemos siendo buenos ciudadanos, ni tampoco basta con pertenecer a una sociedad democrática para llegar a ser verdaderos demócratas, nos hacemos ciudadanos de una democracia en buena parte gracias a la educación.

Entre quienes no desean una asignatura de ciudadanía, se afirma que para formar ciudadanos de nada sirve la información que proporcionan los libros de texto y el profesorado. Llegar a ser un correcto ciudadano demócrata se consigue ejercitando las virtudes cívicas en las múltiples ocasiones que proporciona la vida de los centros educativos.

Las dos posturas tienen parte de razón. Conviene defender una asignatura porque proporciona la oportunidad de reflexionar sobre conocimientos que pueden motivar la convivencia democrática. Pero también conviene defender la implicación de los jóvenes en actividades que repetidamente pongan en juego hábitos cívicos. Educar para la ciudadanía requiere reflexión y experiencia. Como la asignatura ya existe, se debe recomendar vivamente la realización de actividades prácticas: algo así como unas prácticas de ciudadanía.

Se trata de una propuesta educativa que combina procesos de aprendizaje y de servicio a la comunidad en un solo proyecto. Un proyecto en el que los participantes se forman al enfrentarse y trabajar sobre necesidades reales de su entorno social y lo hacen con el objetivo de mejorarlo.

Cuando un centro pide voluntarios entre su alumnado y los forma para recibir y guiar a chicos y chicas inmigrantes que se incorporan a lo largo del curso, está ofreciendo a los voluntarios una experiencia educativa de primera magnitud. Cuando un banco de sangre monta un sistema de colaboración con las instituciones educativas para proporcionar formación científica y a la vez pide colaboración a los jóvenes para una campaña de donación de sangre en su barrio, está contribuyendo a que tomen conciencia de una necesidad no siempre visible y les da oportunidad de ejercer una acción cívica de solidaridad. Solo son dos ejemplos de los múltiples que pueden llevarse a cabo.

Si conseguimos reconocer el servicio a la comunidad, en sus múltiples formas, como uno de los mejores ingredientes de la Educación para la Ciudadanía, la habremos convertido en una asignatura con prácticas de verdad. Un modo a la vez reflexivo y experiencial de adquirir valores y virtudes cívicas.

Josep María Puig Rovira, catedrático de Teoría de la Educación de la Universidad de Barcelona, artículo publicado en el diario *El País*. Texto adaptado

Tarea 2
Instrucciones

>| **2** | Debe mantener una conversación con el entrevistador sobre el tema del texto de la TAREA 1. En la conversación deberá dar su opinión personal sobre el tema, justificar su opinión con argumentos y rebatir, si es necesario, las opiniones que exprese su interlocutor.
La conversación durará entre cuatro y seis minutos.

Tarea 3
Instrucciones

>| **3** | En la empresa Servicios Medioambientales Ecoprisma, se ha convocado una reunión para elegir la foto más adecuada para confeccionar el logotipo de la empresa. Teniendo en cuenta que se dedican a la recogida de papel para su reciclaje y posterior reutilización, analice las siguientes fotos y discuta con el entrevistador cuál es la más adecuada, defendiendo su punto de vista hasta que lleguen a un acuerdo. Recuerde que se trata de una conversación abierta y que, por tanto, puede interrumpir a su interlocutor, discrepar, pedir y dar aclaraciones, argumentar sus opiniones, rebatir las del entrevistador, etc.
La conversación durará entre cuatro y seis minutos.